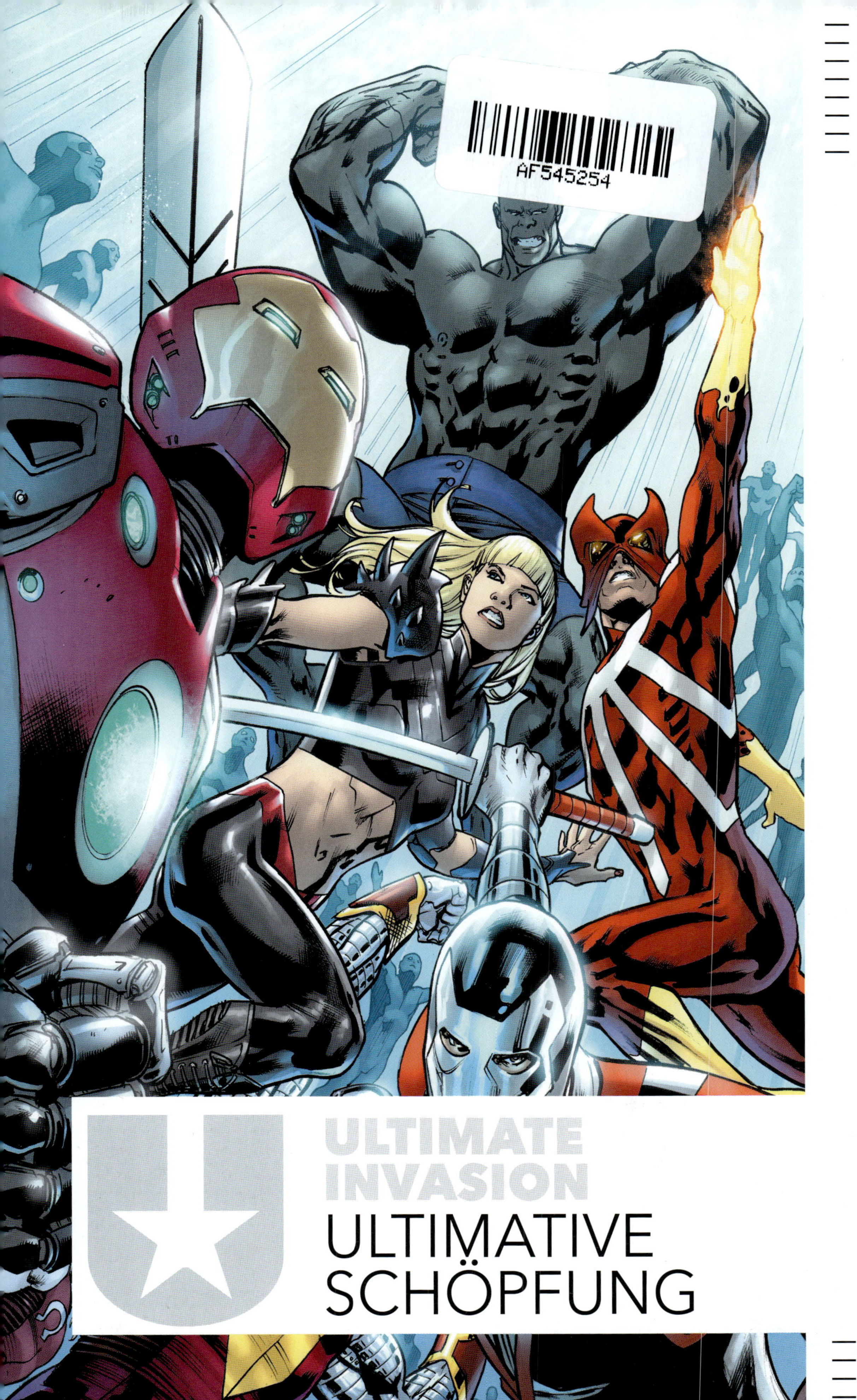
AF545254
ULTIMATE
INVASION
ULTIMATIVE
SCHÖPFUNG

ULTIMATE INVASION

KAPITEL 1: GROSSARTIGE KÜNSTLER STEHLEN

Chapter 1: Good Artists Copy
Ultimate Invasion (2023) 1
August 2023

KAPITEL 2: IM KANINCHENBAU

Chapter 2: Down the Rabbit Hole
Ultimate Invasion (2023) 2
September 2023

KAPITEL 3: HINTER DEN SPIEGELN

Chapter 3: Through the Looking Glass
Ultimate Invasion (2023) 3
Oktober 2023

KAPITEL 4: GESTERN, HEUTE, MORGEN

Chapter 4: Yesterday, Today, Tomorrow
Ultimate Invasion (2023) 4
November 2023

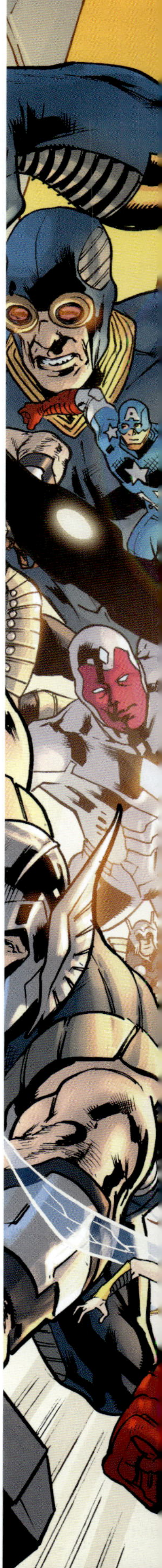

JONATHAN HICKMAN
STORY

BRYAN HITCH
ZEICHNUNGEN

ANDREW CURRIE
TUSCHE

ALEX SINCLAIR
FARBEN

STUDIO RAM
LETTERING

MICHAEL STRITTMATTER
ÜBERSETZUNG

TOM BREVOORT
MICHELLE MARCHESE
WIL MOSS
REDAKTION USA

C. B. CEBULSKI
CHEFREDAKTEUR USA

ULTIMATE INVASION erscheint bei **PANINI COMICS**, Schloßstraße 76, D-70176 Stuttgart. Druck: Lito Terrazzi S.r.l. – Prato. Pressevertrieb: Stella Distribution GmbH, D-22297 Hamburg. Direkt-Abos auf **www.paninicomics.de**. Anzeigenverkauf: BLAUFEUER VERLAGSVERTRETUNGEN GmbH, info@blaufeuer.com. Es gelten die Anzeigenpreise gemäß der Mediadaten 2024. Geschäftsführer **Hermann Paul**, Publishing Director Europe **Marco M. Lupoi**, Finanzen/Logistik **Felix Bauer**, Marketing Director **Holger Wiest**, Marketing **Fabio Cunetto**, Vertrieb **Alexander Bubenheimer**, PR/Presse **Steffen Volkmer**, Publishing Manager **Lisa Pancaldi**, Redaktion **Christian Endres**, **Harald Gantzberg**, **Christian Grass**, **Anja Seiffert**, **Nicola Soressi**, **Kristina Starschinski**, **Daniela Uhlmann**, Übersetzung **Michael Strittmatter**, Proofreading **Pia Oddo**, Lettering **Studio RAM**, grafische Gestaltung **Marco Paroli** (coordinator), **Cinzia Morando**, Art Director **Alessandro Gucciardo**, Redaktion Panini Comics **Annalisa Califano**, **Beatrice Doti**, Prepress **Cristina Bedini**, **Daniela Guidetti**, **Andrea Lusoli**, Repro/Packager **Alessandro Nalli** (coordinator), **Anna Boselli**, **Mario Da Rin Zanco**, **Valentina Esposito**, **Luca Ficarelli**, **Linda Leporati**. Deutsche Edition bei Panini Verlags-GmbH unter Lizenz von Marvel Characters B.V. Cover von **Bryan Hitch**, *Ultimate Invasion* (2023) 1; Variant-Cover von **Bryan Hitch**, *Ultimate Invasion* (2023) 2.

Digitale Ausgaben:
ISBN 978-3-7569-0593-5 (.pdf) / ISBN 978-3-7569-0594-2 (.epub) /
ISBN 978-3-7569-0592-8 (.mobi)

Bibliografische Information der Deutschen Nationalbibliothek
Die Deutsche Nationalbibliothek verzeichnet diese Publikation in der Deutschen Nationalbibliografie; detaillierte bibliografische Daten sind im Internet über dnb.d-nb.de abrufbar.

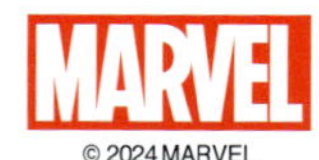

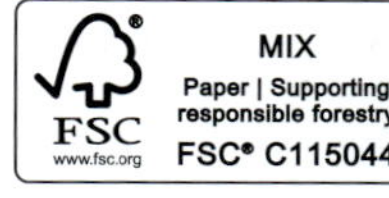

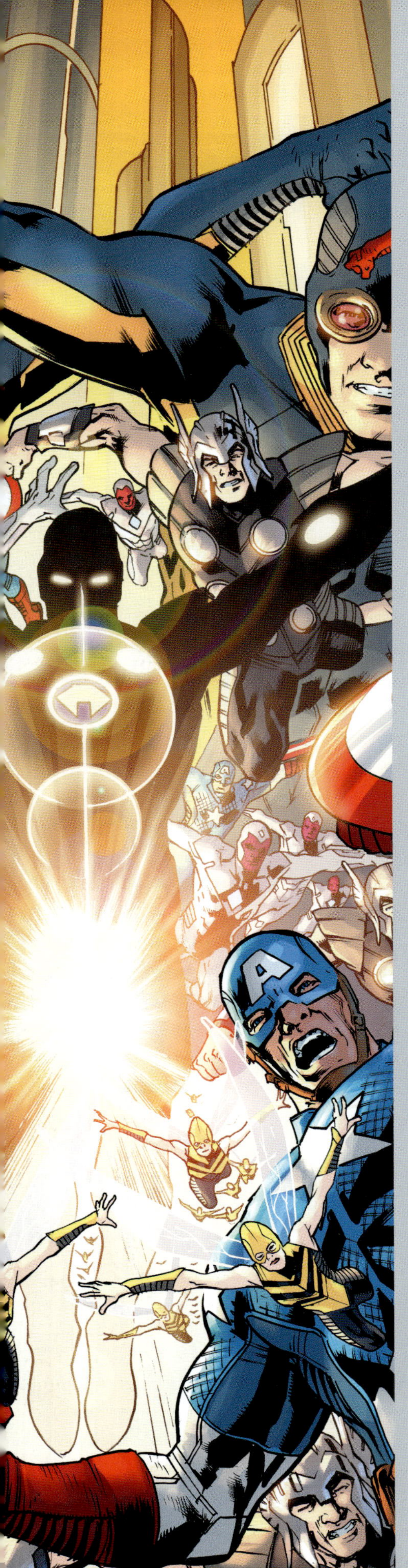

Im Jahr 2000 sorgte Marvel mit der Einführung des **Ultimativen Universums** für Aufsehen. Während die meisten Marvel-Comics auf der Hauptwelt Erde-616 angesiedelt waren, stand plötzlich die aufregende Parallelwelt Erde-1610 im Fokus. Hier wurden die Legenden und Anfänge der bekanntesten Marvel-Ikonen neu erzählt und interpretiert – und zwar auf möglichst frische, peppige Weise, und nicht zuletzt für eine neue Generation eines neuen Jahrtausends, die durch die ersten Marvel-Kinofilme aus der Ära vor dem Marvel Cinematic Universe angelockt wurde. Die Umsetzung dieser Modernisierung oblag anfangs u. a. **Brian Michael Bendis**, **Mark Millar**, **Adam** und **Andy Kubert**, **Bryan Hitch** und **Mark Bagley**. Titel wie *Der Ultimative Spider-Man*, *Die Ultimativen X-Men* und *Die Ultimativen* begeisterten Fans und Kritiker und waren kommerziell ein Riesenerfolg. Mit den Blockbuster-Abenteuern der **Ultimativen** z. B. legten Millar und Hitch eine fetzige neue Ursprungsmythologie der traditionsreichen **Avengers** vor, die später übrigens das bereits erwähnte MCU massiv beeinflussen sollte. Das ultimative Comic-Universum gedieh und expandierte prächtig. 2011 debütierte dann noch **Miles Morales** als neuer Netzschwinger. Im selben Jahr übernahm Autor **Jonathan Hickman** die Comic-Serie der Ultimativen und machte **Reed Richards** von den **Fantastic Four** zum genial-bösen Schurken **Maker**. 2013 startete Hickman indes die Saga um die **Illuminati** und andere Helden von Erde-616, die entdeckten, dass immer mehr Parallelwelten kollidierten und ausgelöscht wurden – letztlich auch das Ultimative Universum. Am Ende des Hickman-Events **Secret Wars** wurden 2016 viele Realitäten neu geschaffen, jedoch nicht die ultimative. Nur Miles und sein Umfeld lebten fortan auf Erde-616 weiter, als seien sie schon immer dort gewesen. Und auch der böse Maker hatte überlebt. Jetzt läuten Bryan Hitch und Jonathan Hickman, Miterbauer und Zerstörer des klassischen UU, in diesem Band eine neue ultimative Comic-Ära ein …

Christian Endres

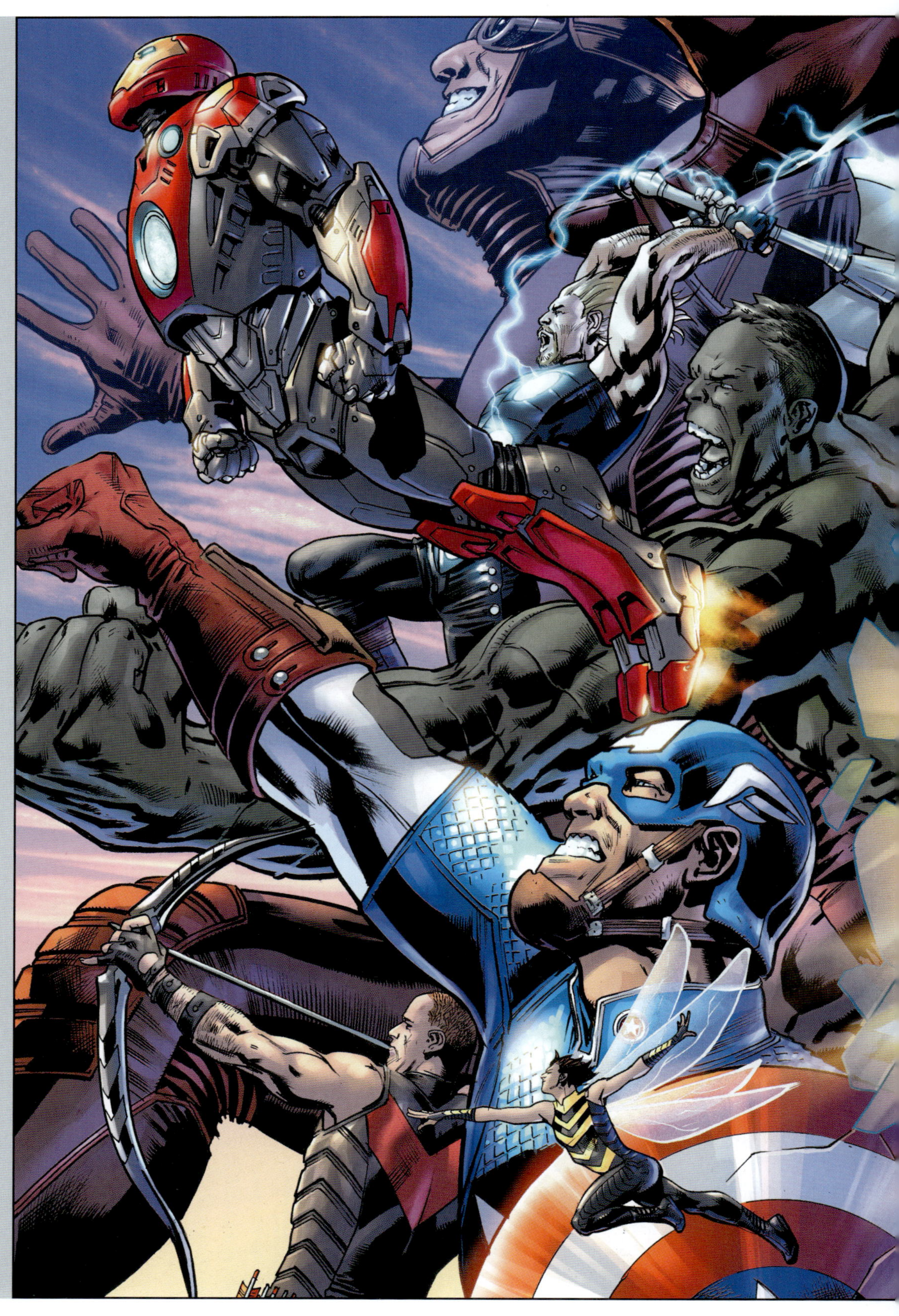

Ultimate Invasion (2023) 1
Cover von **BRYAN HITCH**

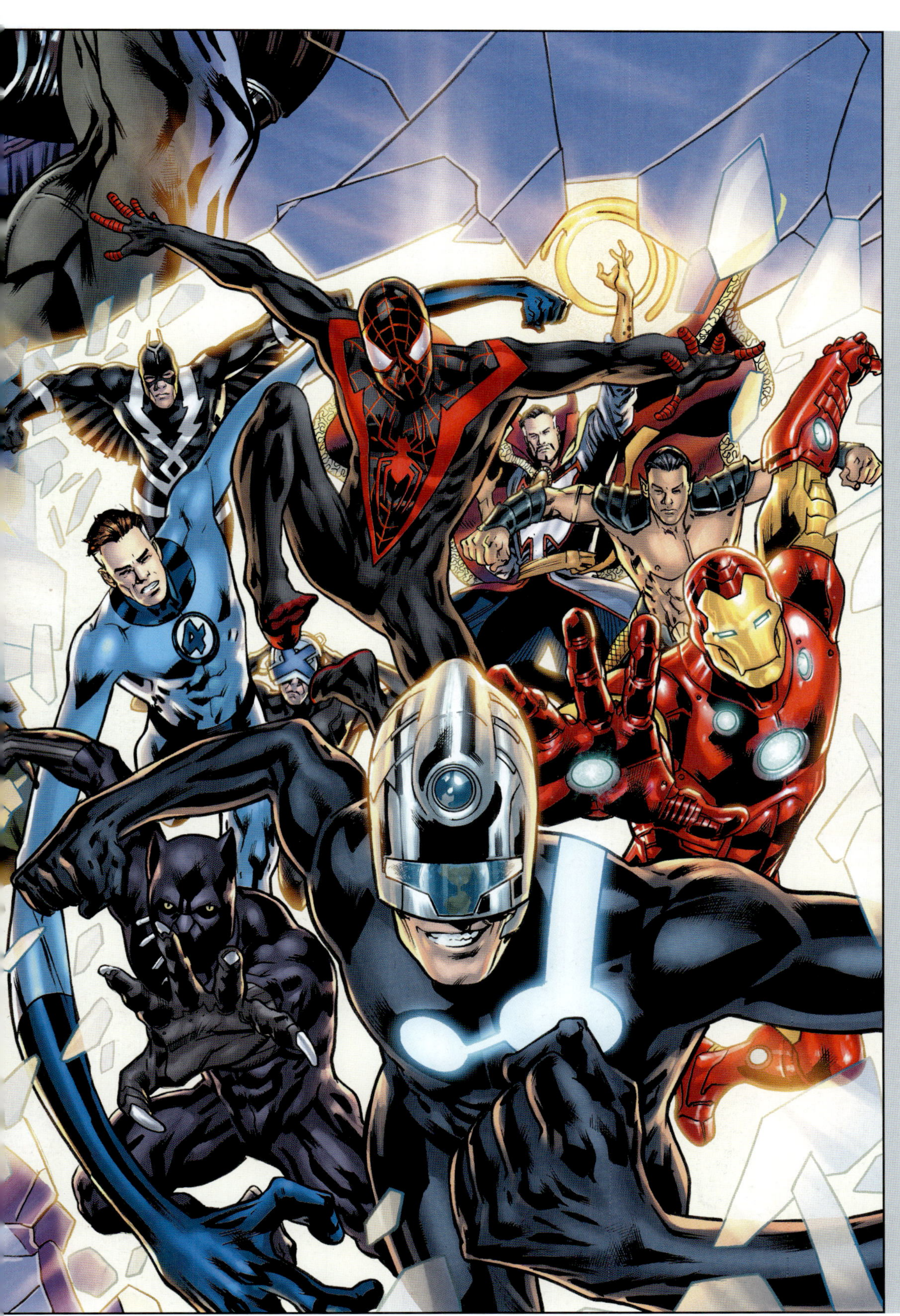

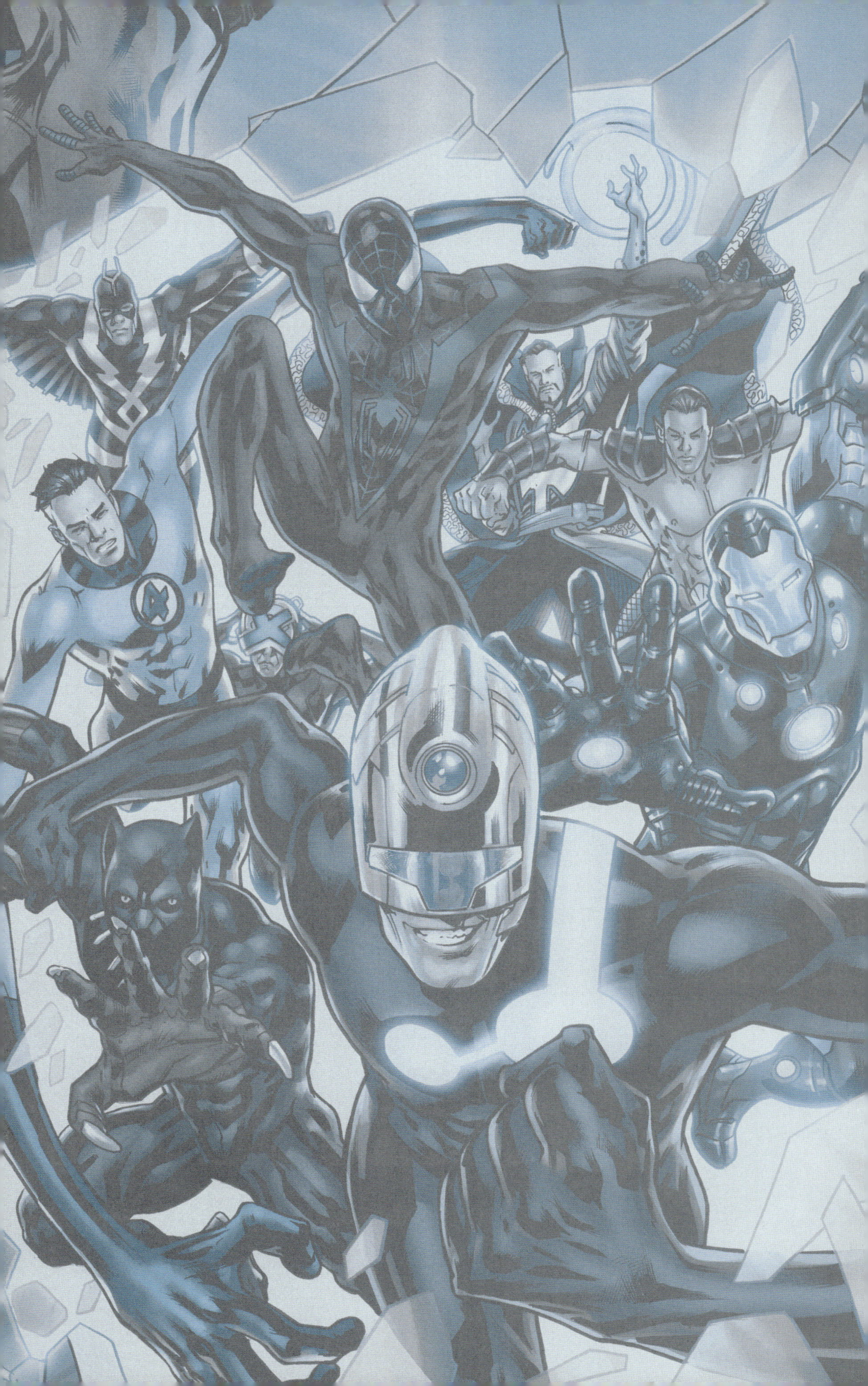

KAPITEL EINS: „GROSSARTIGE KÜNSTLER STEHLEN“

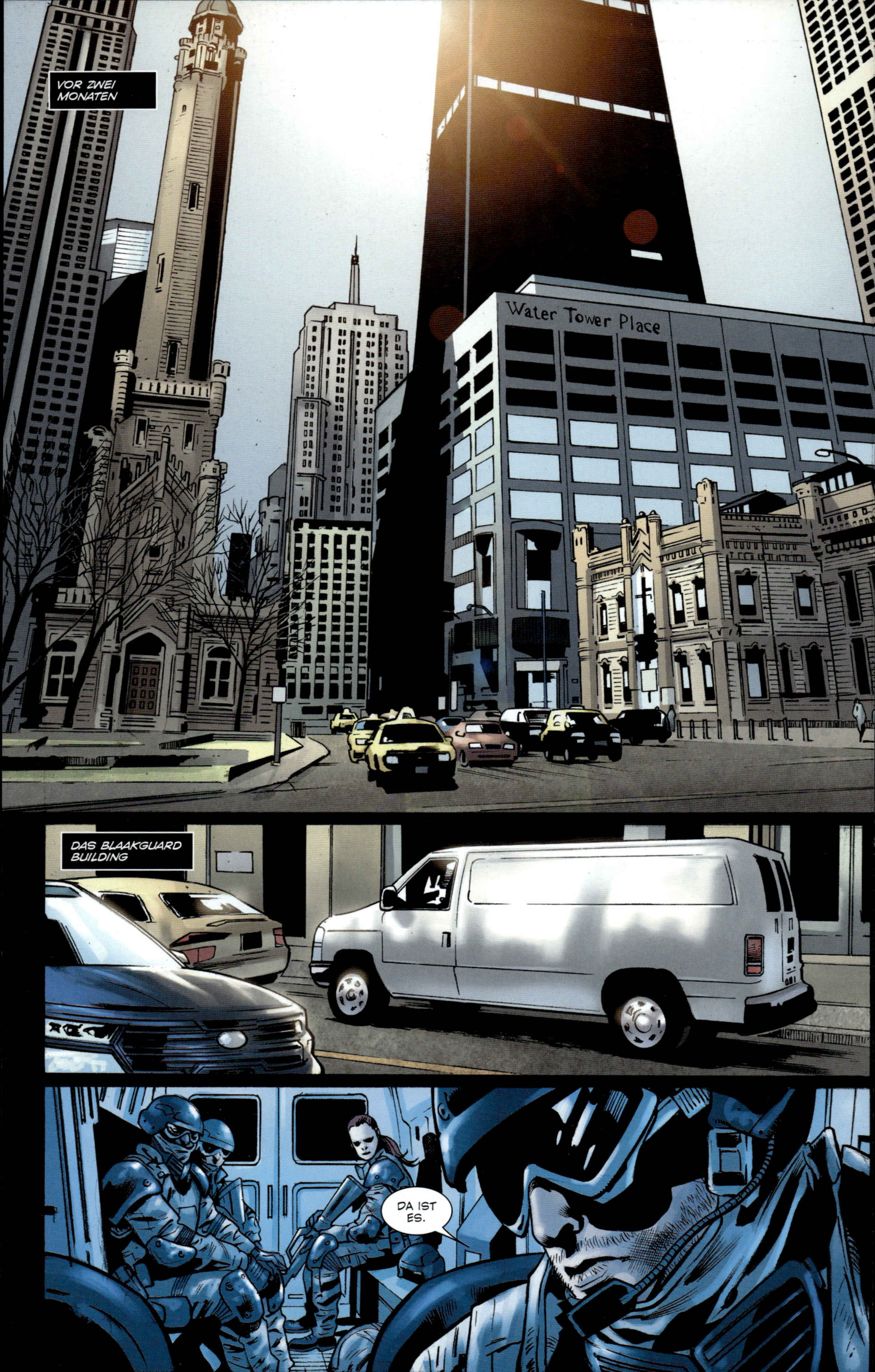
VOR ZWEI MONATEN
Water Tower Place
DAS BLAAKGUARD BUILDING
DA IST ES.

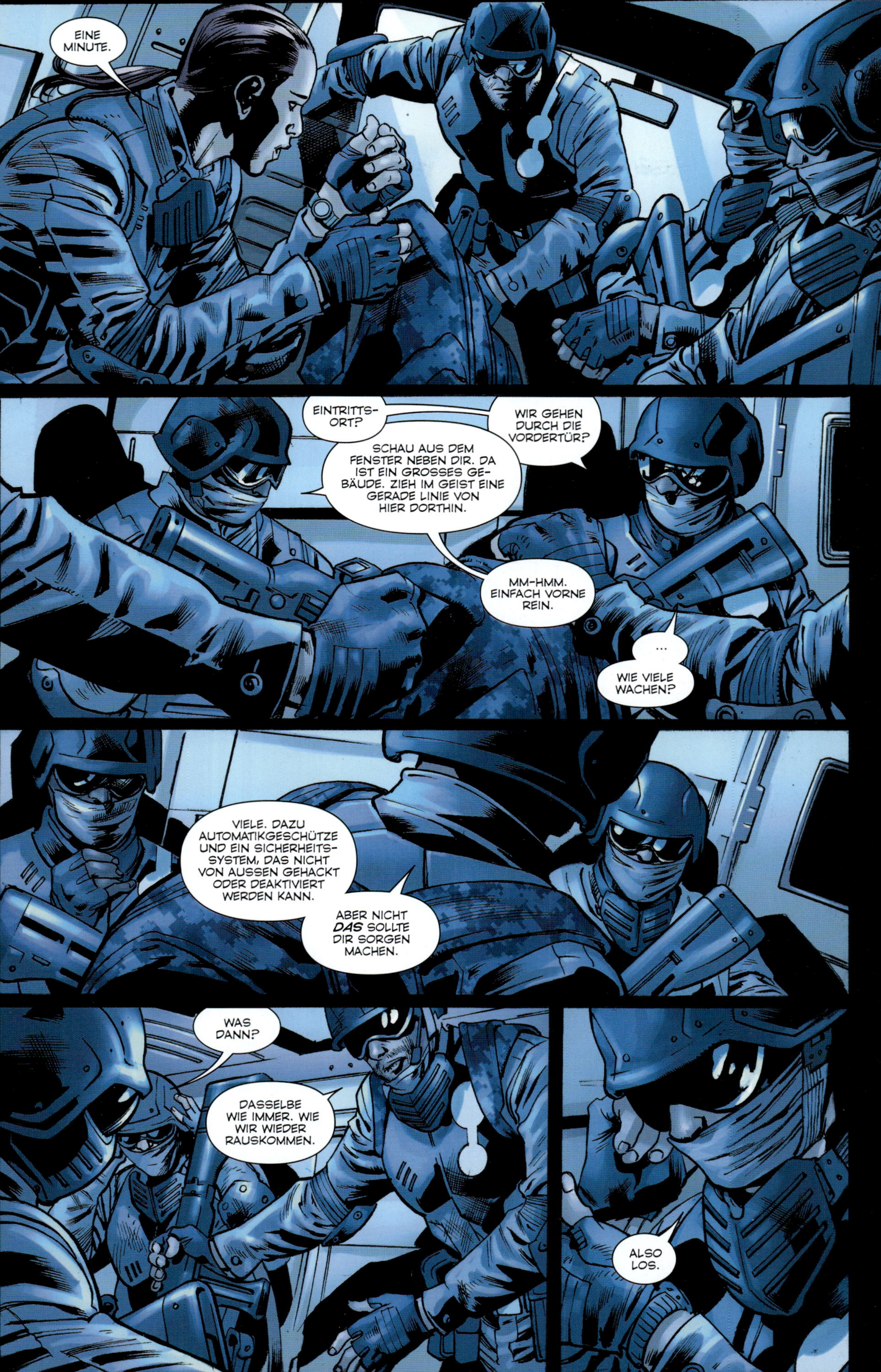
EINE MINUTE.
EINTRITTS-ORT?
WIR GEHEN DURCH DIE VORDERTÜR?
SCHAU AUS DEM FENSTER NEBEN DIR. DA IST EIN GROSSES GEBÄUDE. ZIEH IM GEIST EINE GERADE LINIE VON HIER DORTHIN.
MM-HMM. EINFACH VORNE REIN.
...
WIE VIELE WACHEN?
VIELE. DAZU AUTOMATIKGESCHÜTZE UND EIN SICHERHEITS-SYSTEM, DAS NICHT VON AUSSEN GEHACKT ODER DEAKTIVIERT WERDEN KANN.
ABER NICHT *DAS* SOLLTE DIR SORGEN MACHEN.
WAS DANN?
DASSELBE WIE IMMER. WIE WIR WIEDER RAUSKOMMEN.
ALSO LOS.

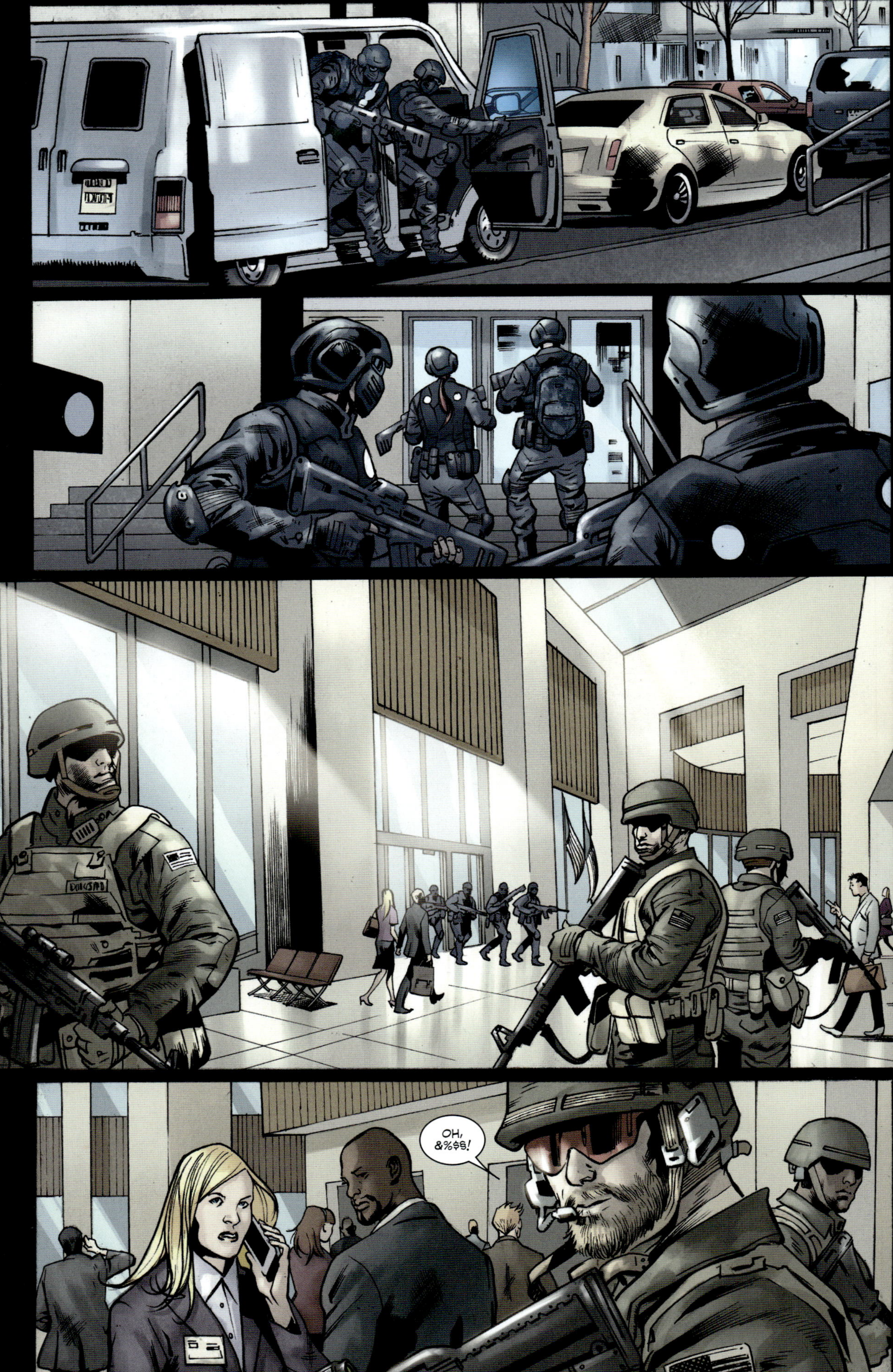
OH, &%$$!

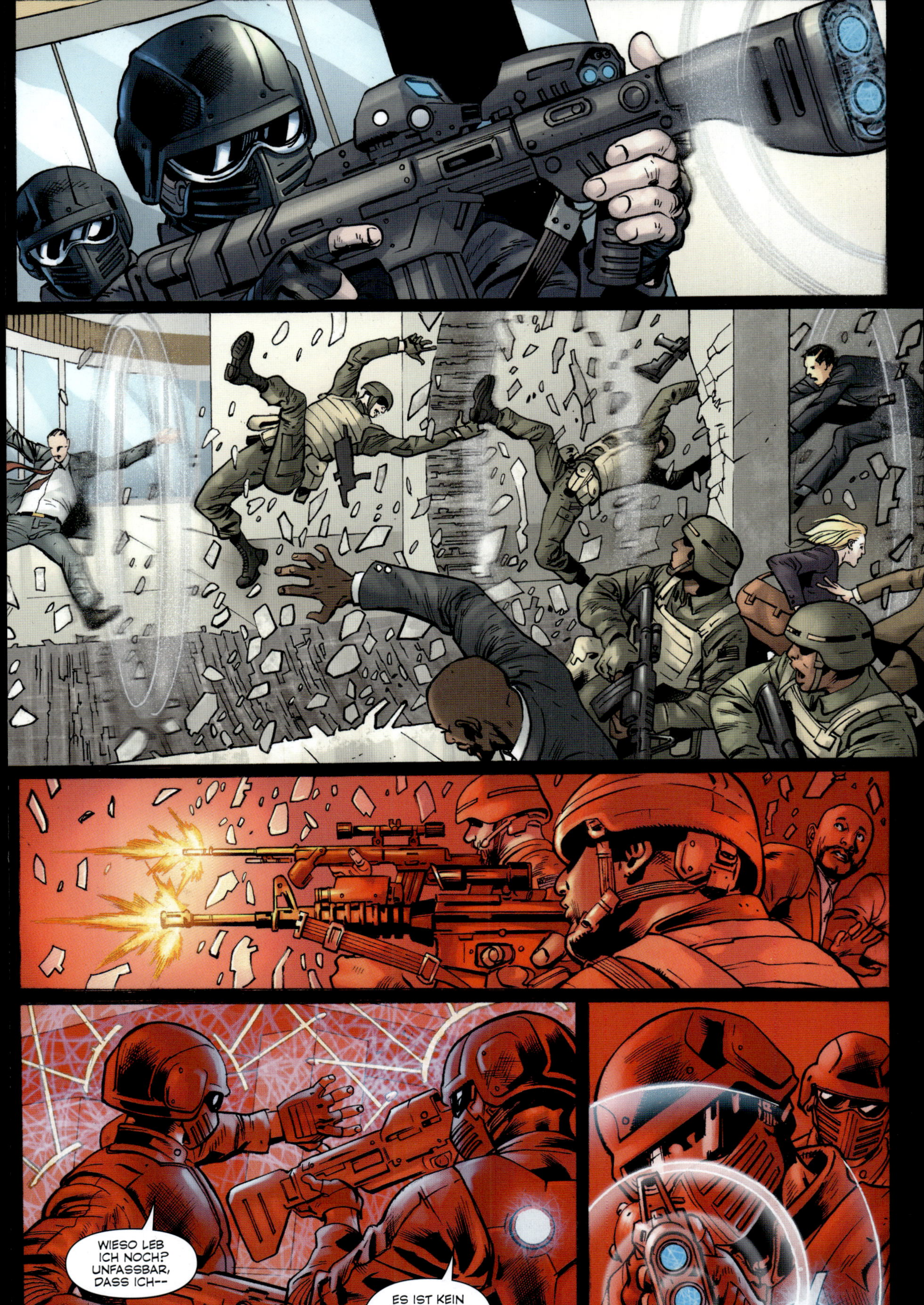
WIESO LEB ICH NOCH? UNFASSBAR, DASS ICH--
ES IST KEIN GLÜCK, IDIOT. ES IST DIE UNIFORM. WEITER!

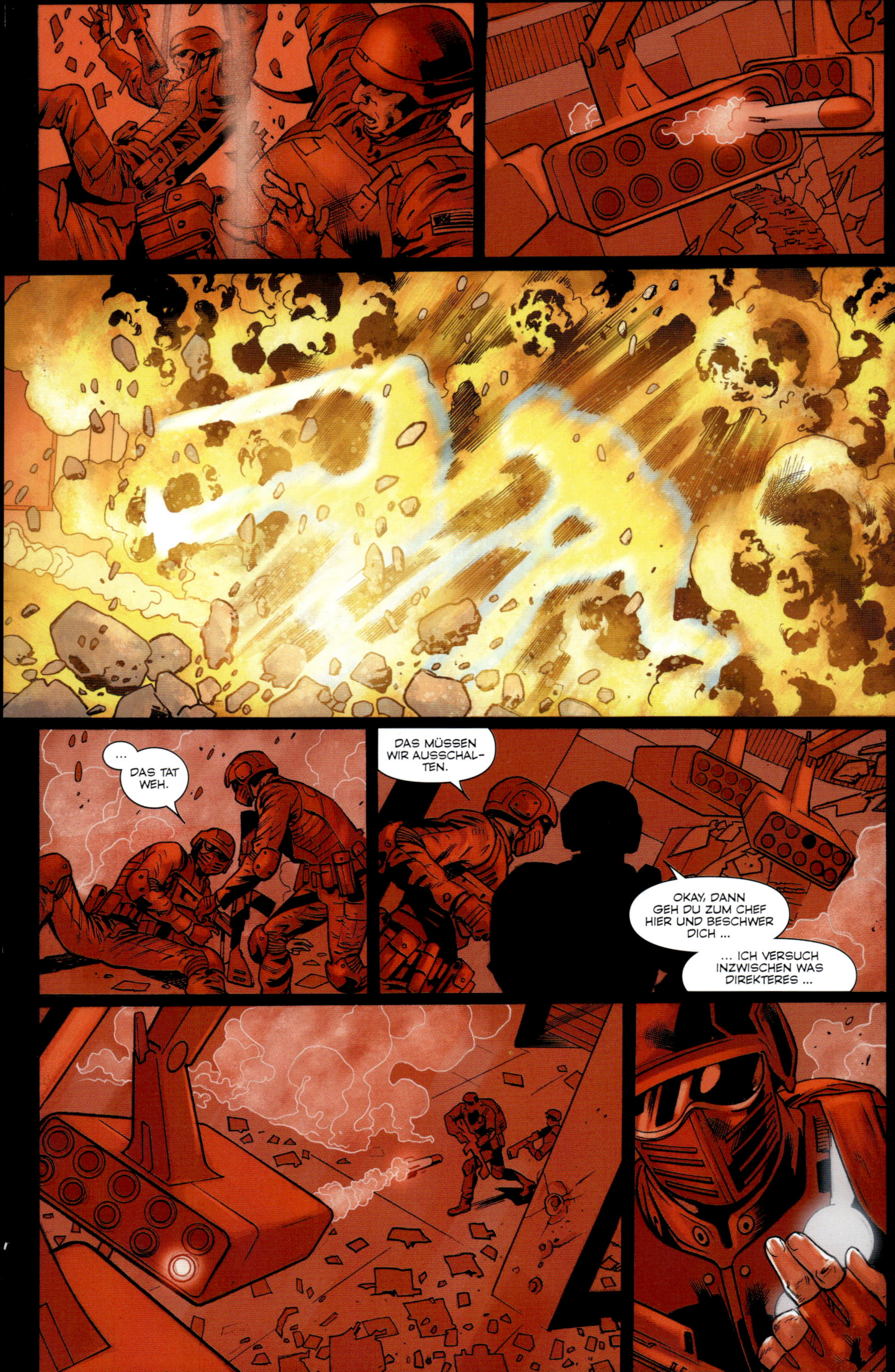

... DAS TAT WEH.
DAS MÜSSEN WIR AUSSCHAL-TEN.
OKAY, DANN GEH DU ZUM CHEF HIER UND BESCHWER DICH ...
... ICH VERSUCH INZWISCHEN WAS DIREKTERES ...

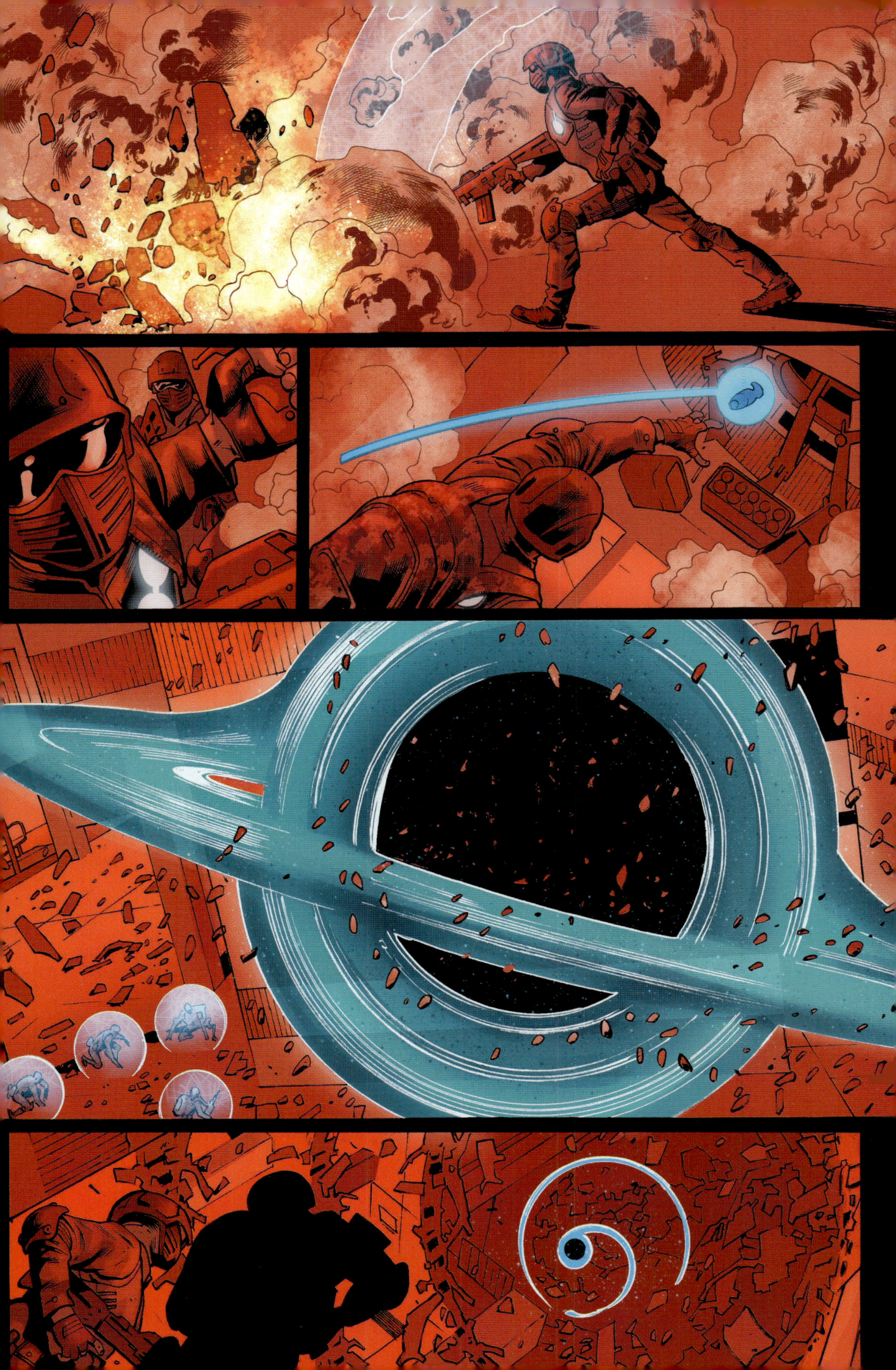

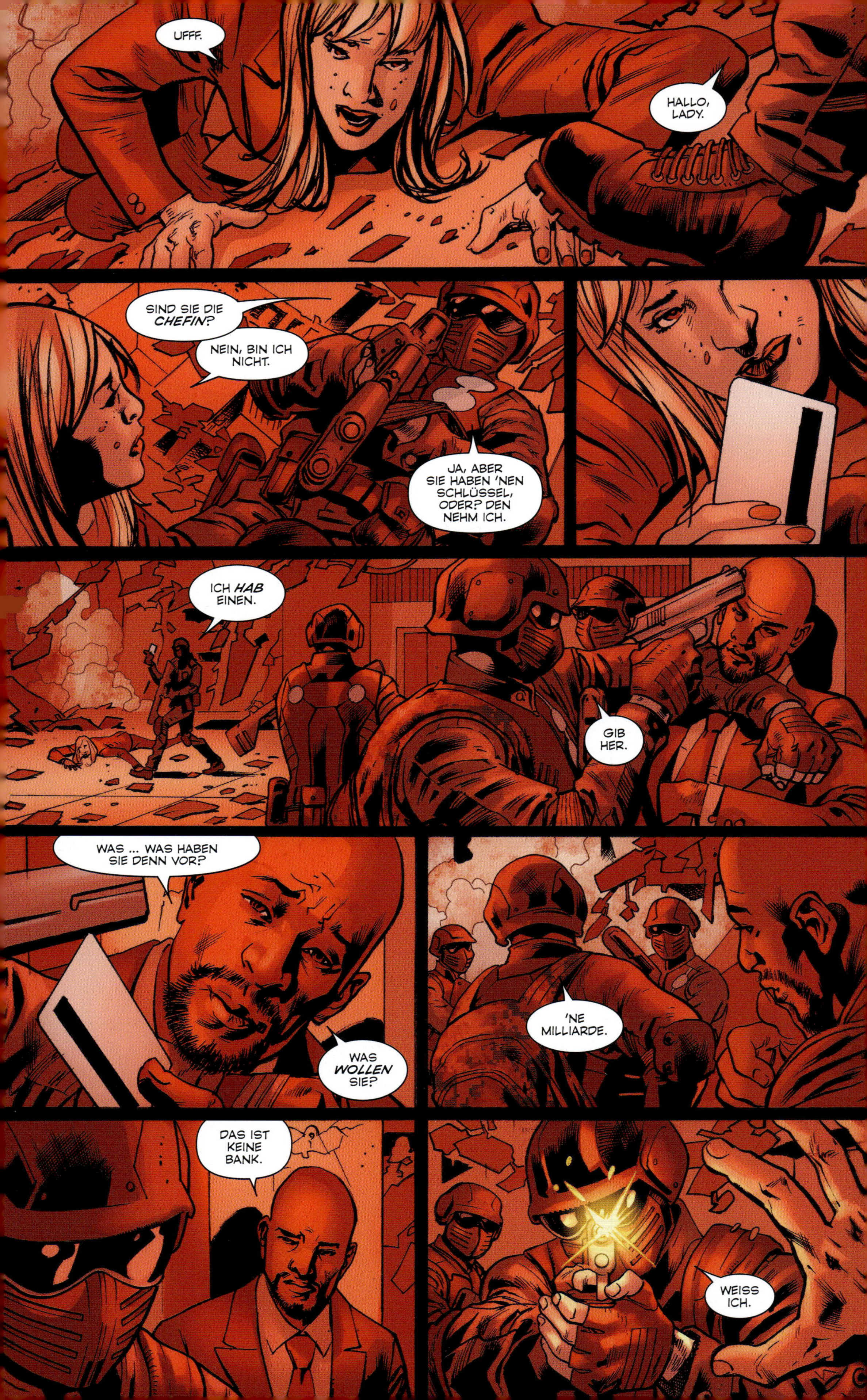
UFF.
HALLO, LADY.
SIND SIE DIE *CHEFIN*?
NEIN, BIN ICH NICHT.
JA, ABER SIE HABEN 'NEN SCHLÜSSEL, ODER? DEN NEHM ICH.
ICH *HAB* EINEN.
GIB HER.
WAS ... WAS HABEN SIE DENN VOR?
WAS *WOLLEN* SIE?
'NE MILLIARDE.
DAS IST KEINE BANK.
WEISS ICH.

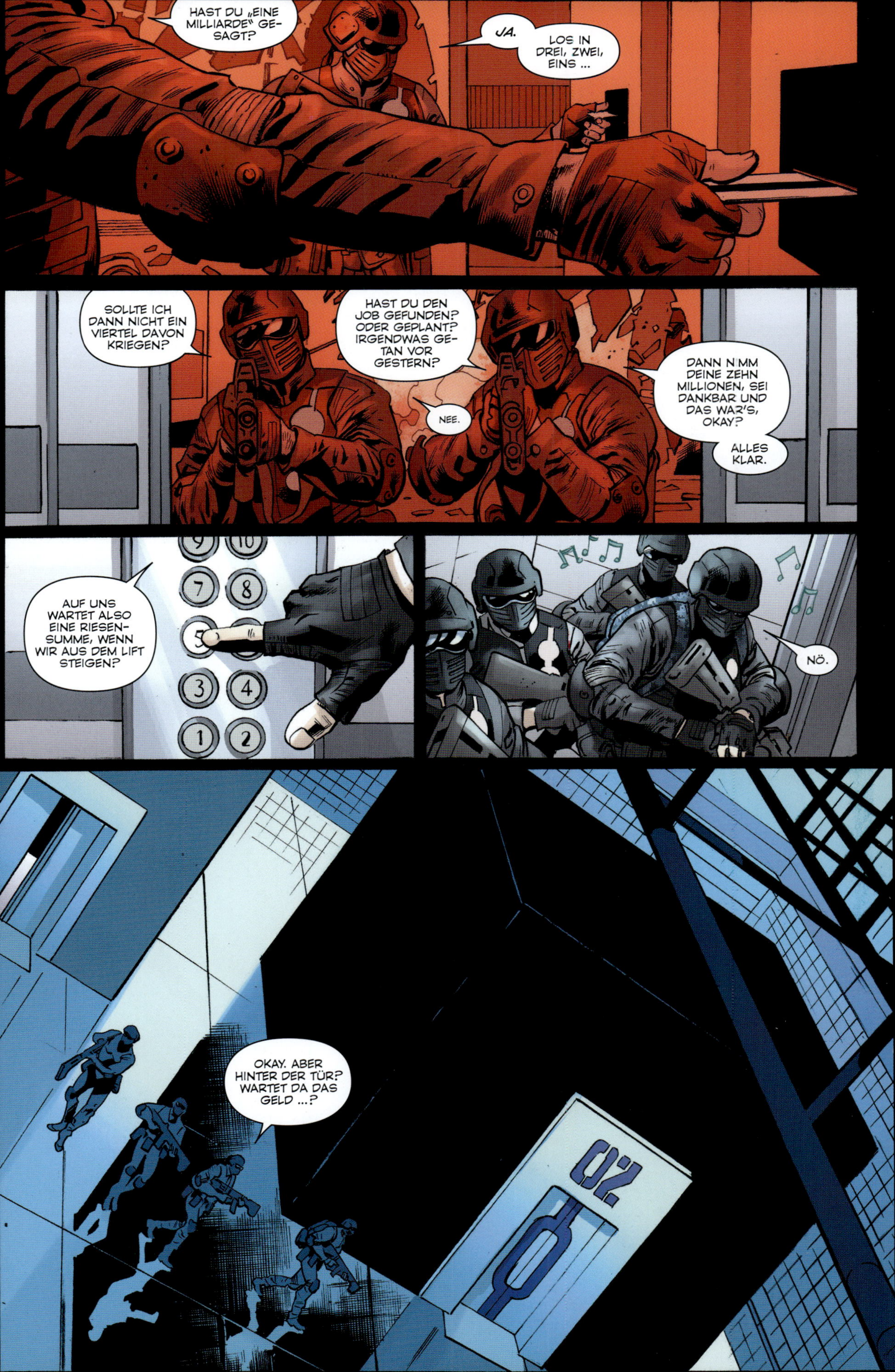
HAST DU „EINE MILLIARDE“ GESAGT?
JA.
LOS IN DREI, ZWEI, EINS ...
SOLLTE ICH DANN NICHT EIN VIERTEL DAVON KRIEGEN?
HAST DU DEN JOB GEFUNDEN? ODER GEPLANT? IRGENDWAS GETAN VOR GESTERN?
NEE.
DANN NIMM DEINE ZEHN MILLIONEN, SEI DANKBAR UND DAS WAR'S, OKAY?
ALLES KLAR.
AUF UNS WARTET ALSO EINE RIESENSUMME, WENN WIR AUS DEM LIFT STEIGEN?
NÖ.
OKAY. ABER HINTER DER TÜR? WARTET DA DAS GELD ...?
20

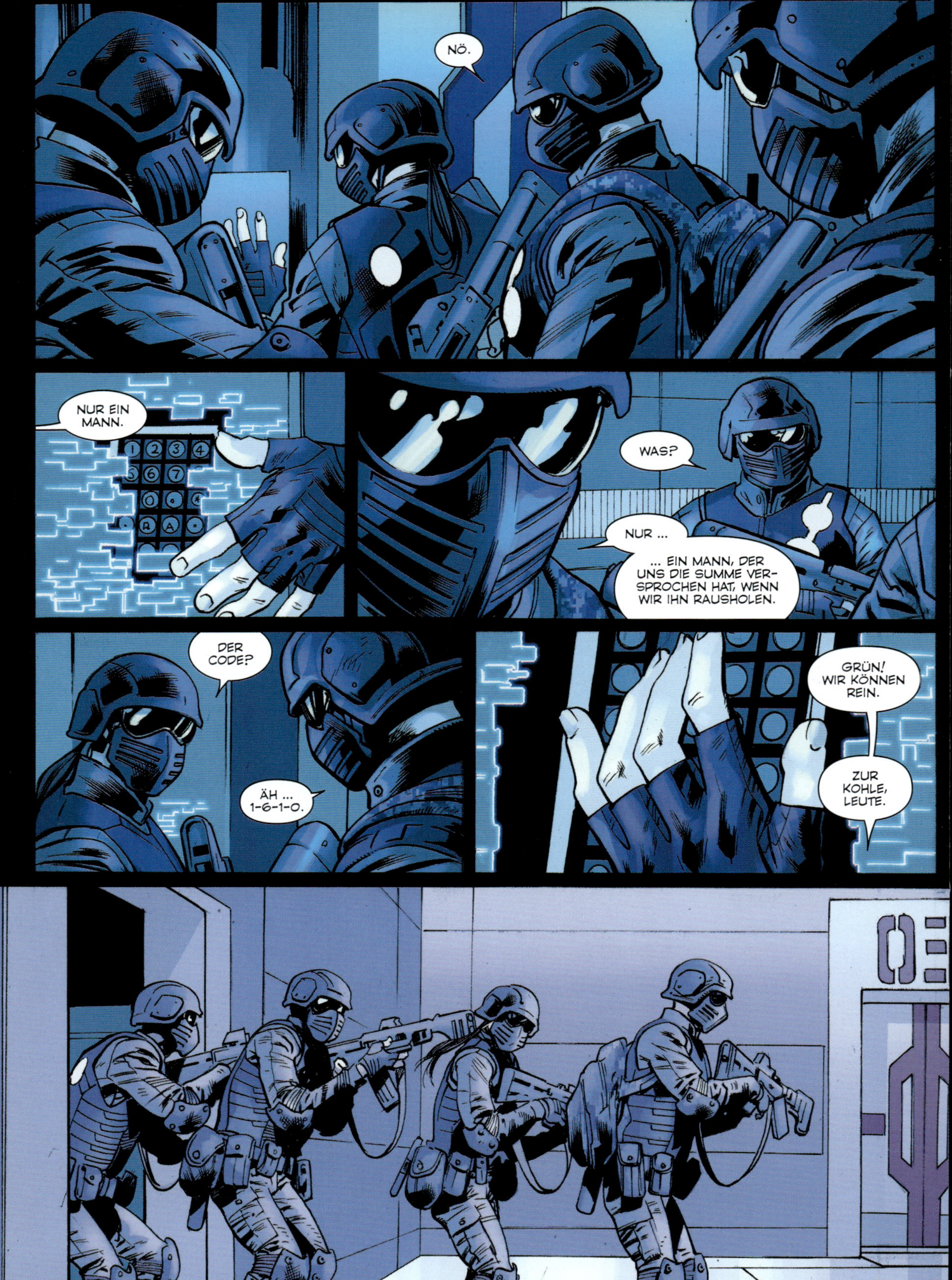
NÖ.
NUR EIN MANN.
WAS?
NUR ...
... EIN MANN, DER UNS DIE SUMME VERSPROCHEN HAT, WENN WIR IHN RAUSHOLEN.
DER CODE?
ÄH ... 1-6-1-0.
GRÜN! WIR KÖNNEN REIN.
ZUR KOHLE, LEUTE.

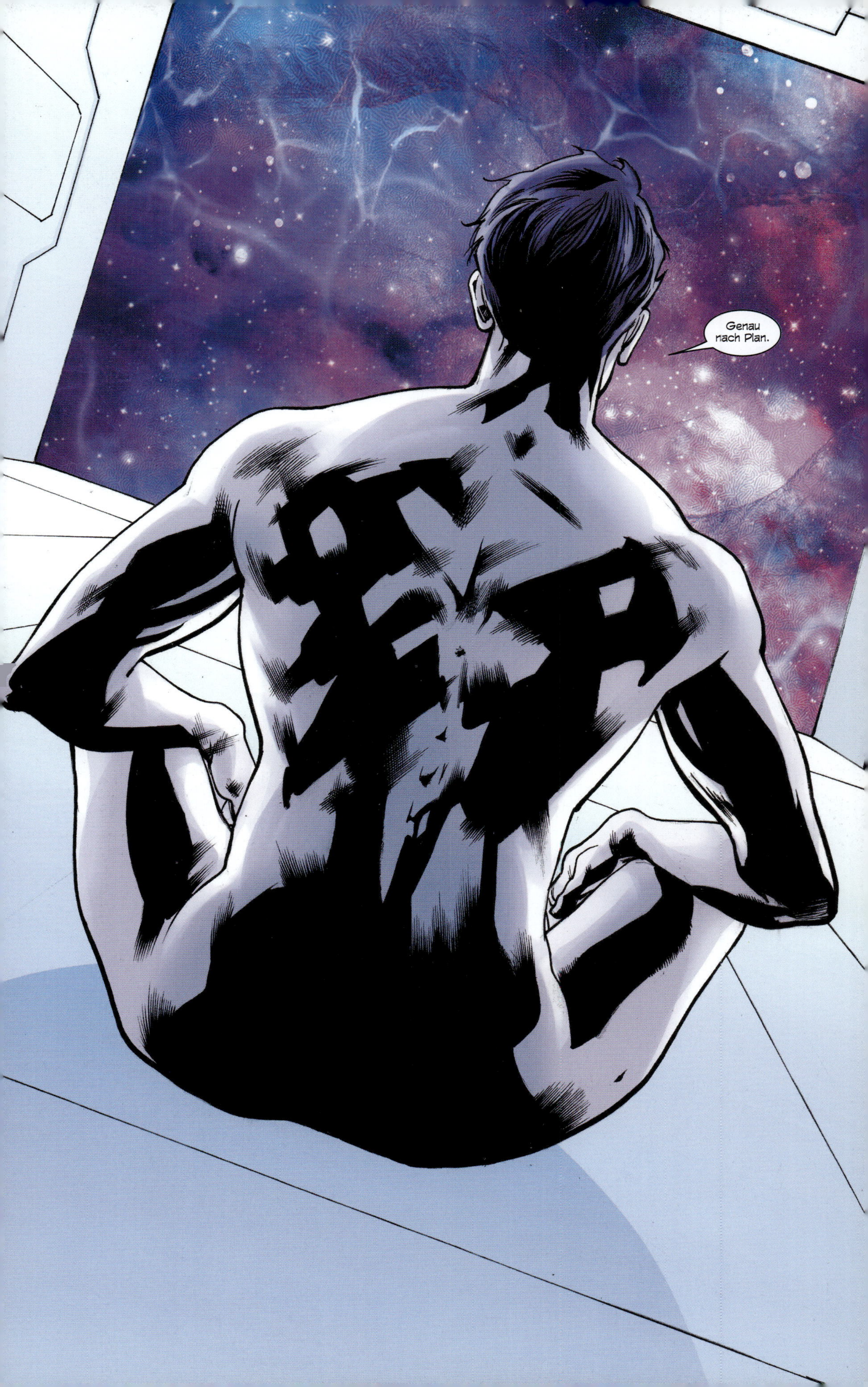
Genau nach Plan.

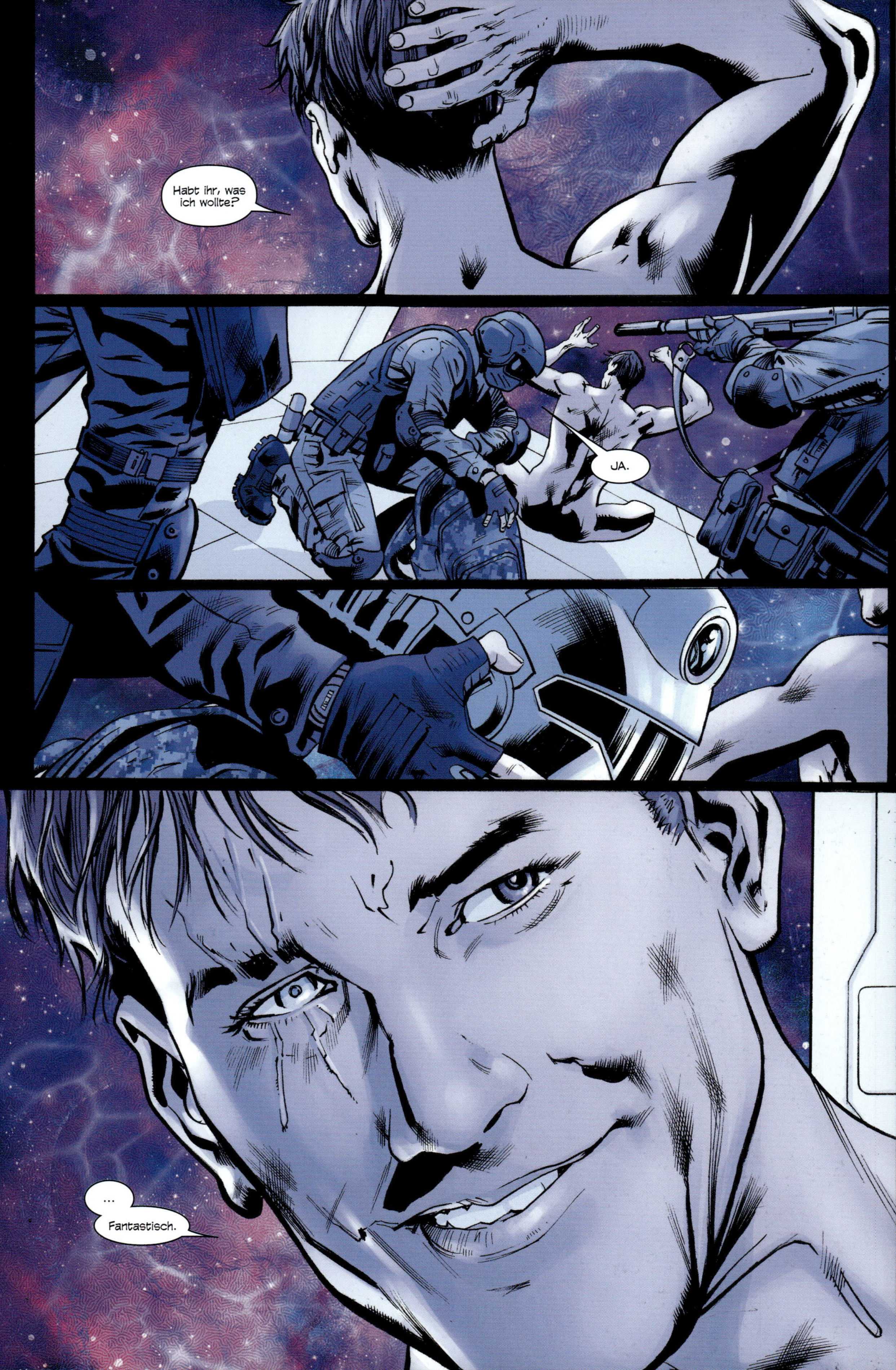
Habt ihr, was ich wollte?
JA.
... Fantastisch.

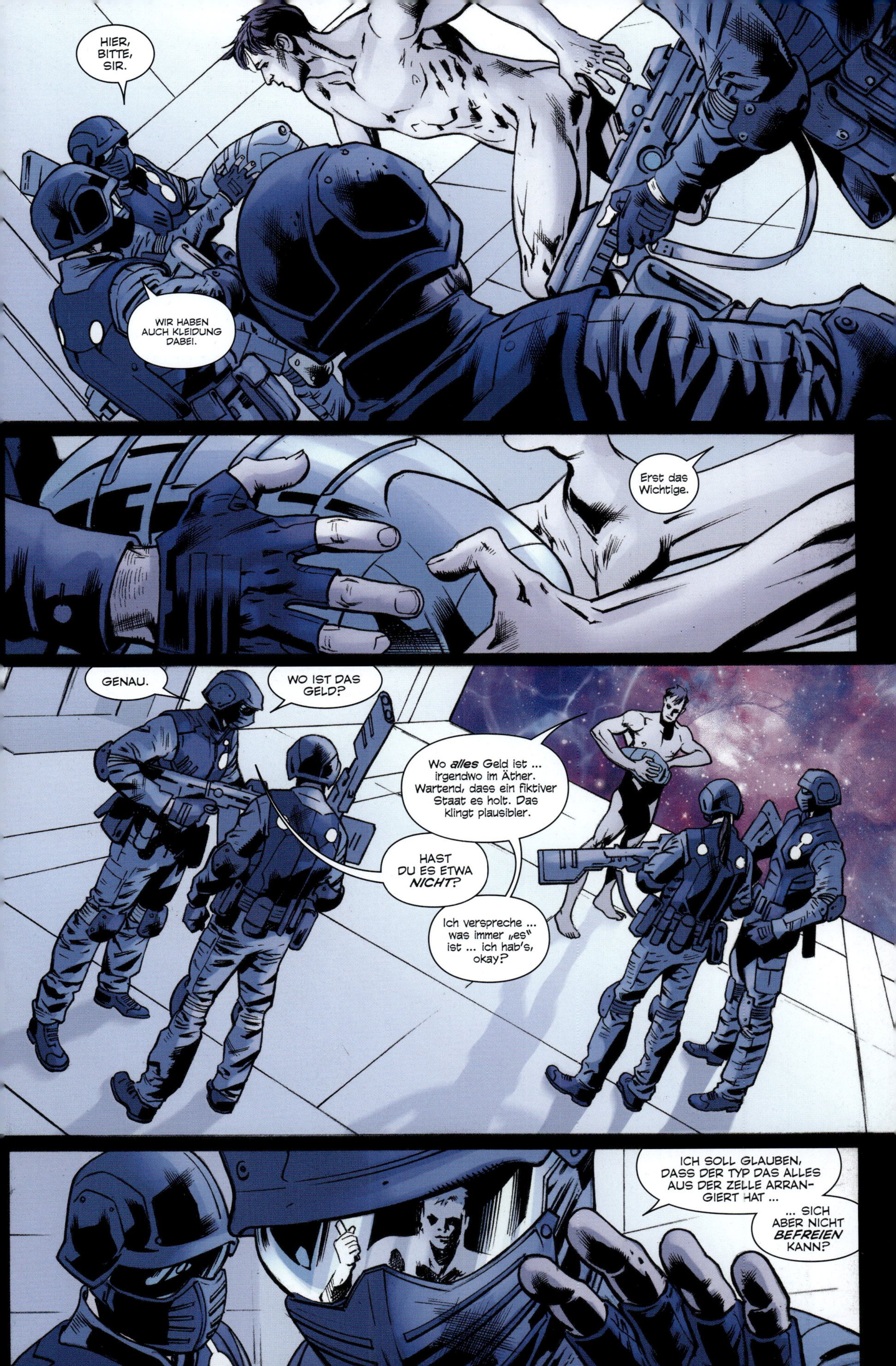
HIER, BITTE, SIR.
WIR HABEN AUCH KLEIDUNG DABEI.
Erst das Wichtige.
GENAU.
WO IST DAS GELD?
Wo *alles* Geld ist ... irgendwo im Äther. Wartend, dass ein fiktiver Staat es holt. Das klingt plausibler.
HAST DU ES ETWA *NICHT*?
Ich verspreche ... was immer „es" ist ... ich hab's, okay?
ICH SOLL GLAUBEN, DASS DER TYP DAS ALLES AUS DER ZELLE ARRANGIERT HAT ...
... SICH ABER NICHT *BEFREIEN* KANN?

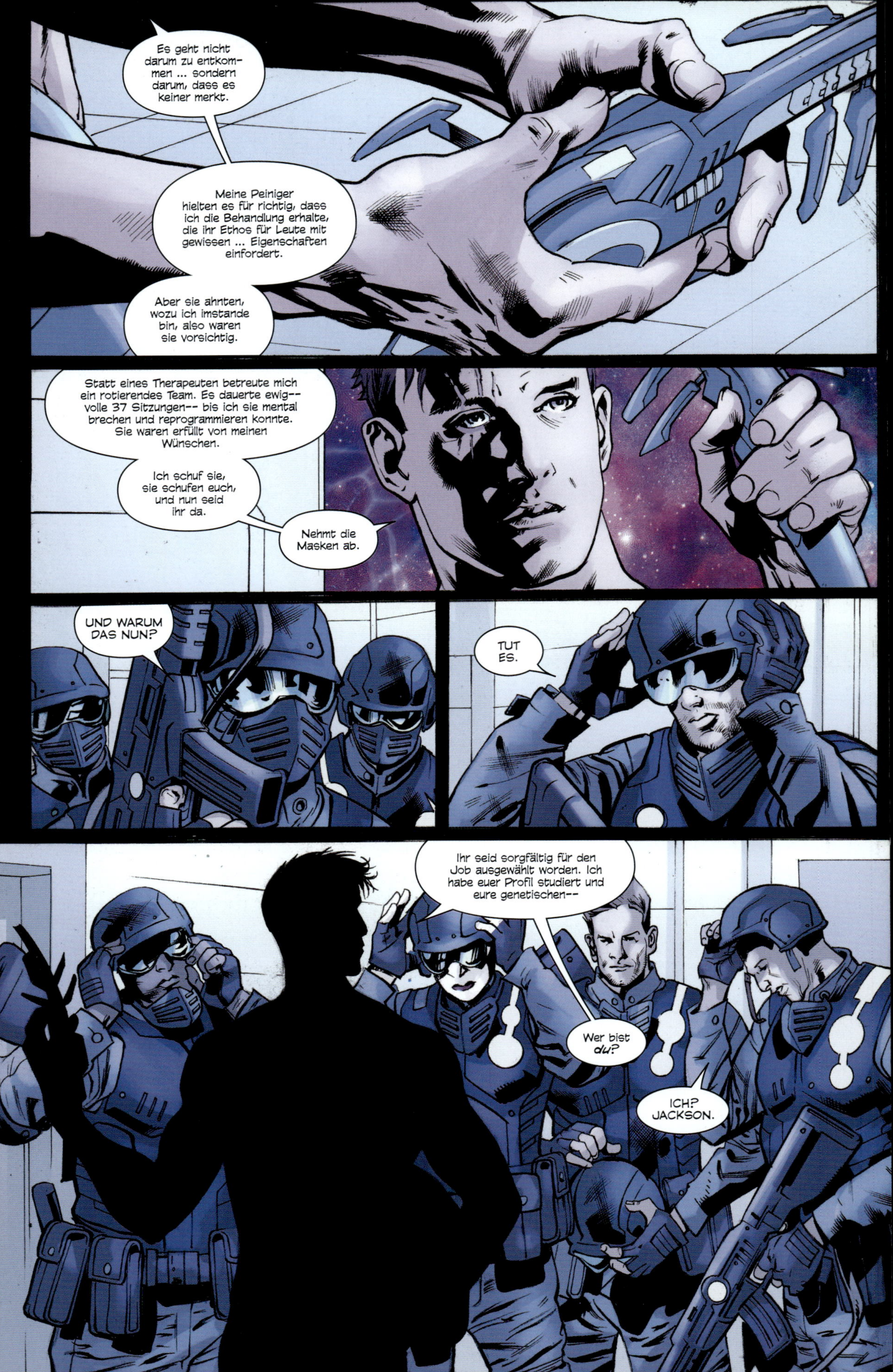
Es geht nicht darum zu entkommen ... sondern darum, dass es keiner merkt.
Meine Peiniger hielten es für richtig, dass ich die Behandlung erhalte, die ihr Ethos für Leute mit gewissen ... Eigenschaften einfordert.
Aber sie ahnten, wozu ich imstande bin, also waren sie vorsichtig.
Statt eines Therapeuten betreute mich ein rotierendes Team. Es dauerte ewig-- volle 37 Sitzungen-- bis ich sie mental brechen und reprogrammieren konnte. Sie waren erfüllt von meinen Wünschen.
Ich schuf sie, sie schufen euch, und nun seid ihr da.
Nehmt die Masken ab.
UND WARUM DAS NUN?
TUT ES.
Ihr seid sorgfältig für den Job ausgewählt worden. Ich habe euer Profil studiert und eure genetischen--
Wer bist du?
ICH? JACKSON.

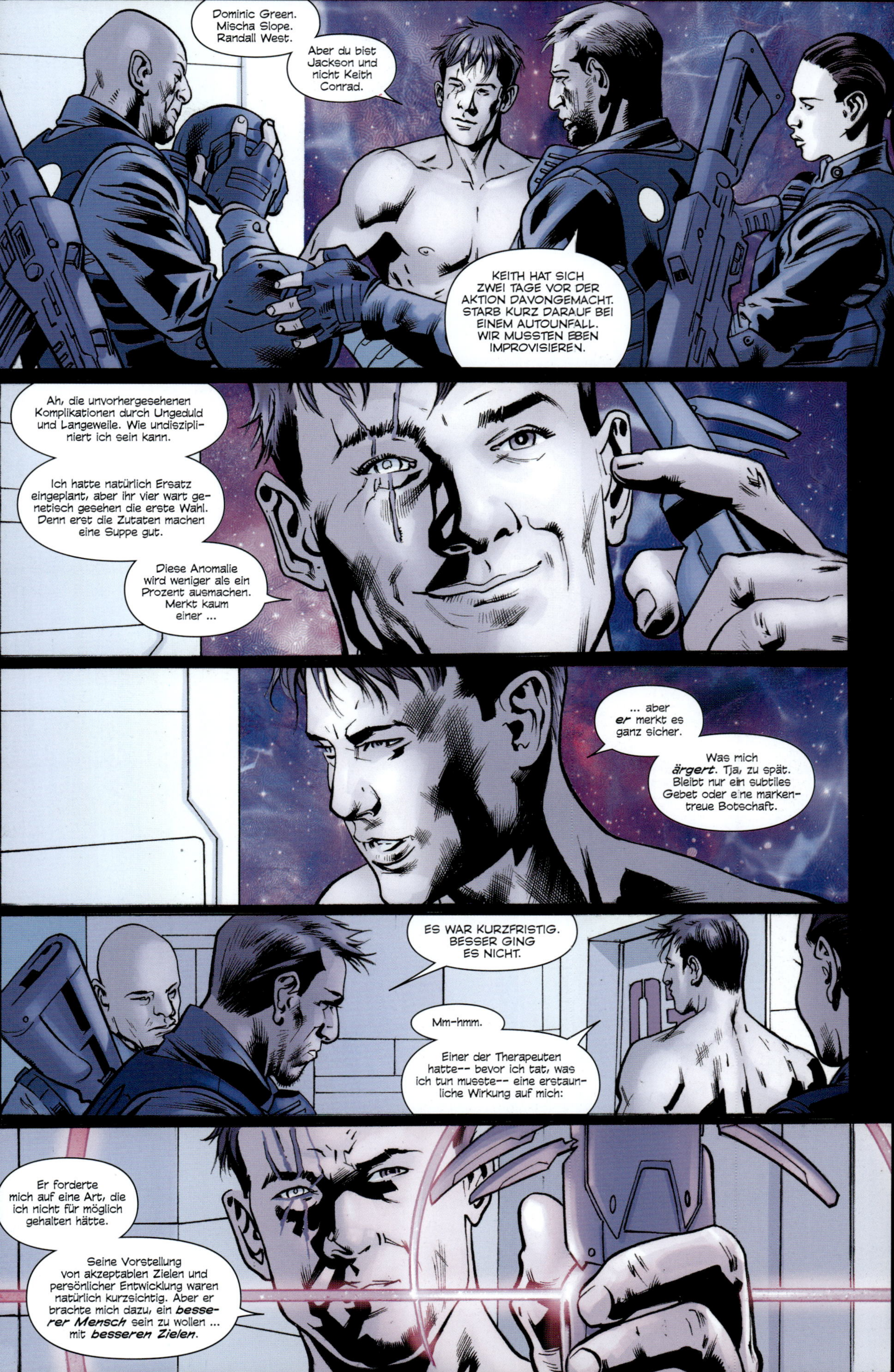
Dominic Green. Mischa Slope. Randall West.
Aber du bist Jackson und nicht Keith Conrad.
KEITH HAT SICH ZWEI TAGE VOR DER AKTION DAVONGEMACHT. STARB KURZ DARAUF BEI EINEM AUTOUNFALL. WIR MUSSTEN EBEN IMPROVISIEREN.
Ah, die unvorhergesehenen Komplikationen durch Ungeduld und Langeweile. Wie undiszipliniert ich sein kann.
Ich hatte natürlich Ersatz eingeplant, aber ihr vier wart genetisch gesehen die erste Wahl. Denn erst die Zutaten machen eine Suppe gut.
Diese Anomalie wird weniger als ein Prozent ausmachen. Merkt kaum einer ...
... aber *er* merkt es ganz sicher.
Was mich *ärgert*. Tja, zu spät. Bleibt nur ein subtiles Gebet oder eine markentreue Botschaft.
ES WAR KURZFRISTIG. BESSER GING ES NICHT.
Mm-hmm.
Einer der Therapeuten hatte-- bevor ich tat, was ich tun musste-- eine erstaunliche Wirkung auf mich:
Er forderte mich auf eine Art, die ich nicht für möglich gehalten hätte.
Seine Vorstellung von akzeptablen Zielen und persönlicher Entwicklung waren natürlich kurzsichtig. Aber er brachte mich dazu, ein *besserer Mensch* sein zu wollen ... mit *besseren Zielen*.

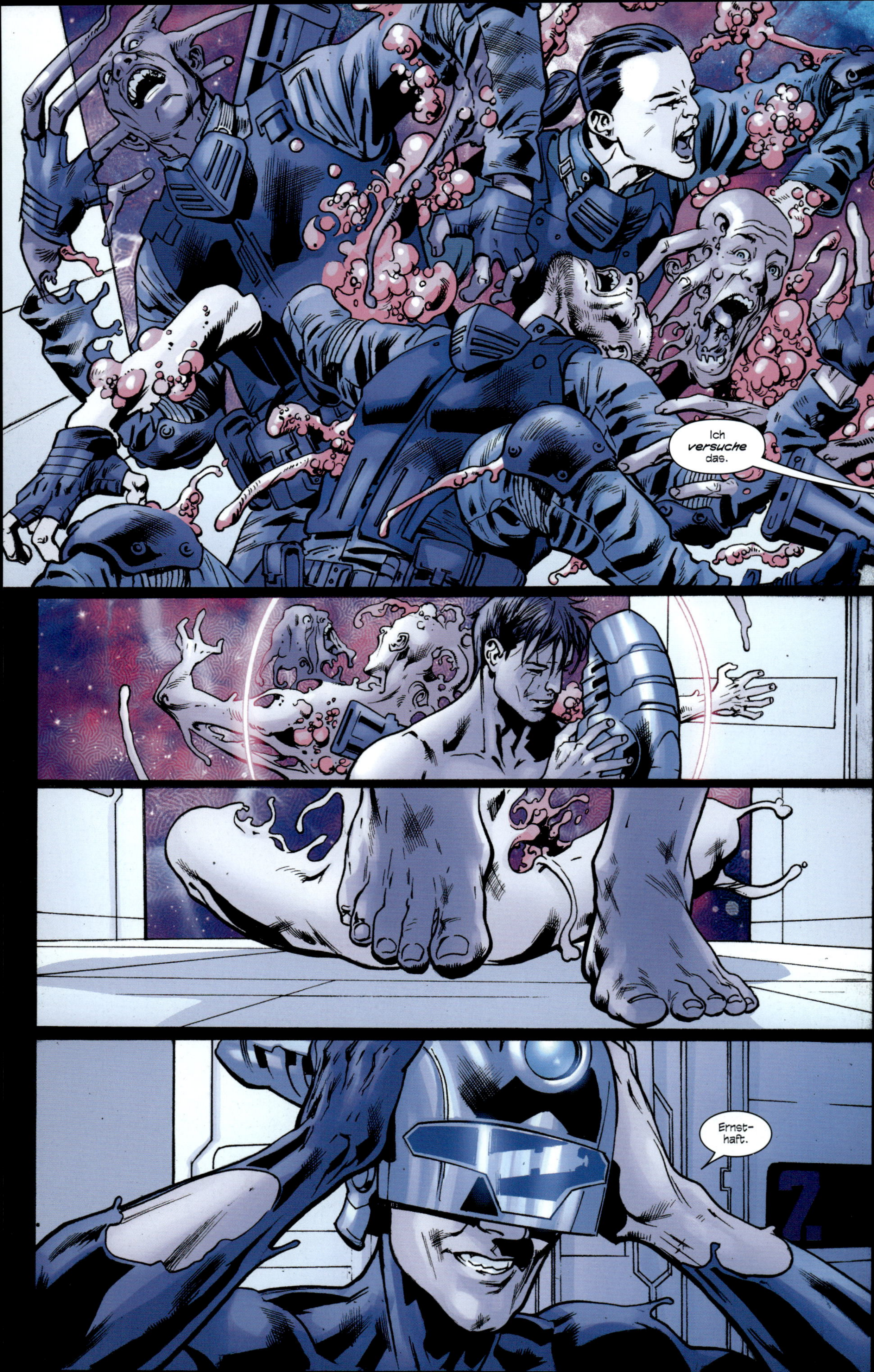
Ich *versuche* das.
Ernst-
haft.

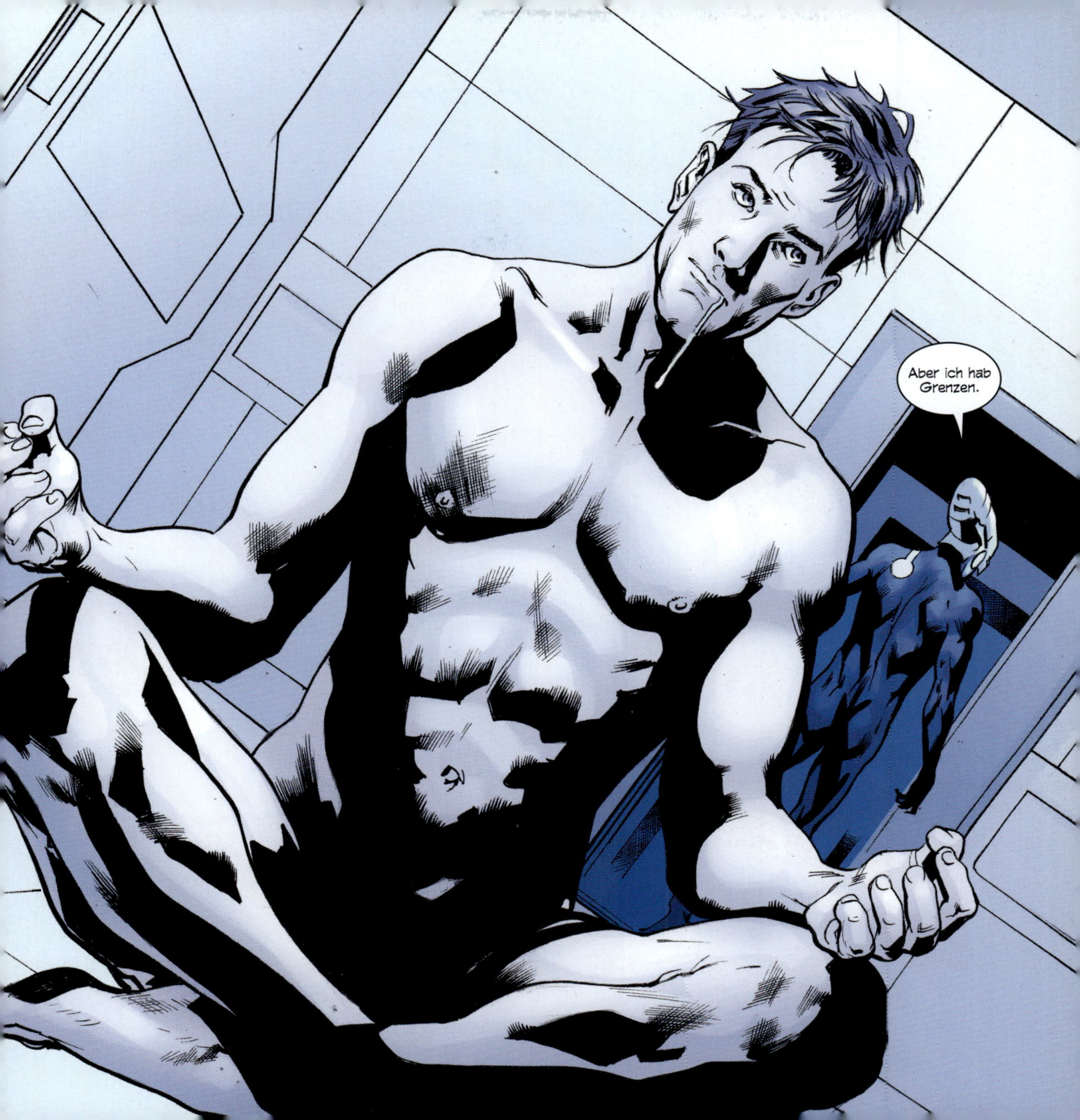
Aber ich hab Grenzen.

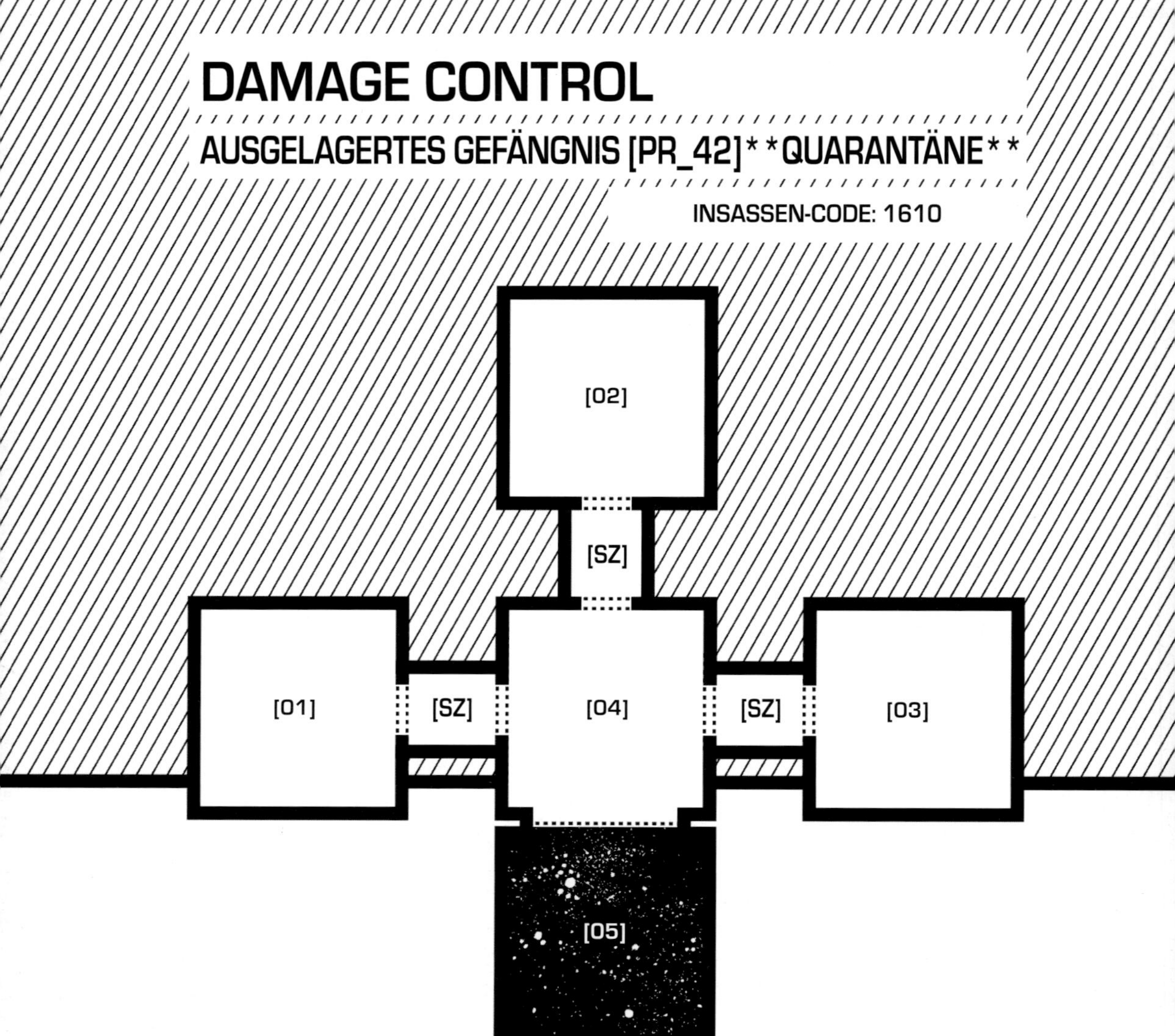

[SZ].........SICHERER ZUGANG
[01].........PROJEKT PEGASUS..[eingeschränkt]
[02].........BLAAKGUARD..[zerstört]
[03].........FURY-ZUGANG ....[top secret]
[04].........**GEFÄNGNISZELLE [1610]**
[05].........NEGATIVZONE

MAKER [1610]
MULTIVERSELLER REED RICHARDS [DIVERGENT]

GEFAHR:
Gefangener besitzt überragenden Intellekt, leidet aber unter Größenwahn und einer dissoziativen Störung. Extreme Restriktion des Häftlings und äußerste Vorsicht werden empfohlen.

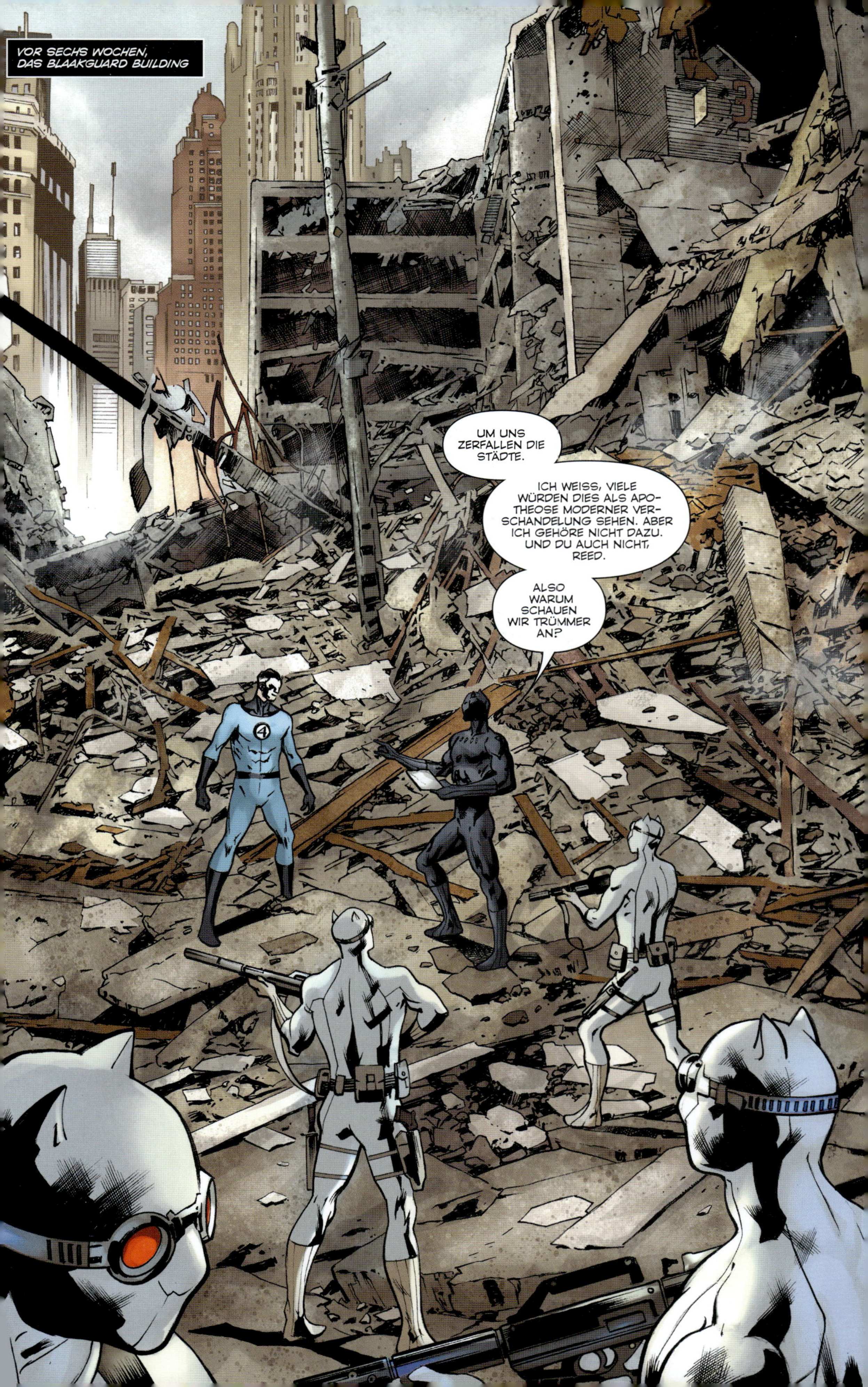
VOR SECHS WOCHEN, DAS BLAAKGUARD BUILDING
UM UNS ZERFALLEN DIE STÄDTE.
ICH WEISS, VIELE WÜRDEN DIES ALS APOTHEOSE MODERNER VERSCHANDELUNG SEHEN. ABER ICH GEHÖRE NICHT DAZU. UND DU AUCH NICHT, REED.
ALSO WARUM SCHAUEN WIR TRÜMMER AN?

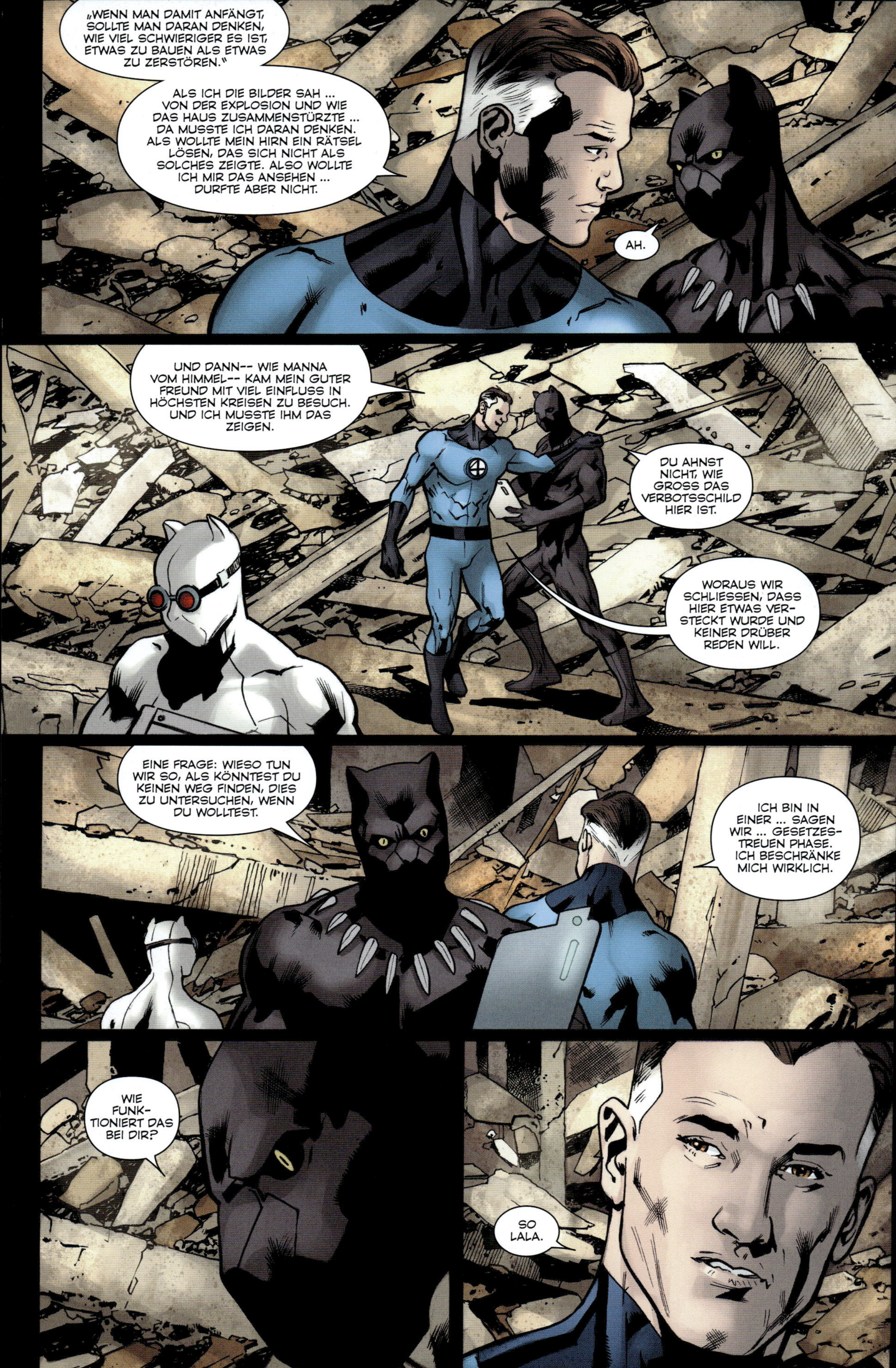
„WENN MAN DAMIT ANFÄNGT, SOLLTE MAN DARAN DENKEN, WIE VIEL SCHWIERIGER ES IST, ETWAS ZU BAUEN ALS ETWAS ZU ZERSTÖREN."
ALS ICH DIE BILDER SAH ... VON DER EXPLOSION UND WIE DAS HAUS ZUSAMMENSTÜRZTE ... DA MUSSTE ICH DARAN DENKEN. ALS WOLLTE MEIN HIRN EIN RÄTSEL LÖSEN, DAS SICH NICHT ALS SOLCHES ZEIGTE. ALSO WOLLTE ICH MIR DAS ANSEHEN ... DURFTE ABER NICHT.
AH.
UND DANN-- WIE MANNA VOM HIMMEL-- KAM MEIN GUTER FREUND MIT VIEL EINFLUSS IN HÖCHSTEN KREISEN ZU BESUCH. UND ICH MUSSTE IHM DAS ZEIGEN.
DU AHNST NICHT, WIE GROSS DAS VERBOTSSCHILD HIER IST.
WORAUS WIR SCHLIESSEN, DASS HIER ETWAS VERSTECKT WURDE UND KEINER DRÜBER REDEN WILL.
EINE FRAGE: WIESO TUN WIR SO, ALS KÖNNTEST DU KEINEN WEG FINDEN, DIES ZU UNTERSUCHEN, WENN DU WOLLTEST.
ICH BIN IN EINER ... SAGEN WIR ... GESETZESTREUEN PHASE. ICH BESCHRÄNKE MICH WIRKLICH.
WIE FUNKTIONIERT DAS BEI DIR?
SO LALA.

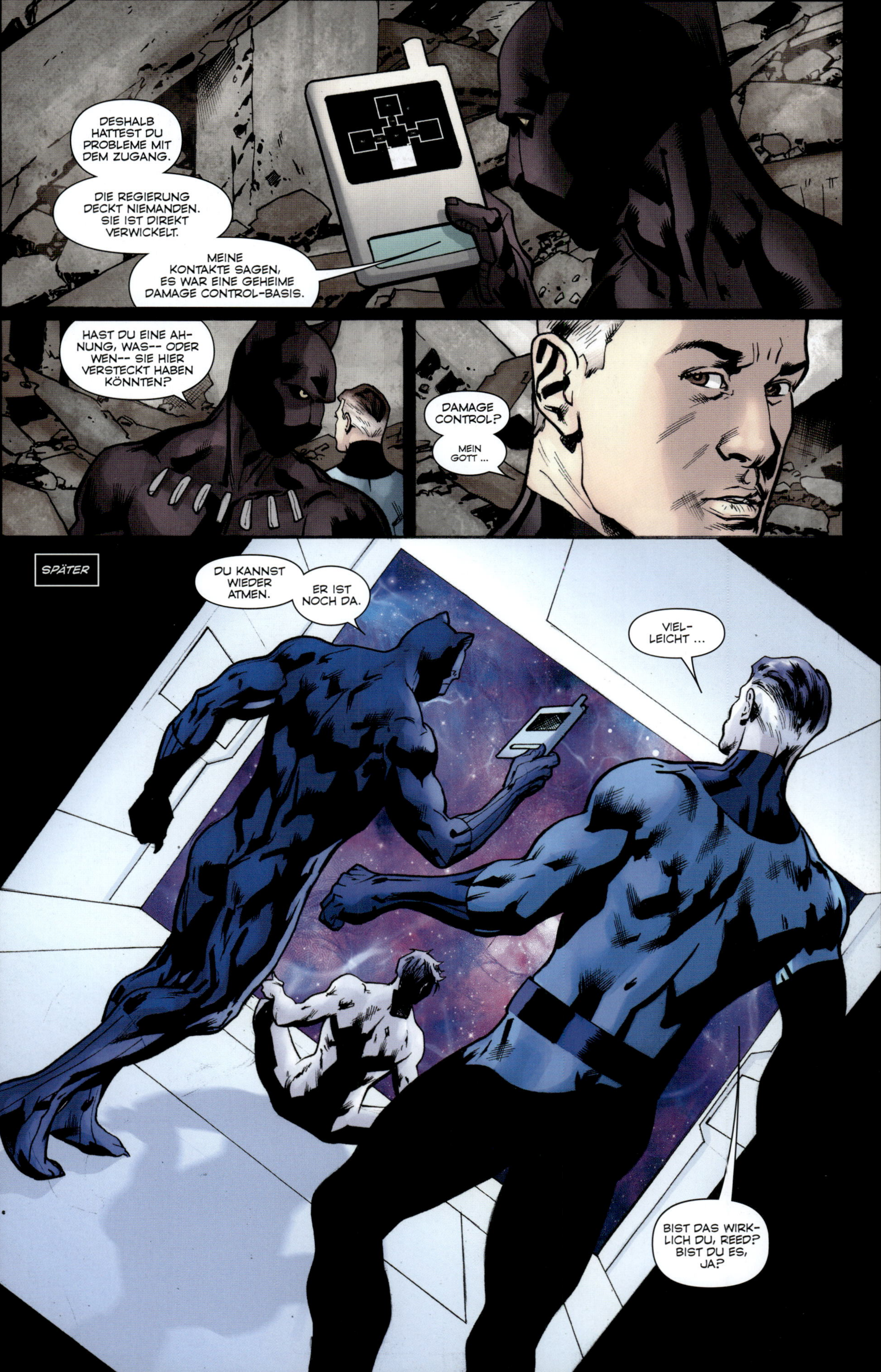
DESHALB HATTEST DU PROBLEME MIT DEM ZUGANG.
DIE REGIERUNG DECKT NIEMANDEN. SIE IST DIREKT VERWICKELT.
MEINE KONTAKTE SAGEN, ES WAR EINE GEHEIME DAMAGE CONTROL-BASIS.
HAST DU EINE AHNUNG, WAS-- ODER WEN-- SIE HIER VERSTECKT HABEN KÖNNTEN?
DAMAGE CONTROL?
MEIN GOTT ...
SPÄTER
DU KANNST WIEDER ATMEN.
ER IST NOCH DA.
VIELLEICHT ...
BIST DAS WIRKLICH DU, REED? BIST DU ES, JA?

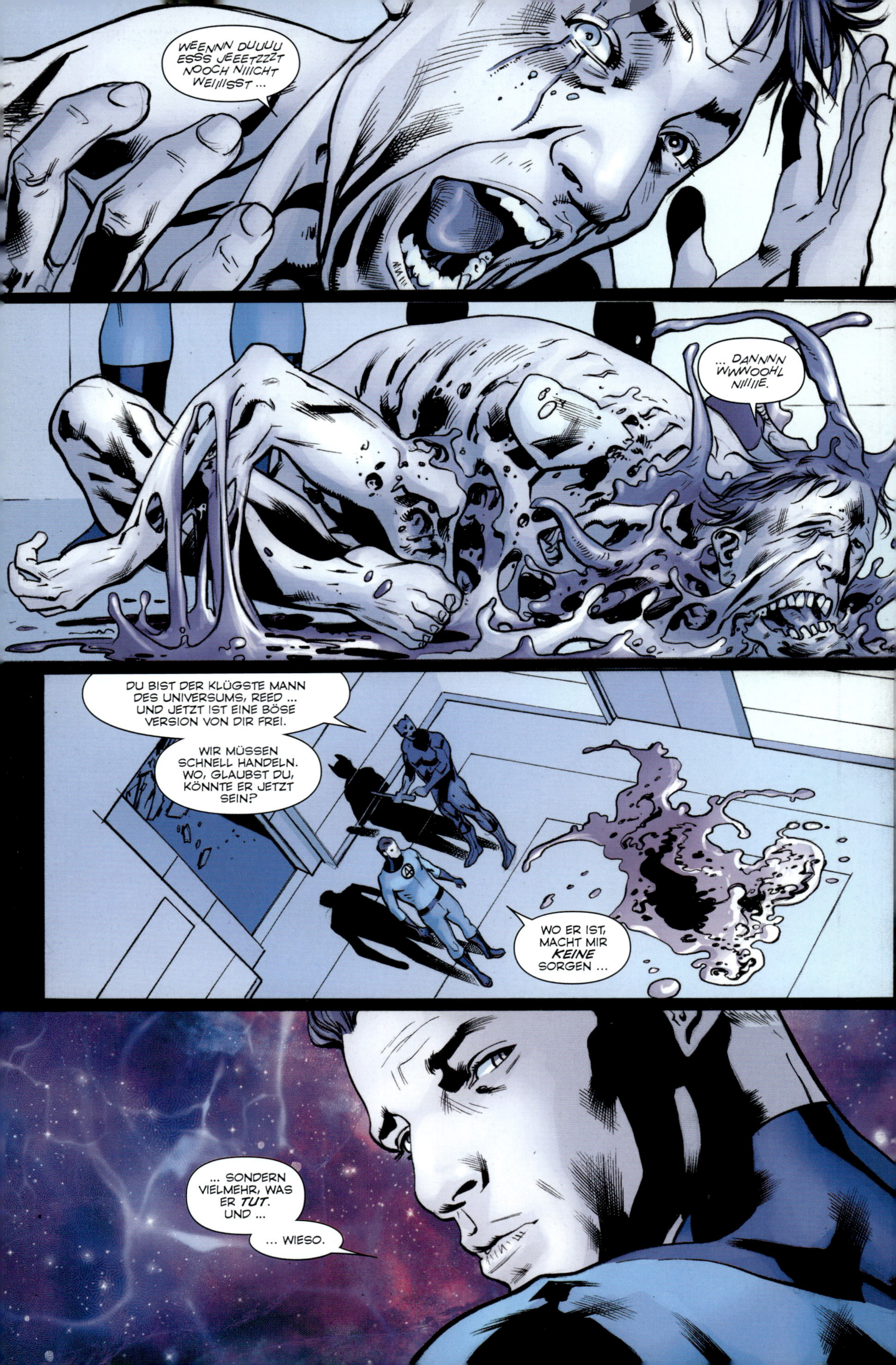
WEENNN DUUUU ESSS JEEETZZZT NOOCH NIIICHT WEIIIISST ...
... DANNNN WWWOOHL NIIIIE.
DU BIST DER KLÜGSTE MANN DES UNIVERSUMS, REED ... UND JETZT IST EINE BÖSE VERSION VON DIR FREI.
WIR MÜSSEN SCHNELL HANDELN. WO, GLAUBST DU, KÖNNTE ER JETZT SEIN?
WO ER IST, MACHT MIR KEINE SORGEN ...
... SONDERN VIELMEHR, WAS ER TUT. UND ...
... WIESO.

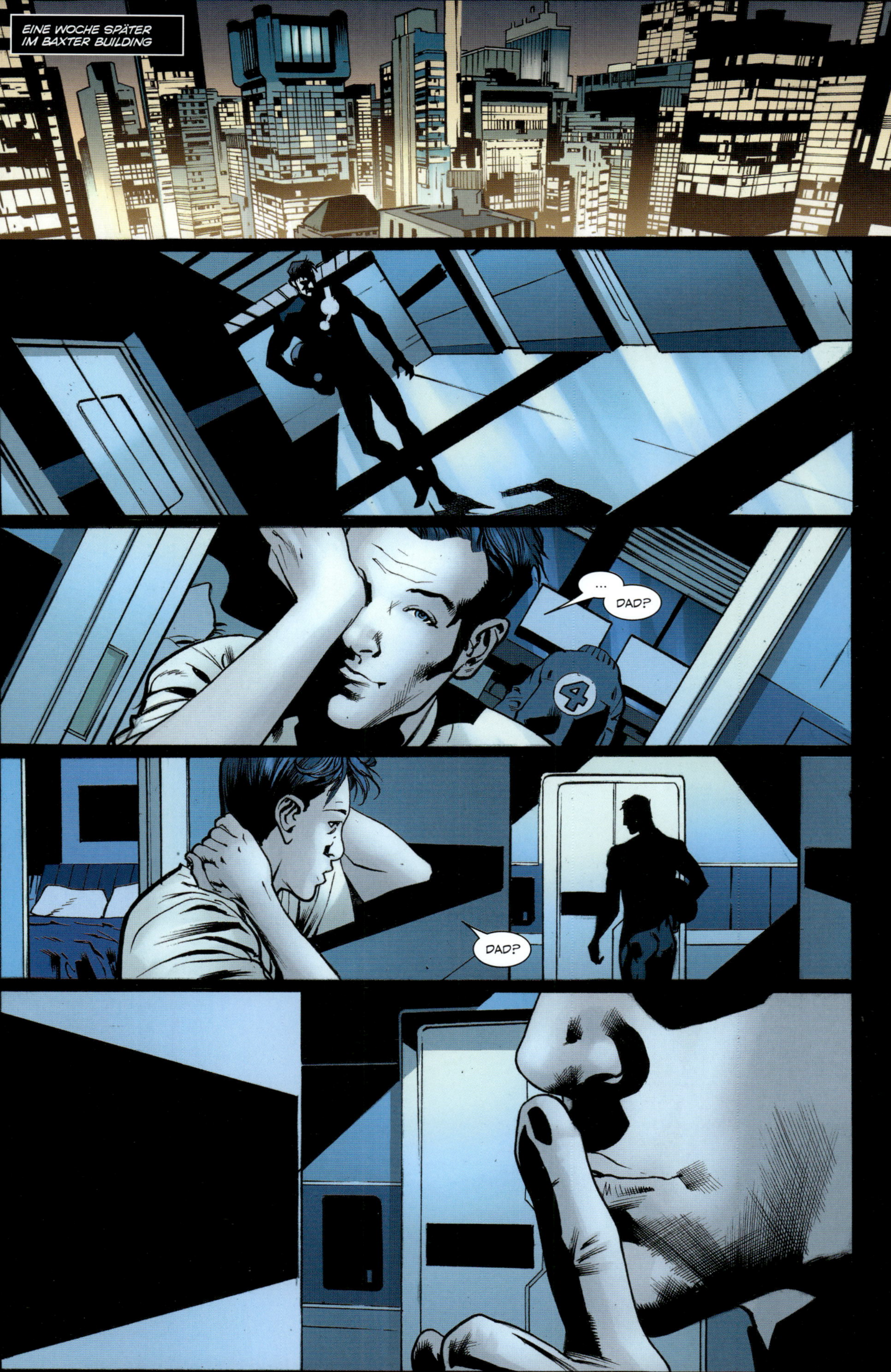
EINE WOCHE SPÄTER IM BAXTER BUILDING
... DAD?
DAD?

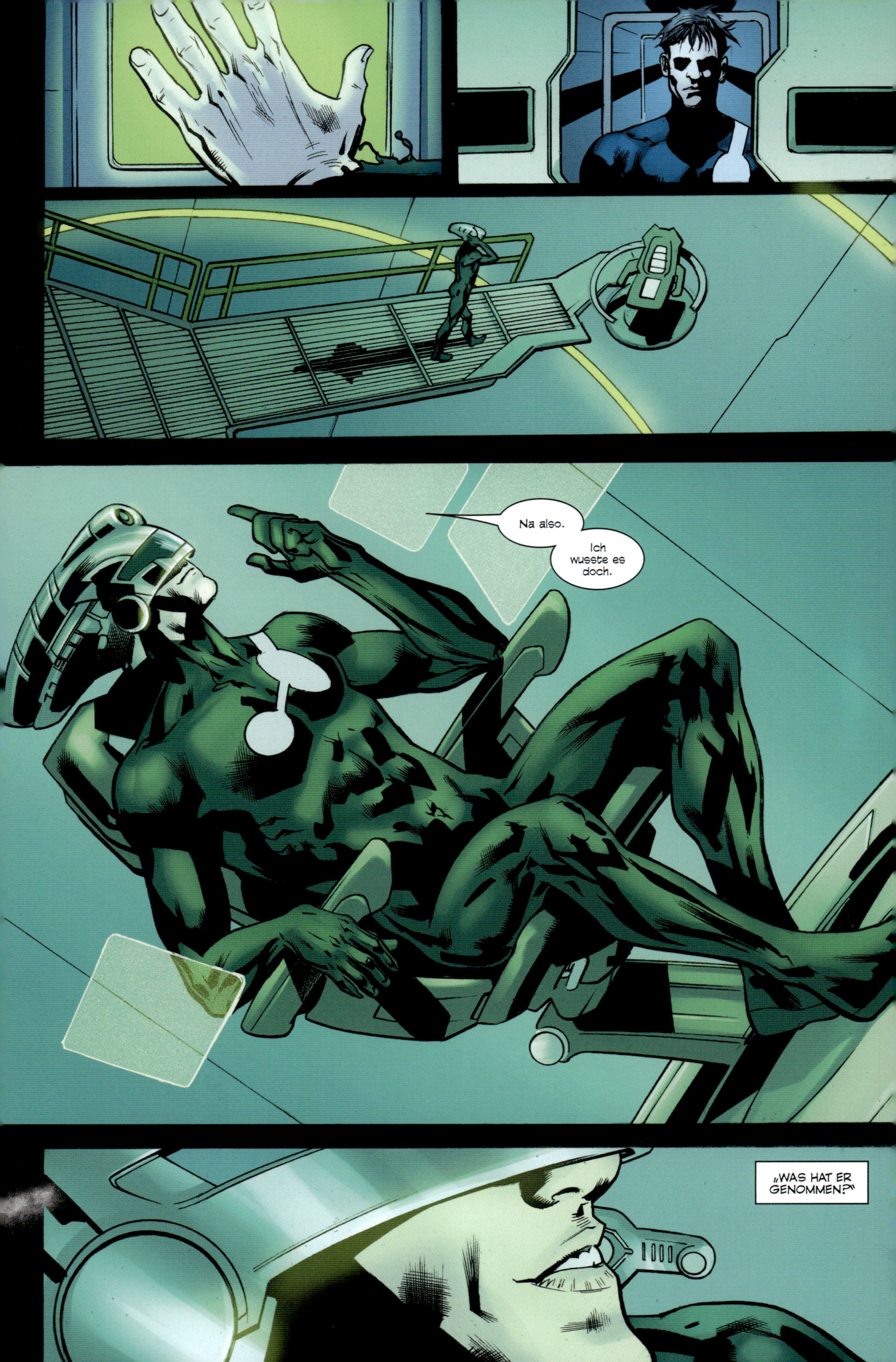
Na also.
Ich wusste es doch.
„WAS HAT ER GENOMMEN?"

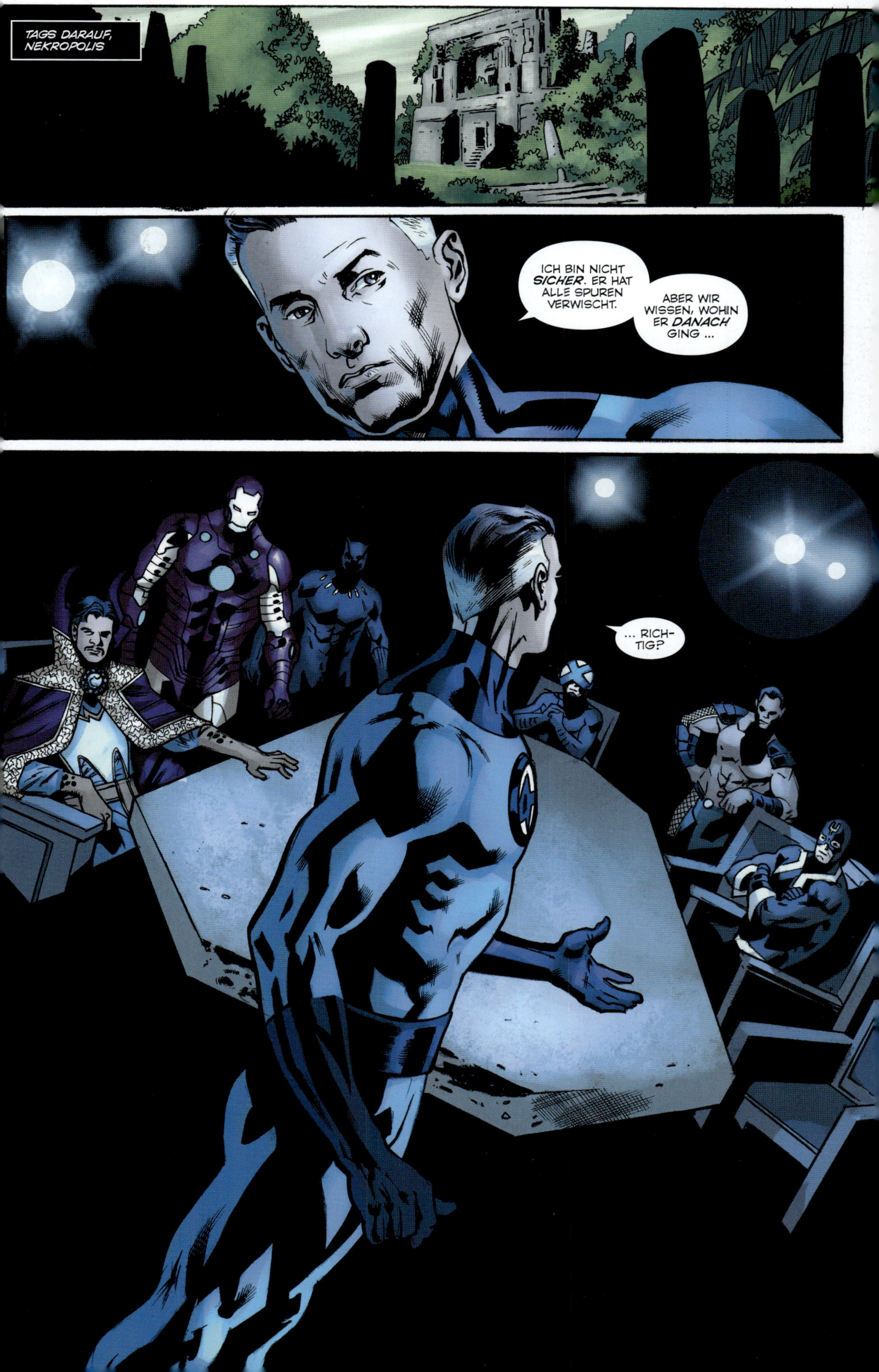

TAGS DARAUF, NEKROPOLIS
ICH BIN NICHT SICHER. ER HAT ALLE SPUREN VERWISCHT.
ABER WIR WISSEN, WOHIN ER DANACH GING ...
... RICH-TIG?

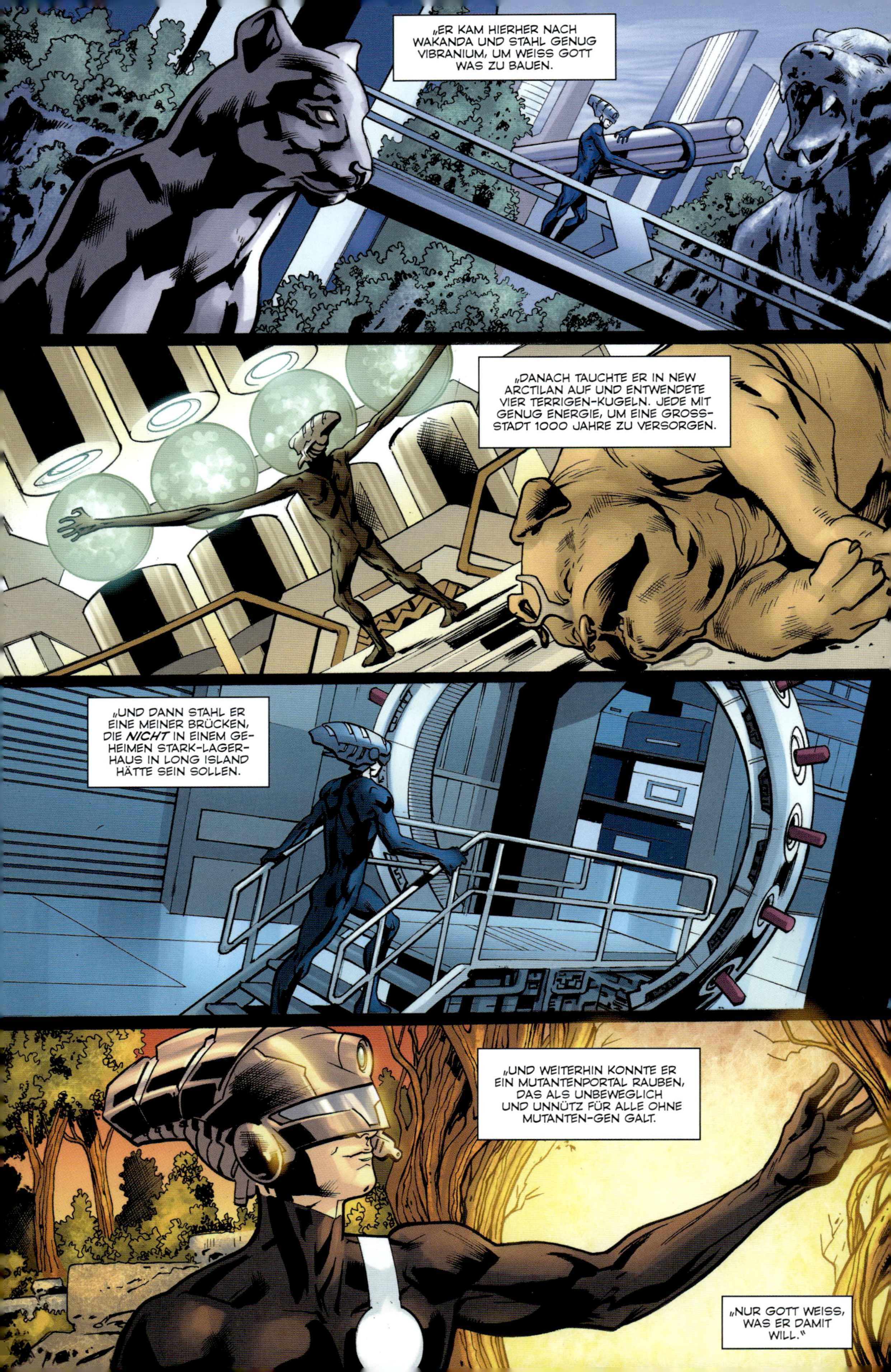
„ER KAM HIERHER NACH WAKANDA UND STAHL GENUG VIBRANIUM, UM WEISS GOTT WAS ZU BAUEN.
„DANACH TAUCHTE ER IN NEW ARCTILAN AUF UND ENTWENDETE VIER TERRIGEN-KUGELN. JEDE MIT GENUG ENERGIE, UM EINE GROSS-STADT 1000 JAHRE ZU VERSORGEN.
„UND DANN STAHL ER EINE MEINER BRÜCKEN, DIE *NICHT* IN EINEM GEHEIMEN STARK-LAGERHAUS IN LONG ISLAND HÄTTE SEIN SOLLEN.
„UND WEITERHIN KONNTE ER EIN MUTANTENPORTAL RAUBEN, DAS ALS UNBEWEGLICH UND UNNÜTZ FÜR ALLE OHNE MUTANTEN-GEN GALT.
„NUR GOTT WEISS, WAS ER DAMIT WILL."

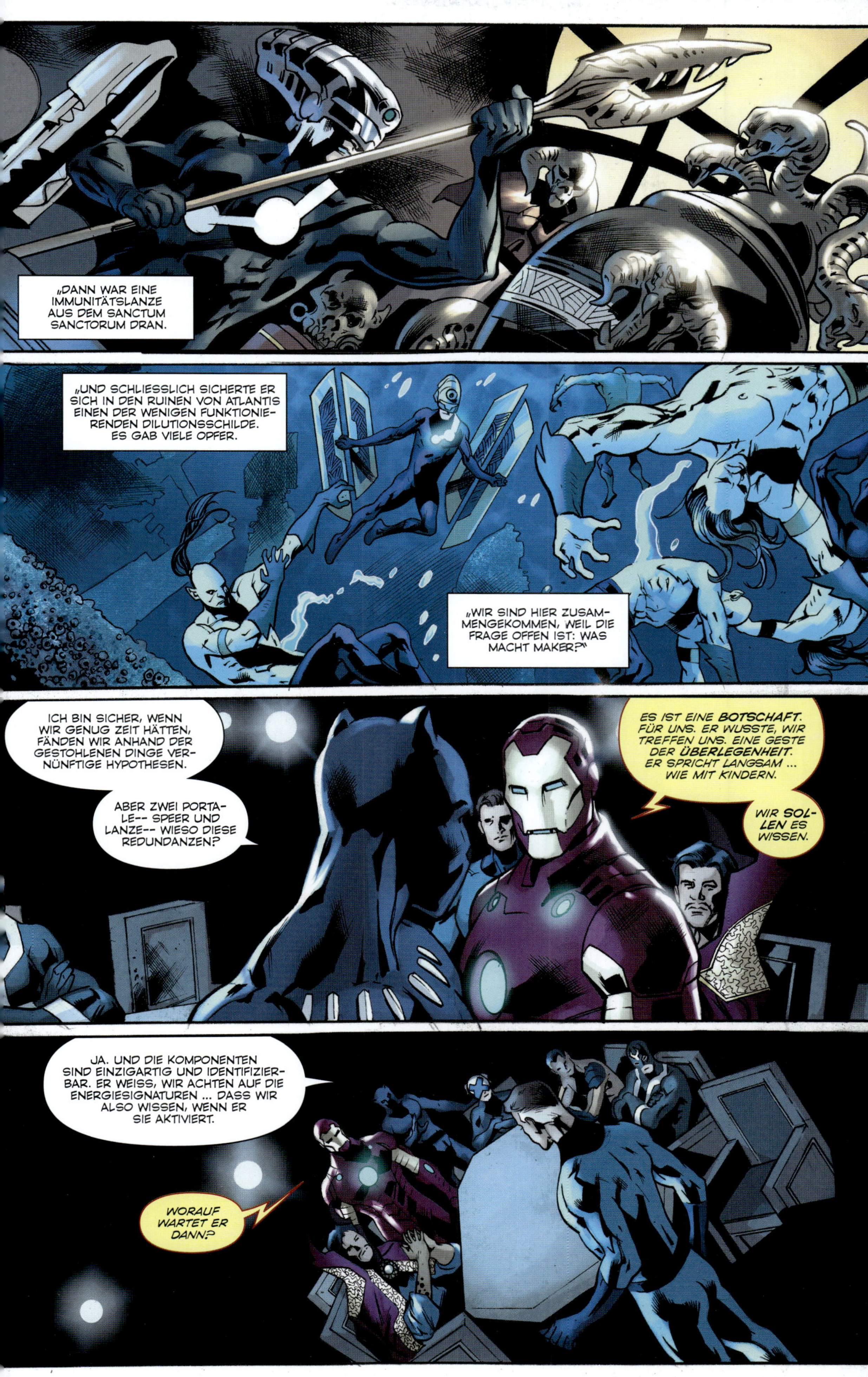
„DANN WAR EINE IMMUNITÄTSLANZE AUS DEM SANCTUM SANCTORUM DRAN.
„UND SCHLIESSLICH SICHERTE ER SICH IN DEN RUINEN VON ATLANTIS EINEN DER WENIGEN FUNKTIONIERENDEN DILUTIONSSCHILDE. ES GAB VIELE OPFER.
„WIR SIND HIER ZUSAMMENGEKOMMEN, WEIL DIE FRAGE OFFEN IST: WAS MACHT MAKER?"
ICH BIN SICHER, WENN WIR GENUG ZEIT HÄTTEN, FÄNDEN WIR ANHAND DER GESTOHLENEN DINGE VERNÜNFTIGE HYPOTHESEN.
ABER ZWEI PORTALE-- SPEER UND LANZE-- WIESO DIESE REDUNDANZEN?
ES IST EINE **BOTSCHAFT**. FÜR UNS. ER WUSSTE, WIR TREFFEN UNS. EINE GESTE DER **ÜBERLEGENHEIT**. ER SPRICHT LANGSAM ... WIE MIT KINDERN.
WIR **SOLLEN** ES WISSEN.
JA. UND DIE KOMPONENTEN SIND EINZIGARTIG UND IDENTIFIZIERBAR. ER WEISS, WIR ACHTEN AUF DIE ENERGIESIGNATUREN ... DASS WIR ALSO WISSEN, WENN ER SIE AKTIVIERT.
WORAUF WARTET ER DANN?

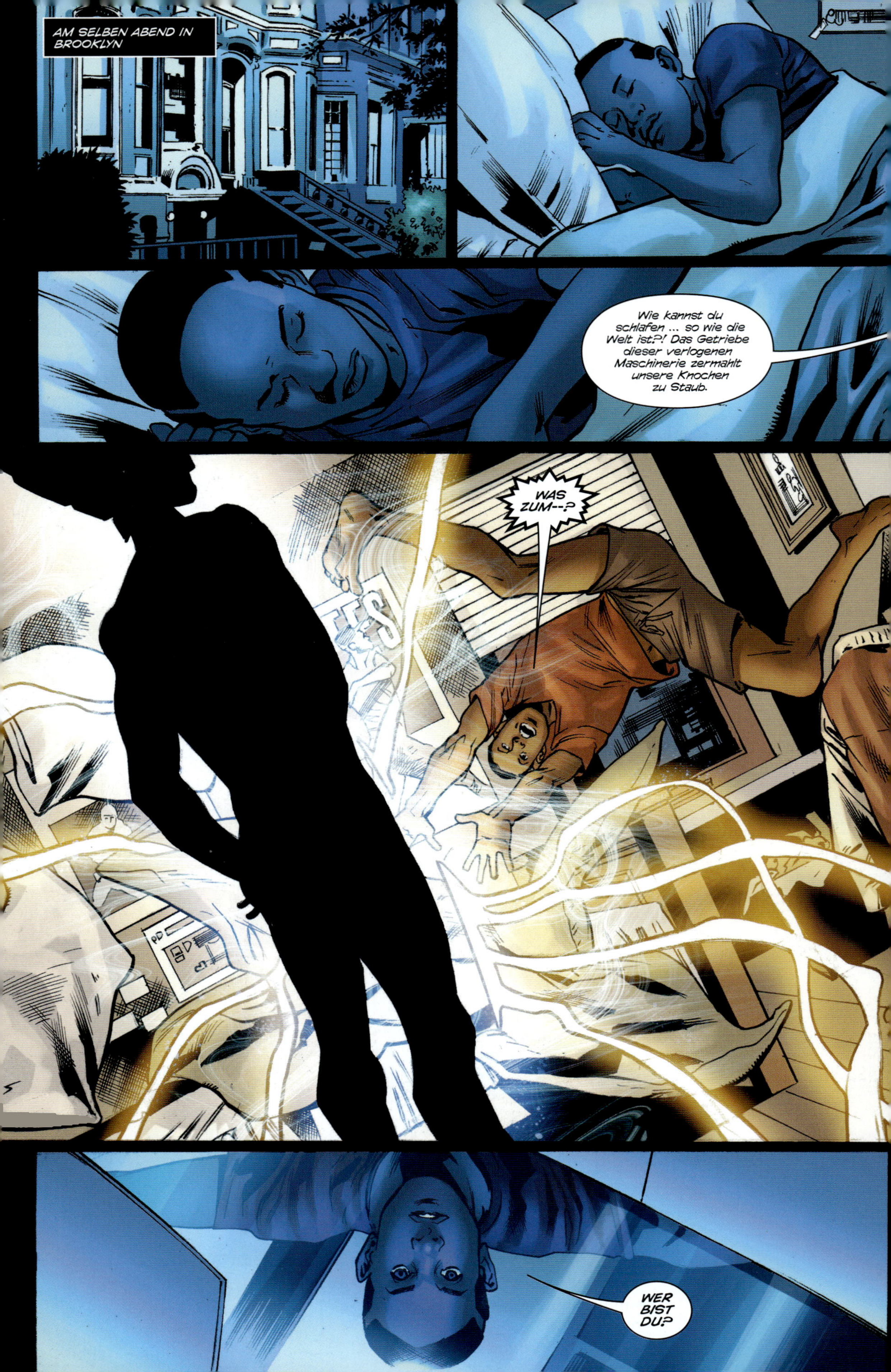
AM SELBEN ABEND IN BROOKLYN
Wie kannst du schlafen ... so wie die Welt ist?! Das Getriebe dieser verlogenen Maschinerie zermahlt unsere Knochen zu Staub.
WAS ZUM--?
WER BIST DU?

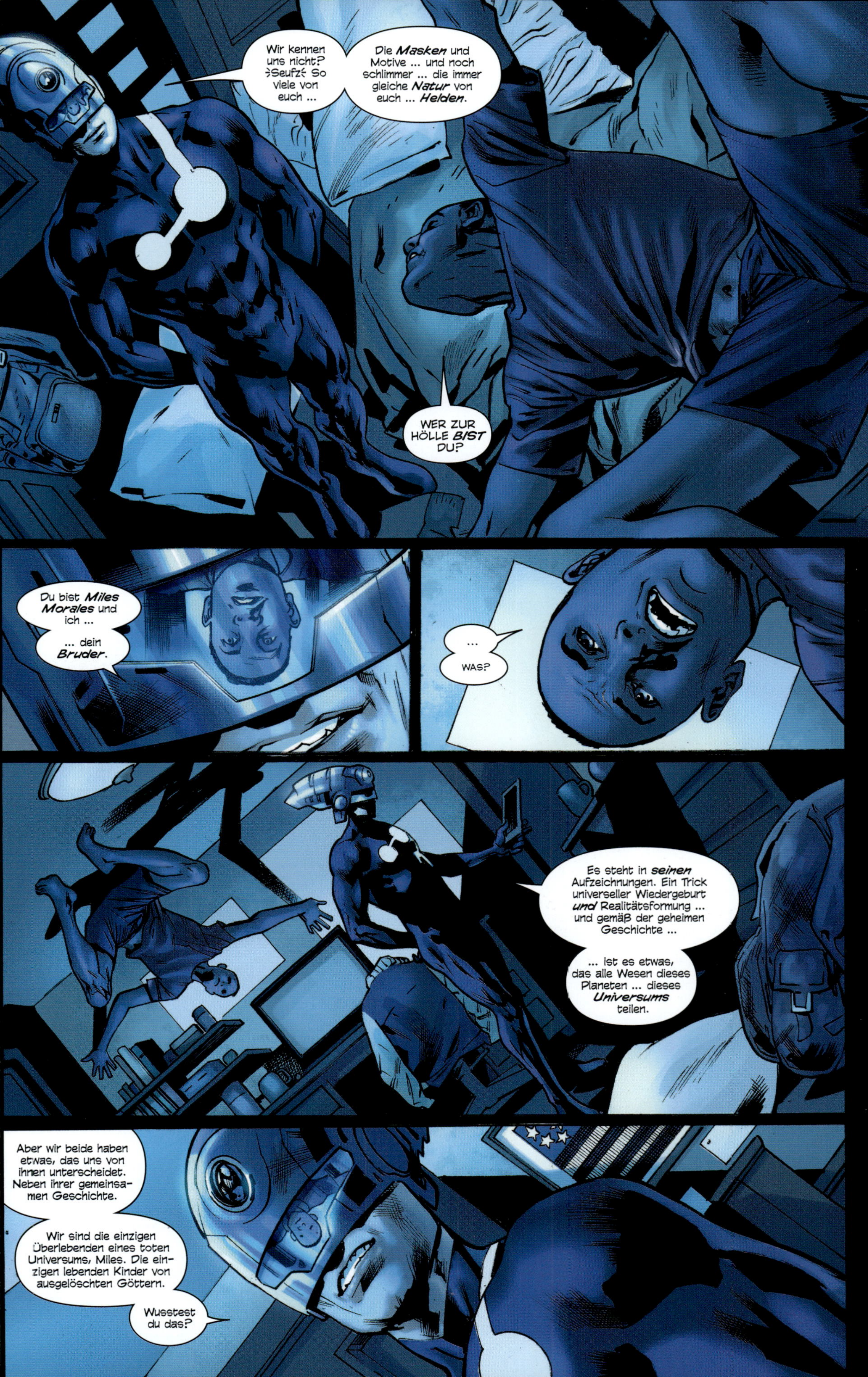

Wir kennen uns nicht? ›Seufz‹ So viele von euch ...
Die *Masken* und Motive ... und noch schlimmer ... die immer gleiche *Natur* von euch ... *Helden*.
WER ZUR HÖLLE *BIST* DU?
Du bist *Miles Morales* und ich ...
... dein *Bruder*.
...
WAS?
Es steht in *seinen* Aufzeichnungen. Ein Trick universeller Wiedergeburt *und* Realitätsformung ... und gemäß der geheimen Geschichte ...
... ist es etwas, das alle Wesen dieses Planeten ... dieses *Universums* teilen.
Aber wir beide haben etwas, das uns von ihnen unterscheidet. Neben ihrer gemeinsamen Geschichte.
Wir sind die einzigen Überlebenden eines toten Universums, Miles. Die einzigen lebenden Kinder von ausgelöschten Göttern.
Wusstest du das?

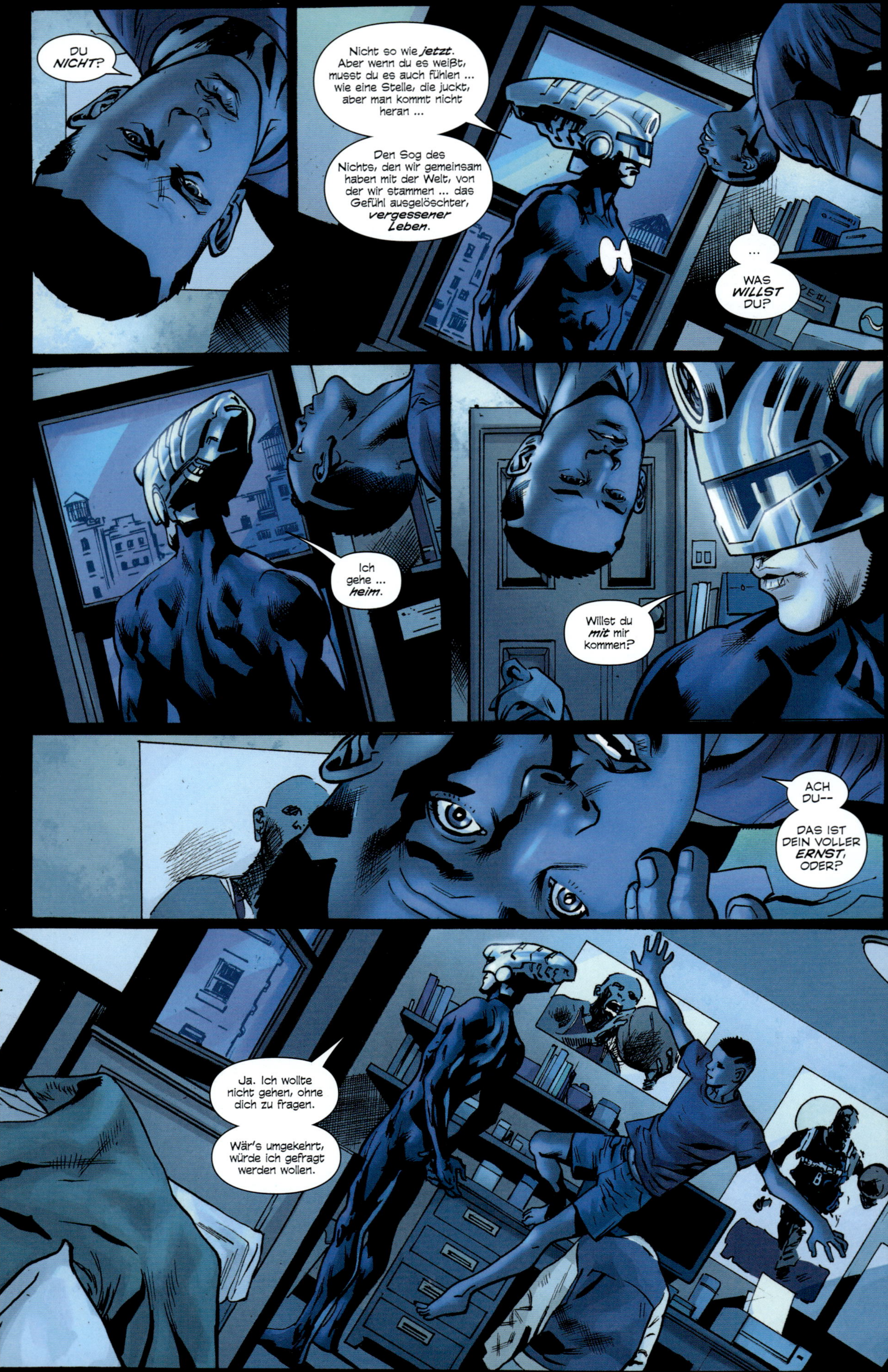
DU NICHT?
Nicht so wie jetzt. Aber wenn du es weißt, musst du es auch fühlen ... wie eine Stelle, die juckt, aber man kommt nicht heran ...
Den Sog des Nichts, den wir gemeinsam haben mit der Welt, von der wir stammen ... das Gefühl ausgelöschter, vergessener Leben.
... WAS WILLST DU?
Ich gehe ... heim.
Willst du mit mir kommen?
ACH DU--
DAS IST DEIN VOLLER ERNST, ODER?
Ja. Ich wollte nicht gehen, ohne dich zu fragen.
Wär's umgekehrt, würde ich gefragt werden wollen.

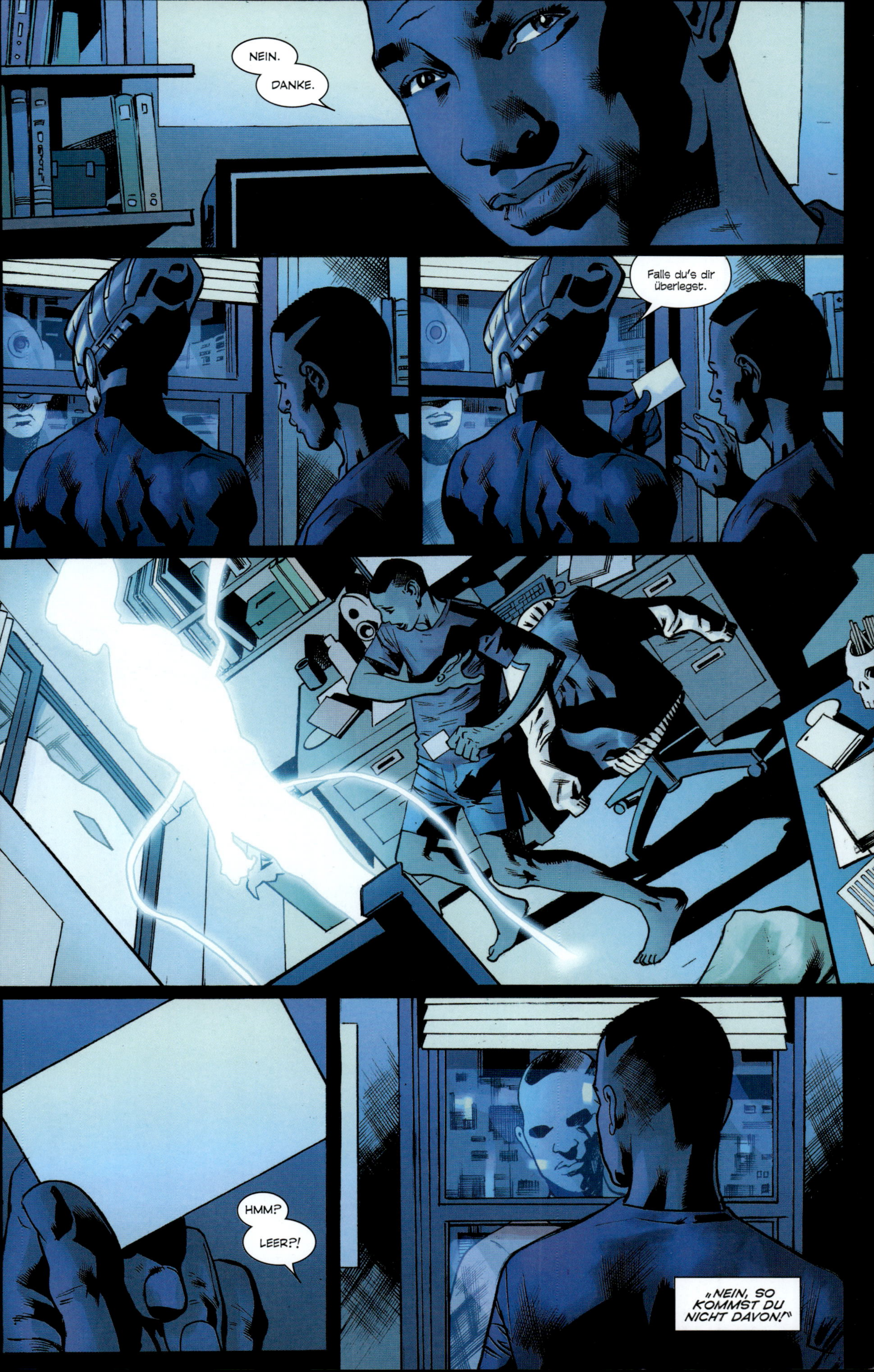
NEIN.
DANKE.
Falls du's dir überlegst.
HMM?
LEER?!
„NEIN, SO KOMMST DU NICHT DAVON!"

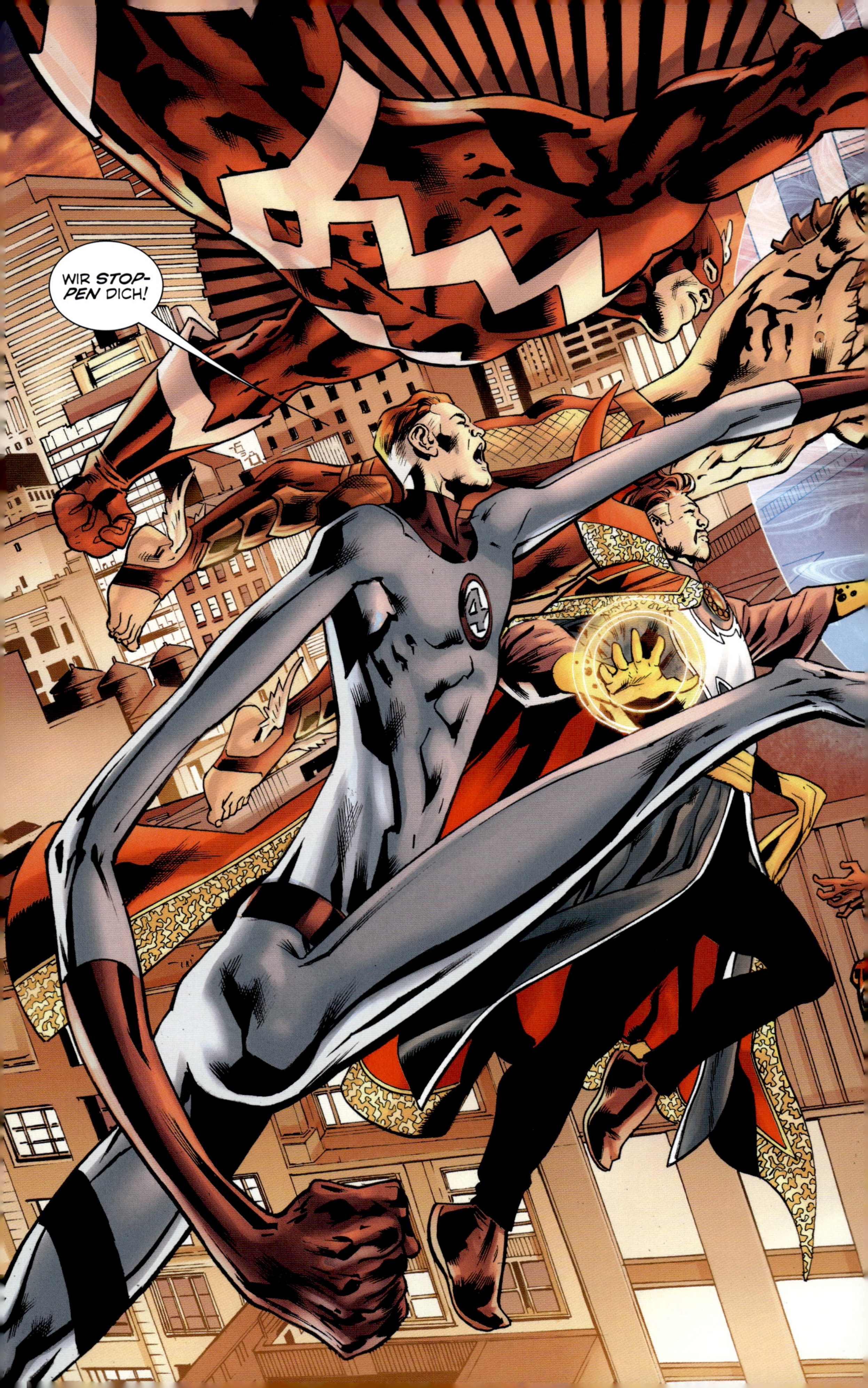
WIR STOP-
PEN DICH!

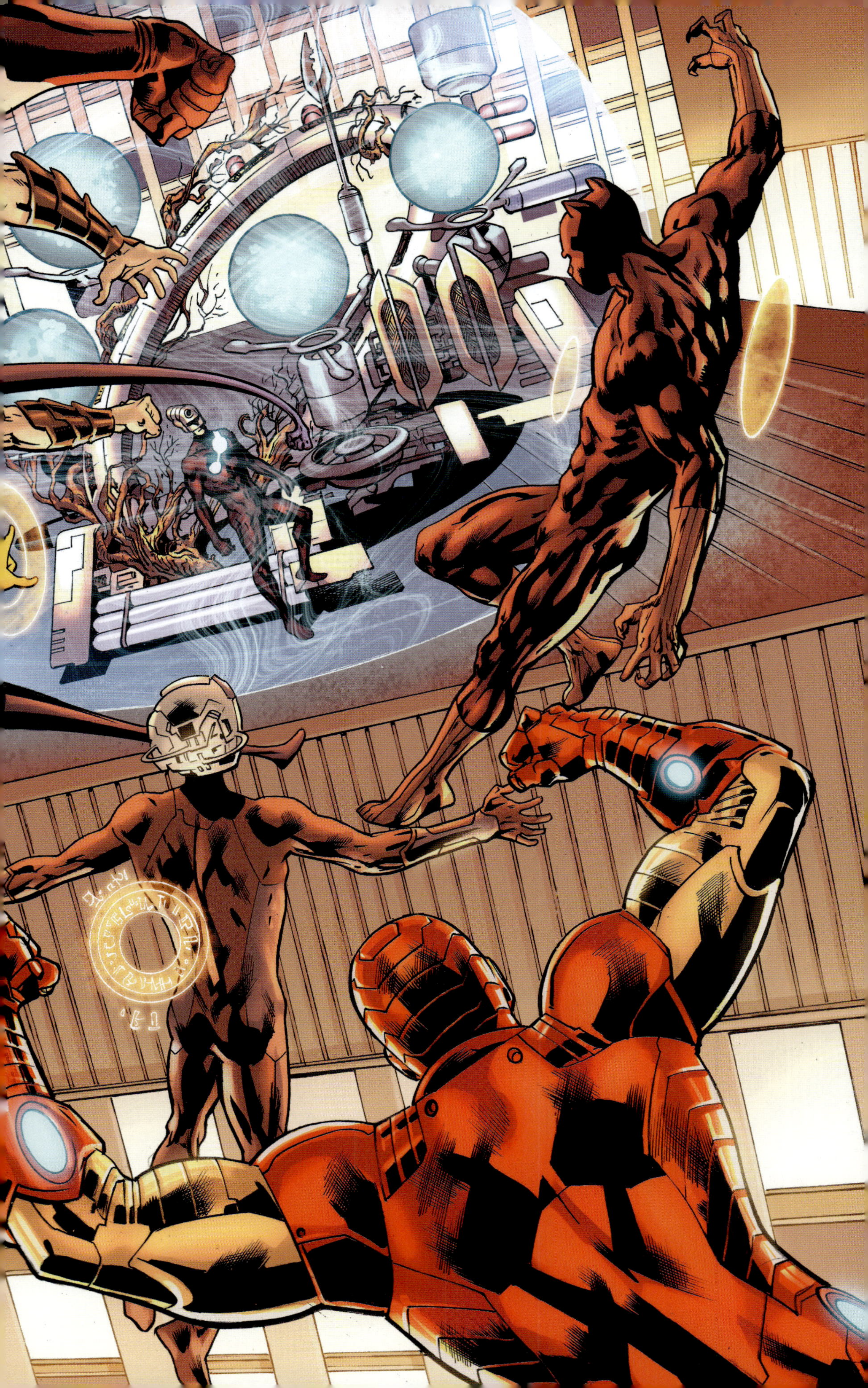

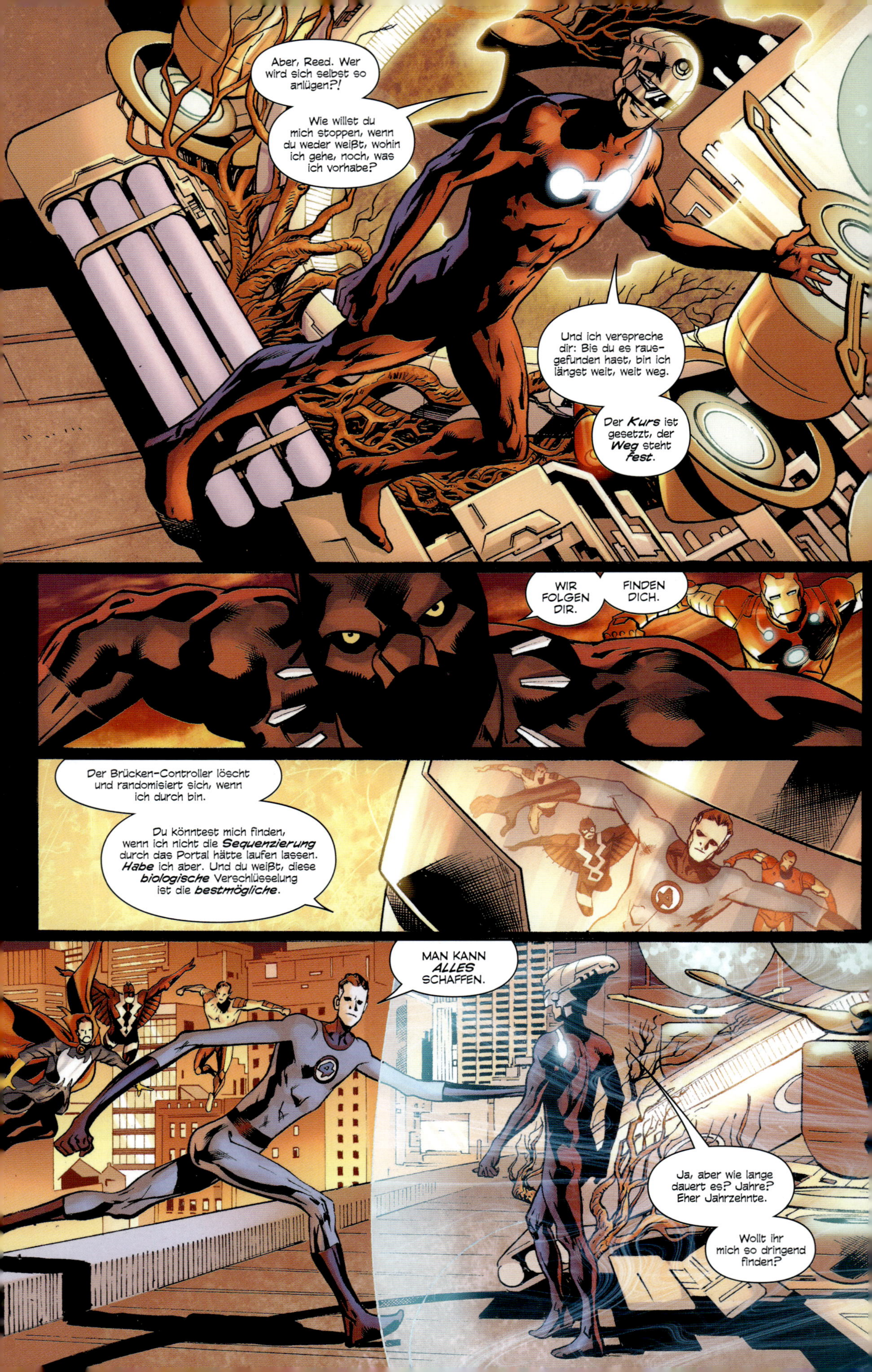
Aber, Reed. Wer wird sich selbst so anlügen?!
Wie willst du mich stoppen, wenn du weder weißt, wohin ich gehe, noch, was ich vorhabe?
Und ich verspreche dir: Bis du es rausgefunden hast, bin ich längst weit, weit weg.
Der Kurs ist gesetzt, der Weg steht fest.
WIR FOLGEN DIR.
FINDEN DICH.
Der Brücken-Controller löscht und randomisiert sich, wenn ich durch bin.
Du könntest mich finden, wenn ich nicht die Sequenzierung durch das Portal hätte laufen lassen. Habe ich aber. Und du weißt, diese biologische Verschlüsselung ist die bestmögliche.
MAN KANN ALLES SCHAFFEN.
Ja, aber wie lange dauert es? Jahre? Eher Jahrzehnte.
Wollt ihr mich so dringend finden?

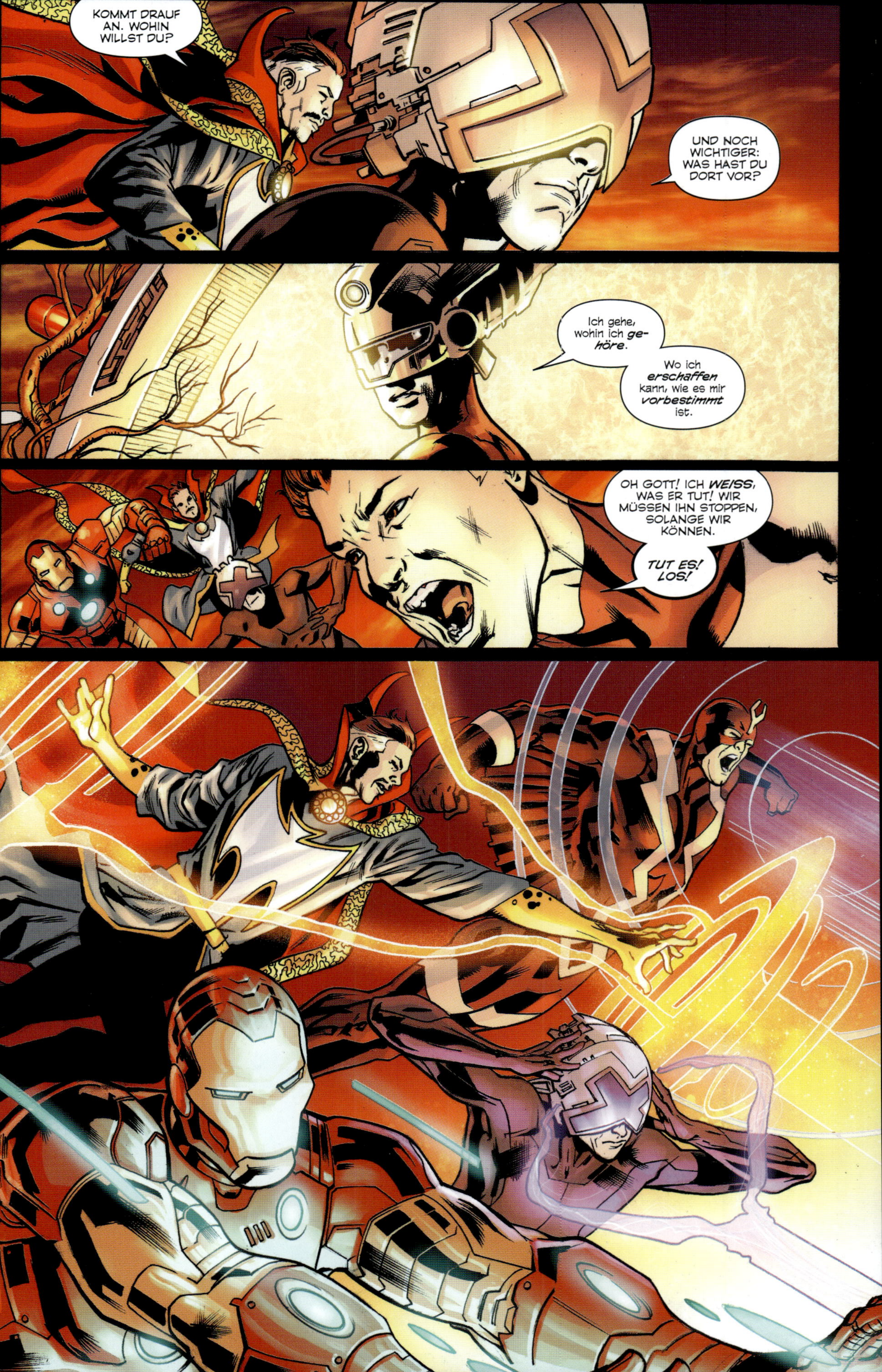
KOMMT DRAUF AN. WOHIN WILLST DU?
UND NOCH WICHTIGER: WAS HAST DU DORT VOR?
Ich gehe, wohin ich *ge-höre*.
Wo ich *erschaffen* kann, wie es mir *vorbestimmt* ist.
OH GOTT! ICH *WEISS*, WAS ER TUT! WIR MÜSSEN IHN STOPPEN, SOLANGE WIR KÖNNEN.
TUT ES! LOS!

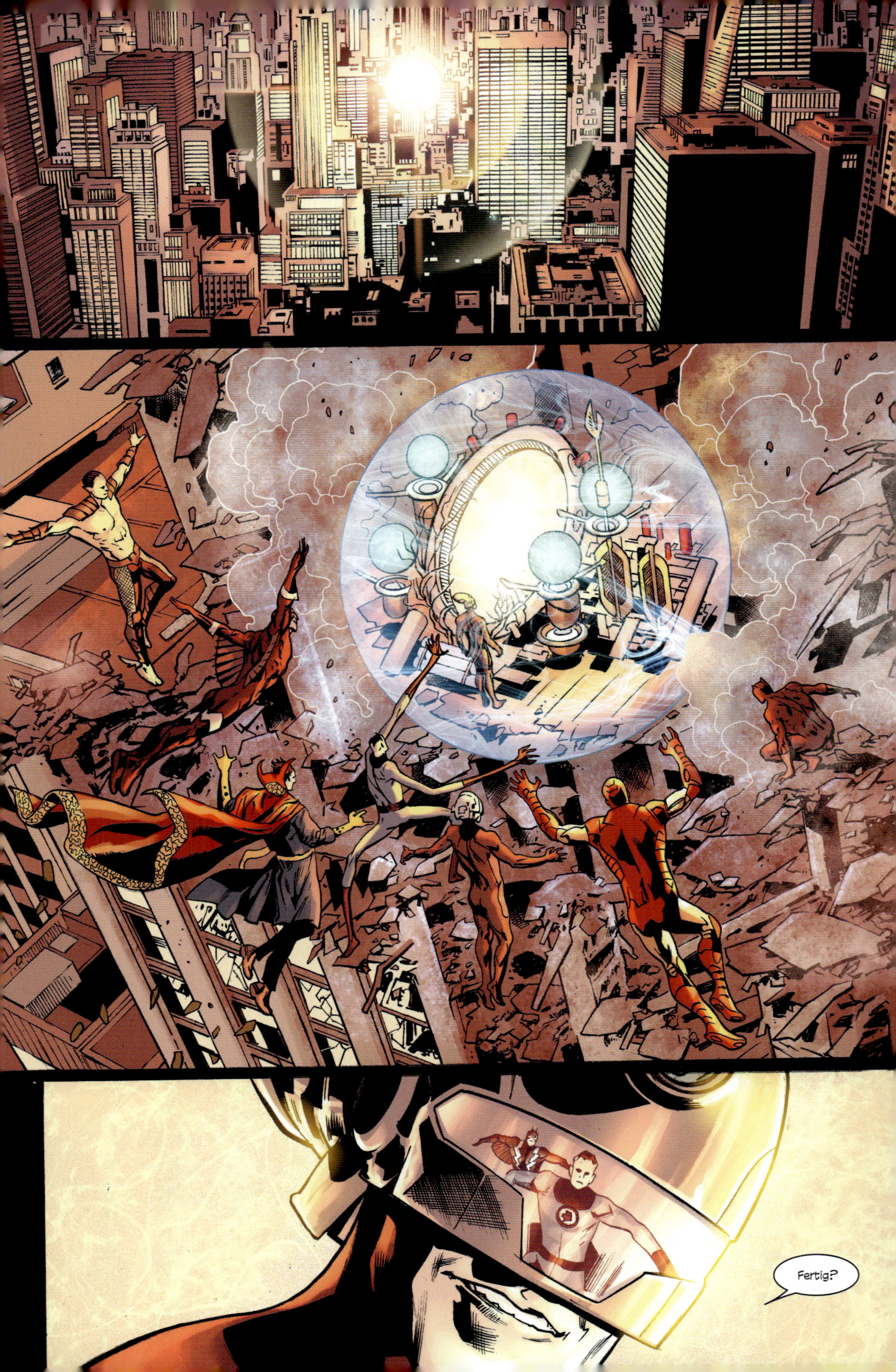
Fertig?

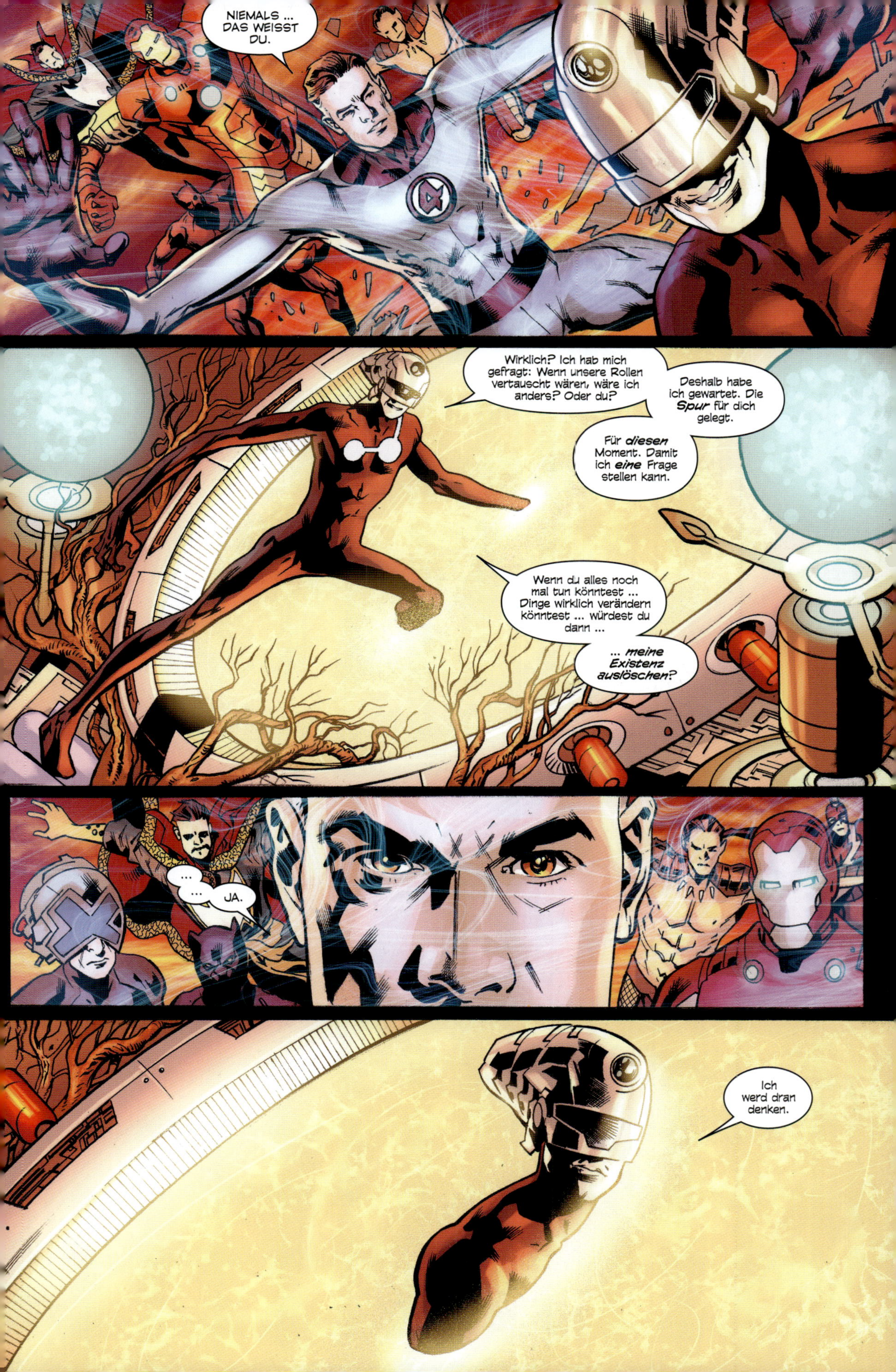
NIEMALS ... DAS WEISST DU.
Wirklich? Ich hab mich gefragt: Wenn unsere Rollen vertauscht wären, wäre ich anders? Oder du?
Deshalb habe ich gewartet. Die *Spur* für dich gelegt.
Für *diesen* Moment. Damit ich *eine* Frage stellen kann.
Wenn du alles noch mal tun könntest ... Dinge wirklich verändern könntest ... würdest du dann ...
... *meine Existenz auslöschen?*
...
... JA.
Ich werd dran denken.

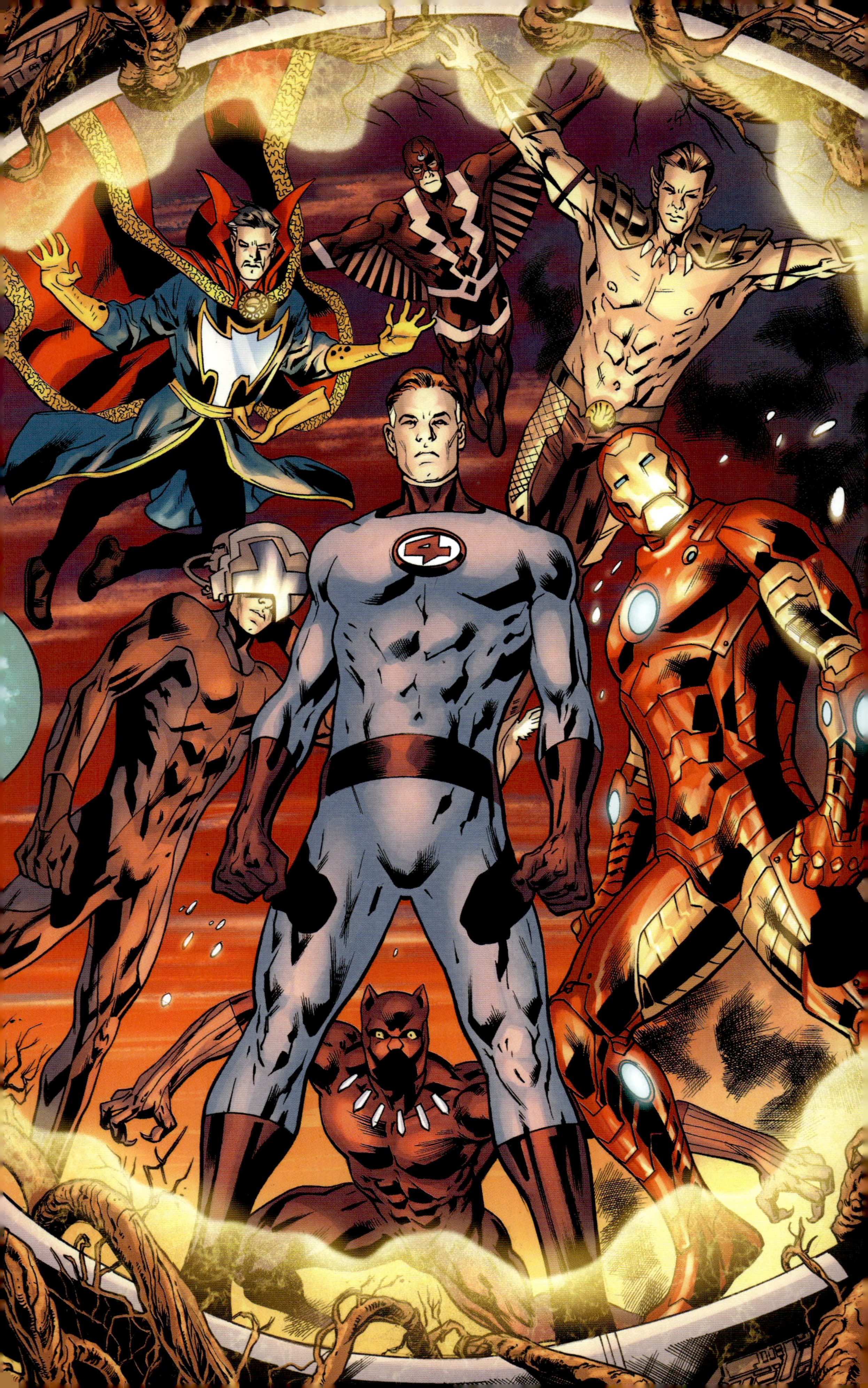

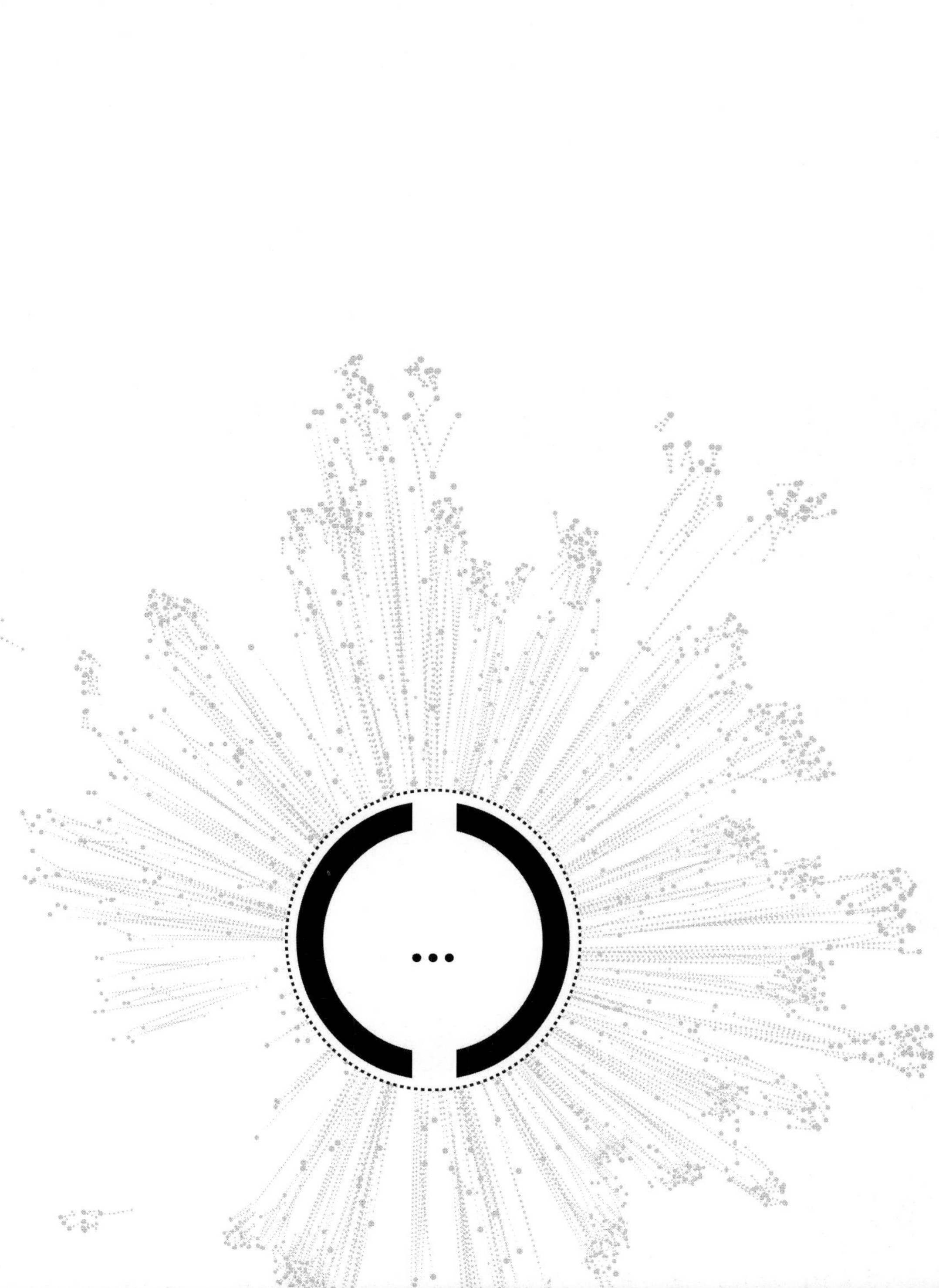

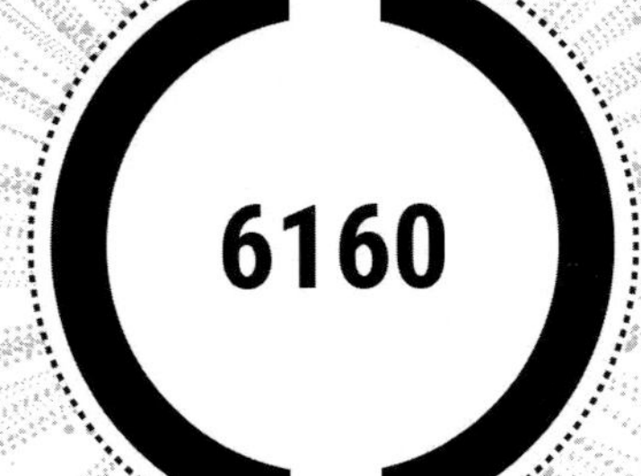

EPILOG: „GROSSARTIGE KÜNSTLER STEHLEN“

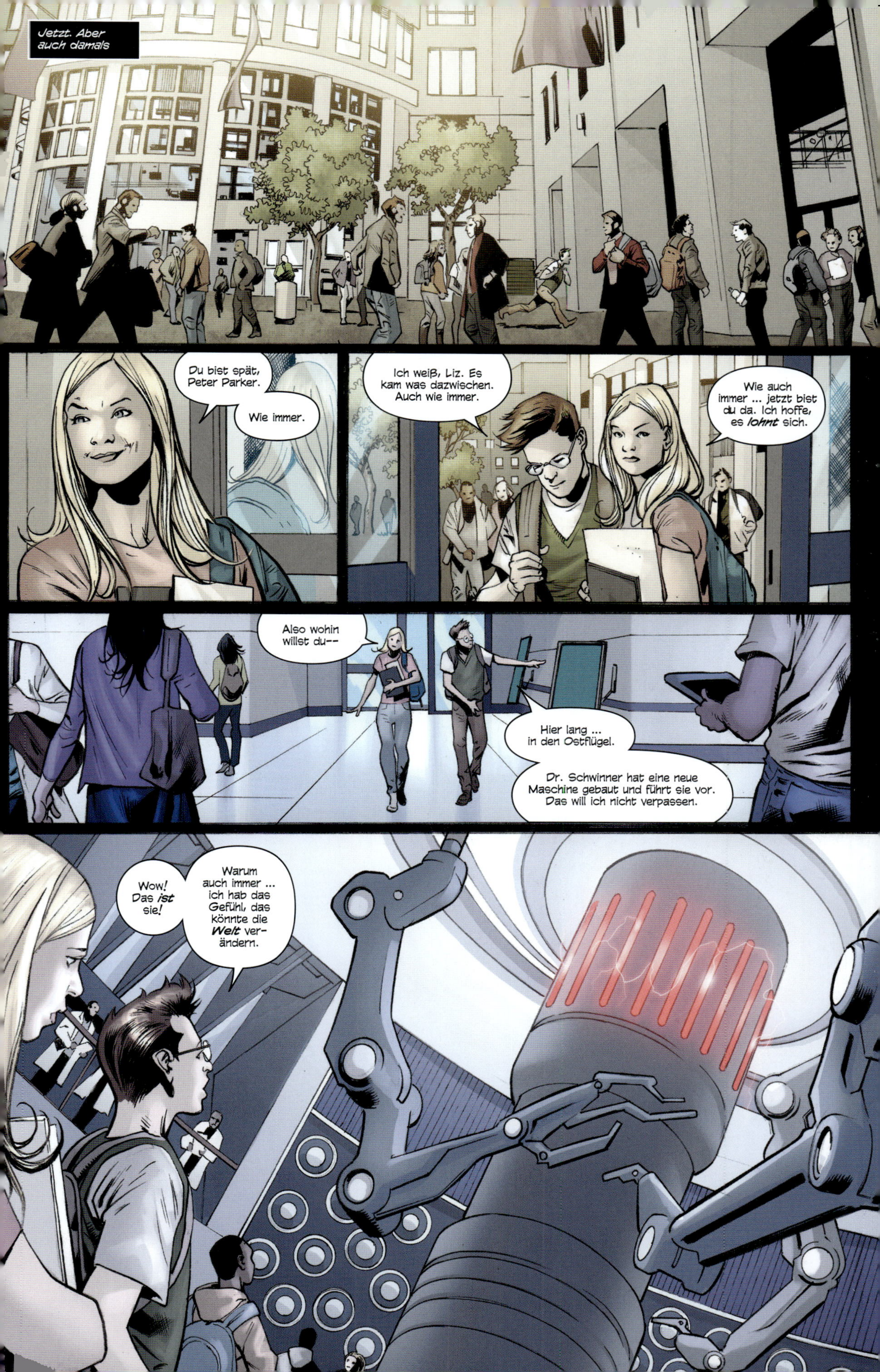
Jetzt. Aber auch damals
Du bist spät, Peter Parker.
Wie immer.
Ich weiß, Liz. Es kam was dazwischen. Auch wie immer.
Wie auch immer ... jetzt bist du da. Ich hoffe, es *lohnt* sich.
Also wohin willst du--
Hier lang ... in den Ostflügel.
Dr. Schwinner hat eine neue Maschine gebaut und führt sie vor. Das will ich nicht verpassen.
Wow! Das *ist* sie!
Warum auch immer ... ich hab das Gefühl, das könnte die *Welt* verändern.

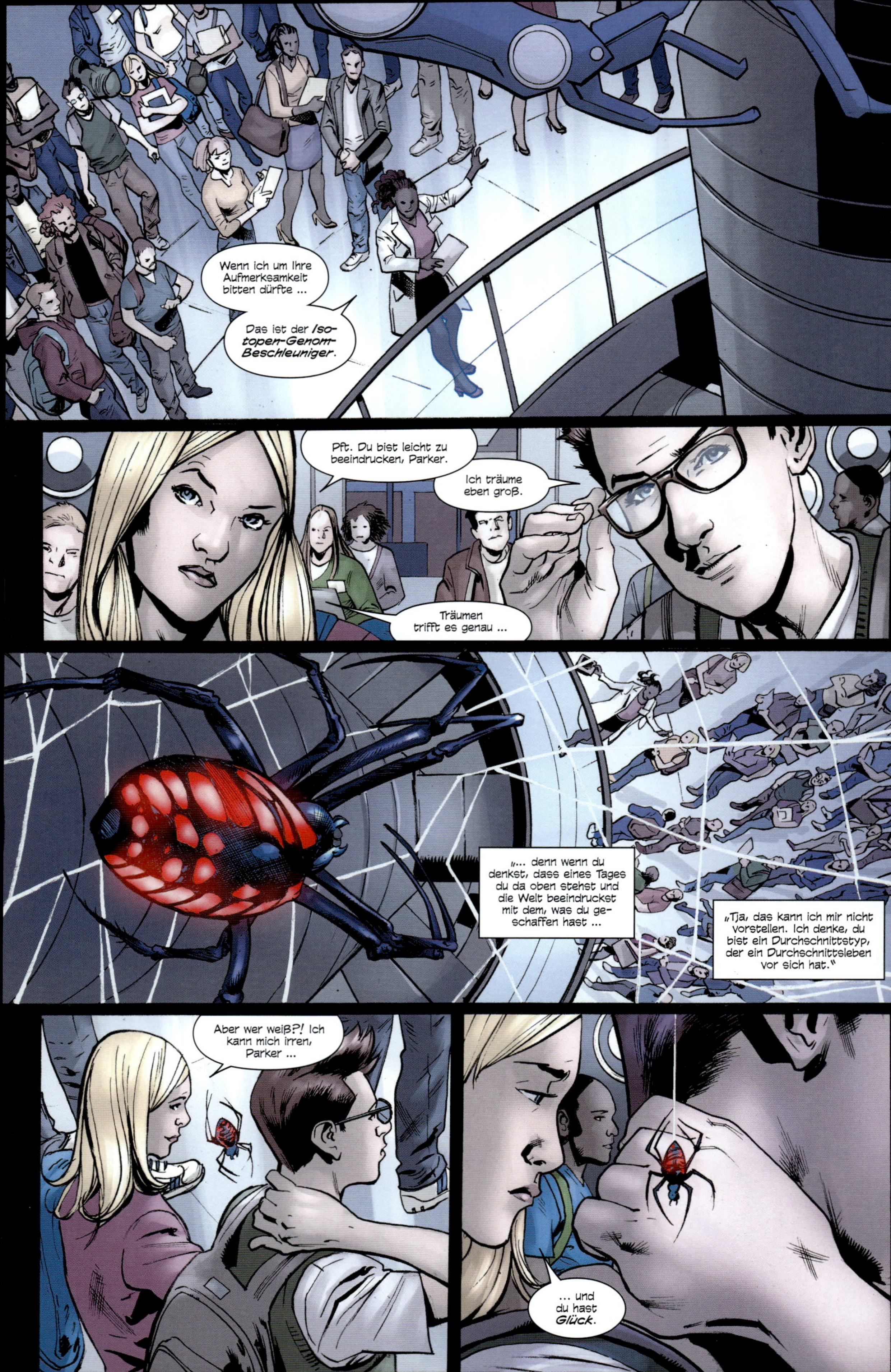

Wenn ich um Ihre Aufmerksamkeit bitten dürfte ...
Das ist der *Isotopen-Genom-Beschleuniger*.
Pft. Du bist leicht zu beeindrucken, Parker.
Ich träume eben groß.
Träumen trifft es genau ...
„... denn wenn du denkst, dass eines Tages du da oben stehst und die Welt beeindruckst mit dem, was du geschaffen hast ...
„Tja, das kann ich mir nicht vorstellen. Ich denke, du bist ein Durchschnittstyp, der ein Durchschnittsleben vor sich hat."
Aber wer weiß?! Ich kann mich irren, Parker ...
... und du hast *Glück*.

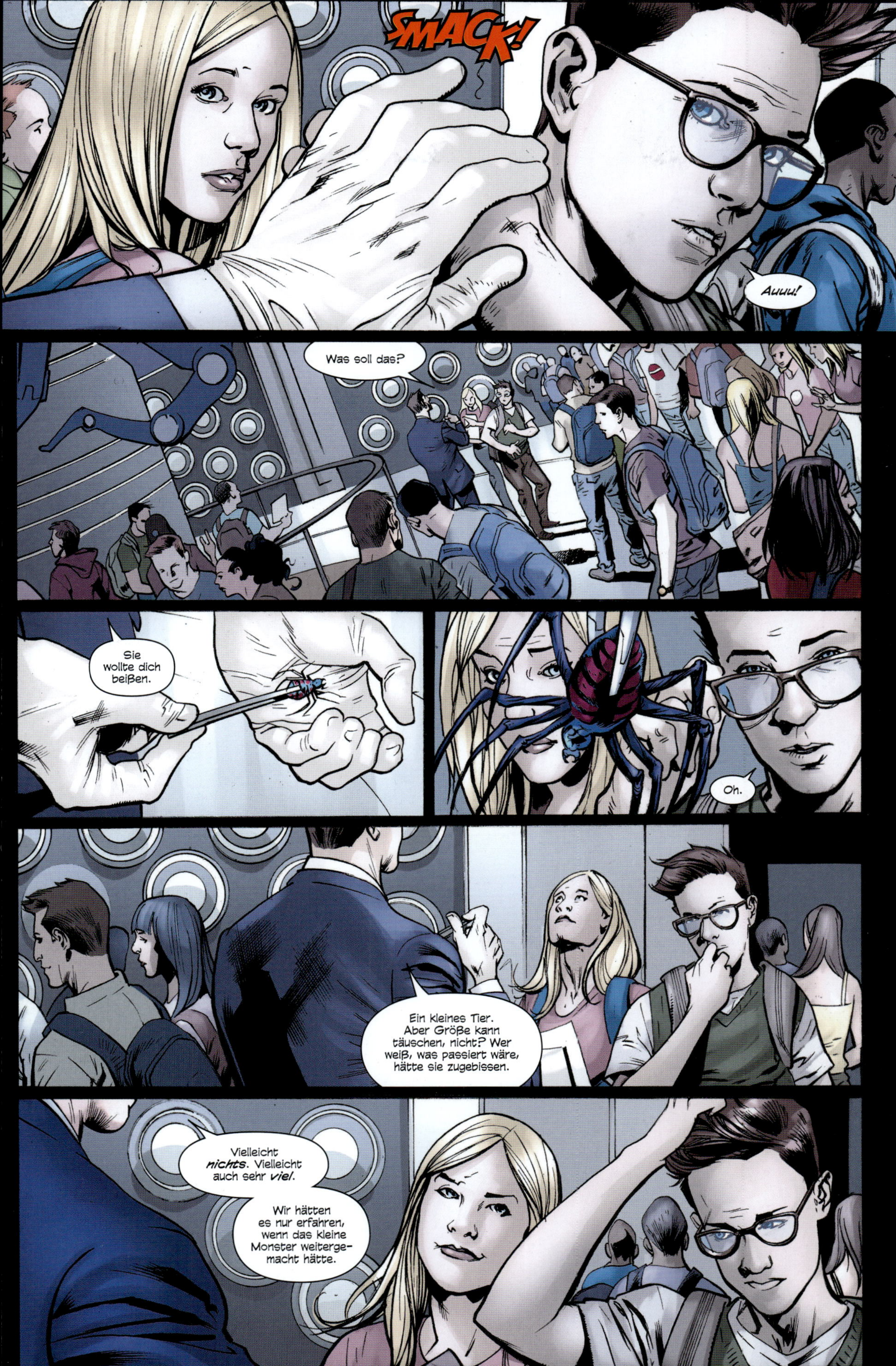
SMACK!
Auuu!
Was soll das?
Sie wollte dich beißen.
Oh.
Ein kleines Tier. Aber Größe kann täuschen, nicht? Wer weiß, was passiert wäre, hätte sie zugebissen.
Vielleicht *nichts*. Vielleicht auch sehr *viel*.
Wir hätten es nur erfahren, wenn das kleine Monster weitergemacht hätte.

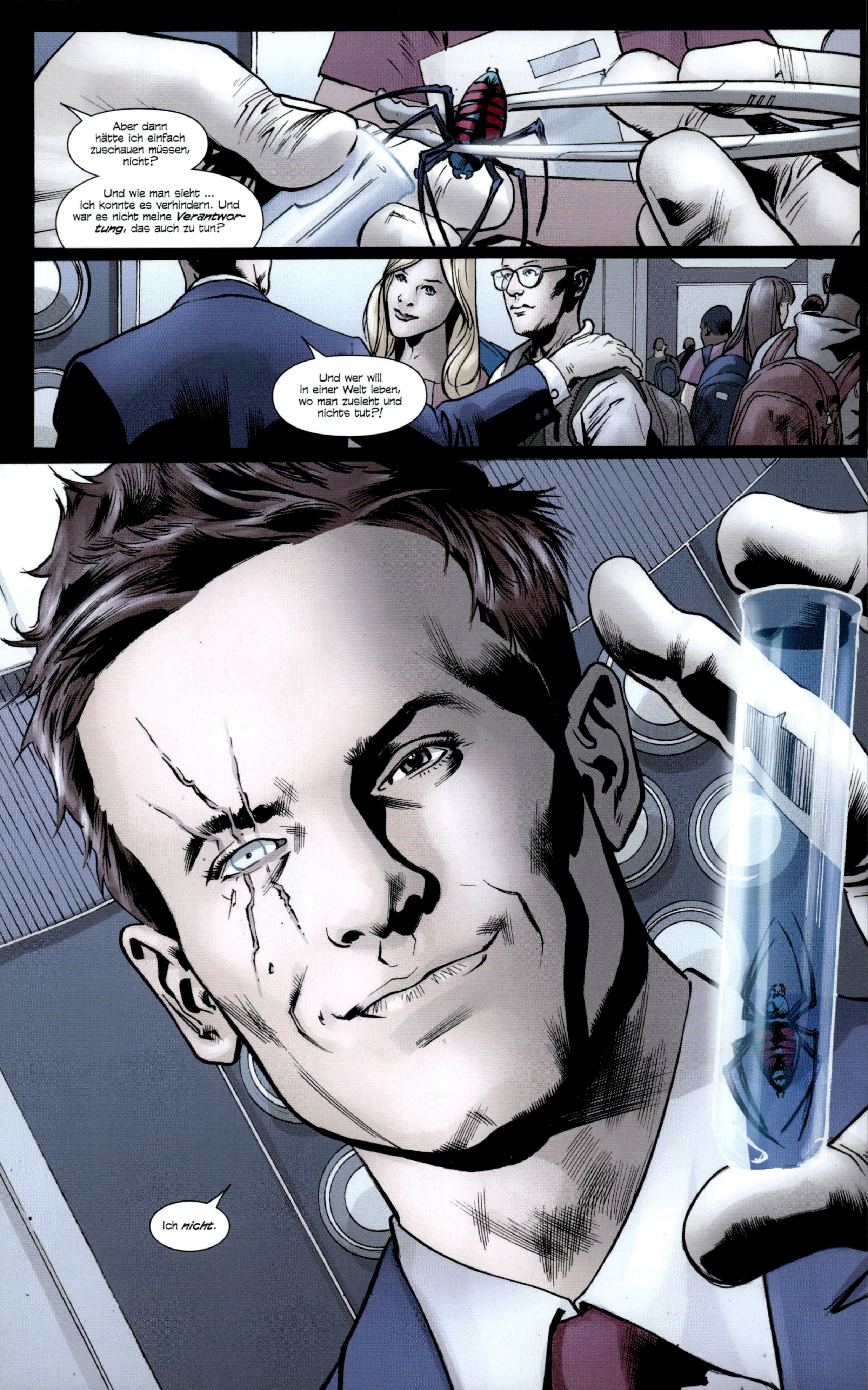
Aber dann hätte ich einfach zuschauen müssen, nicht?
Und wie man sieht ... ich konnte es verhindern. Und war es nicht meine *Verantwortung*, das auch zu tun?
Und wer will in einer Welt leben, wo man zusieht und nichts tut?!
Ich *nicht*.

KAPITEL 2: IM KANINCHENBAU

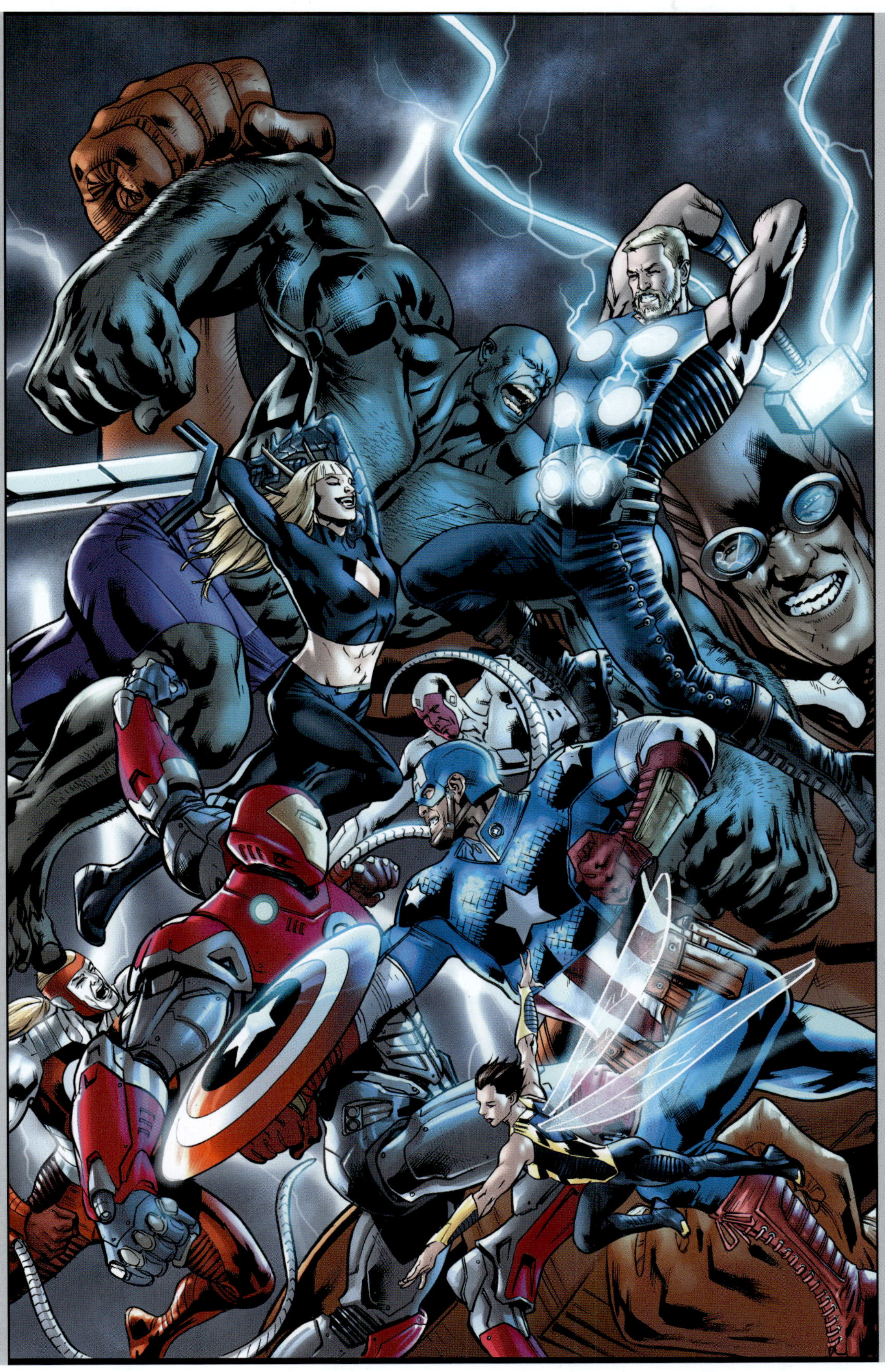

Ultimate Invasion (2023) 2
Cover von **BRYAN HITCH**

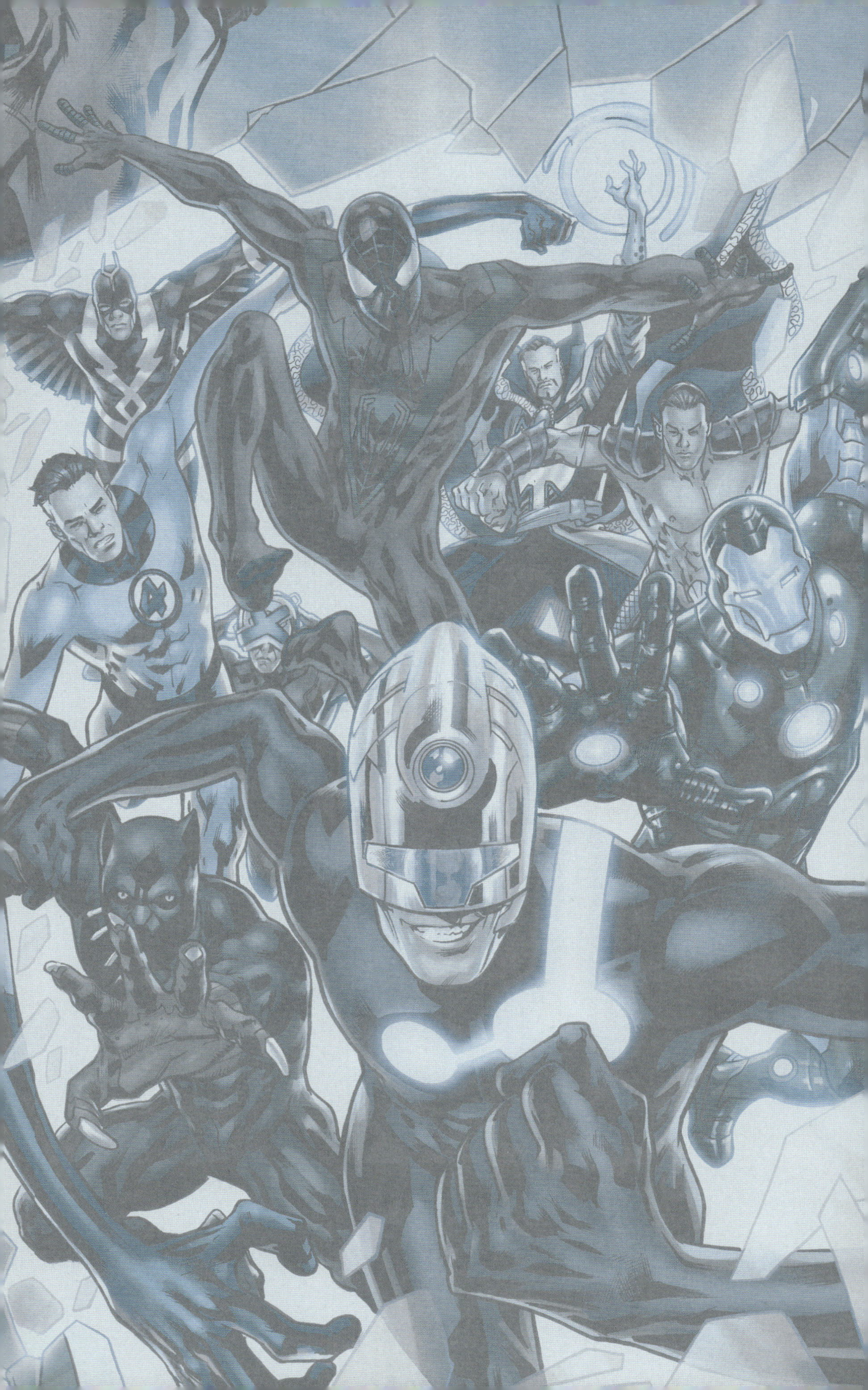

KAPITEL ZWEI: „IM KANINCHENBAU“

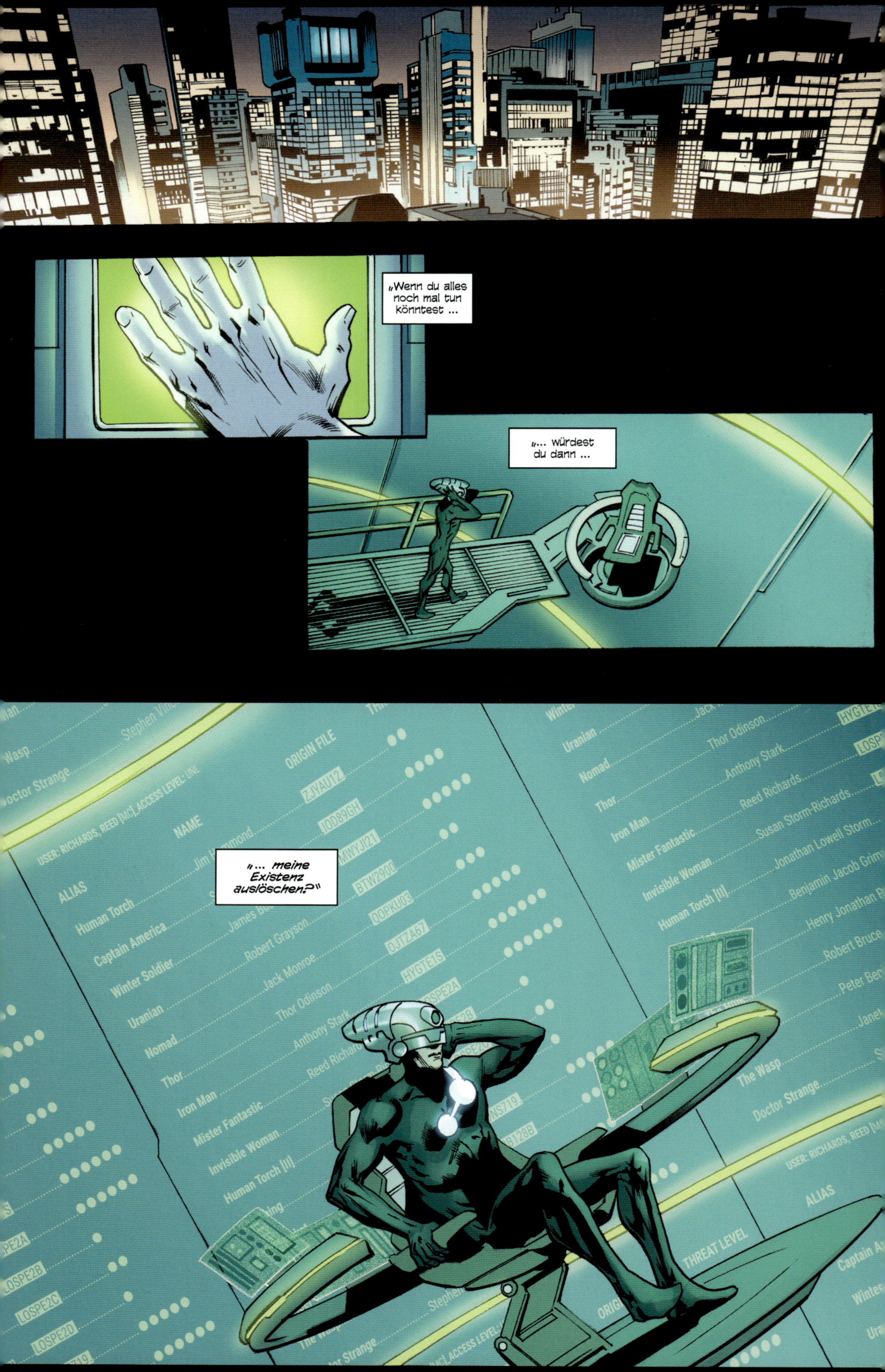

„Wenn du alles noch mal tun könntest …

„… würdest du dann …

„… meine Existenz auslöschen?“

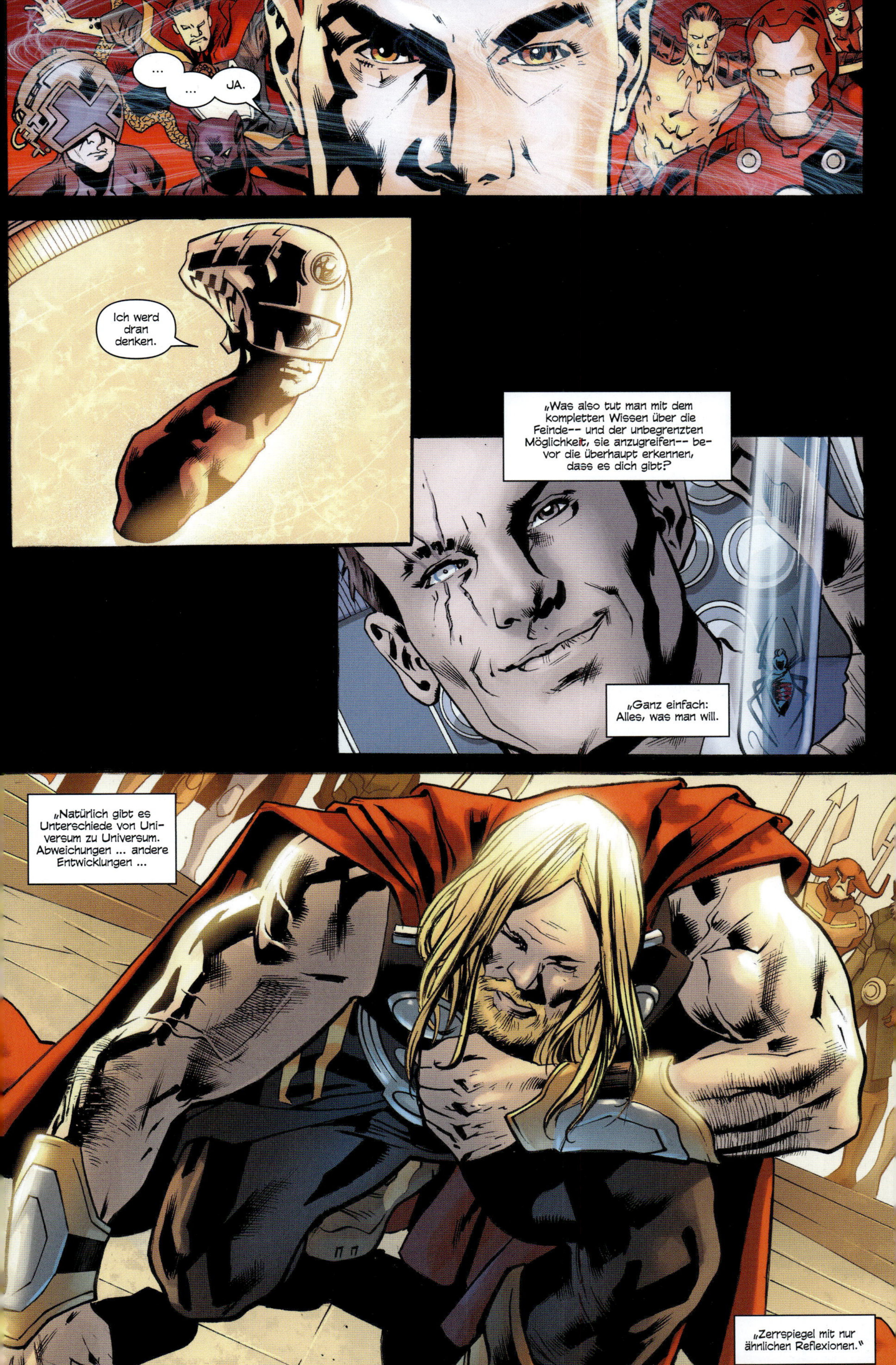
...
... JA.
Ich werd dran denken.
„Was also tut man mit dem kompletten Wissen über die Feinde-- und der unbegrenzten Möglichkeit, sie anzugreifen-- bevor die überhaupt erkennen, dass es dich gibt?
„Ganz einfach: Alles, was man will.
„Natürlich gibt es Unterschiede von Universum zu Universum. Abweichungen ... andere Entwicklungen ...
„Zerrspiegel mit nur ähnlichen Reflexionen."

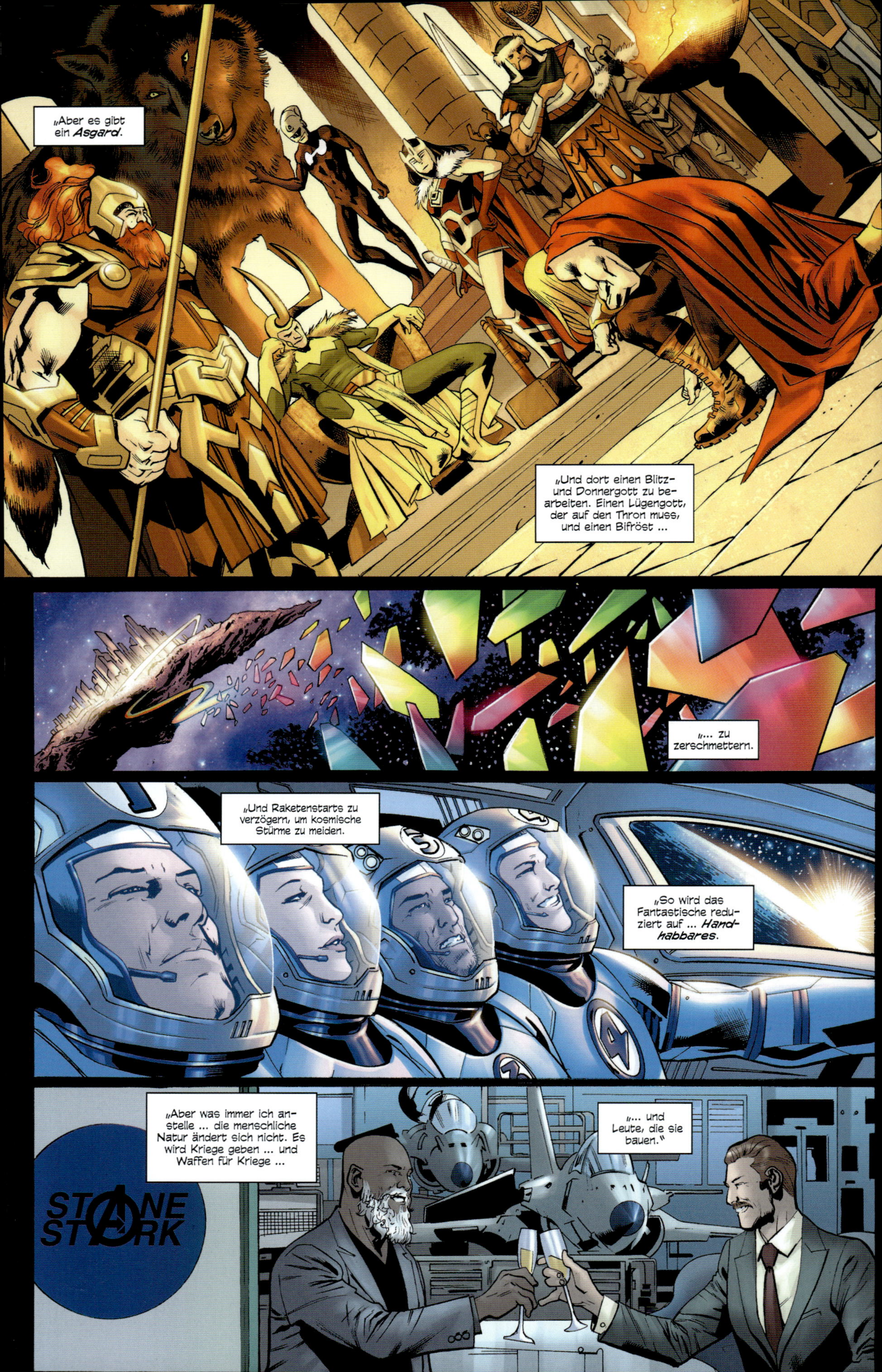
„Aber es gibt ein *Asgard*.
„Und dort einen Blitz- und Donnergott zu bearbeiten. Einen Lügengott, der auf den Thron muss, und einen Bifröst ...
„... zu zerschmettern.
„Und Raketenstarts zu verzögern, um kosmische Stürme zu meiden.
„So wird das Fantastische reduziert auf ... *Handhabbares*.
„Aber was immer ich anstelle ... die menschliche Natur ändert sich nicht. Es wird Kriege geben ... und Waffen für Kriege ...
„... und Leute, die sie bauen."
STANE STARK

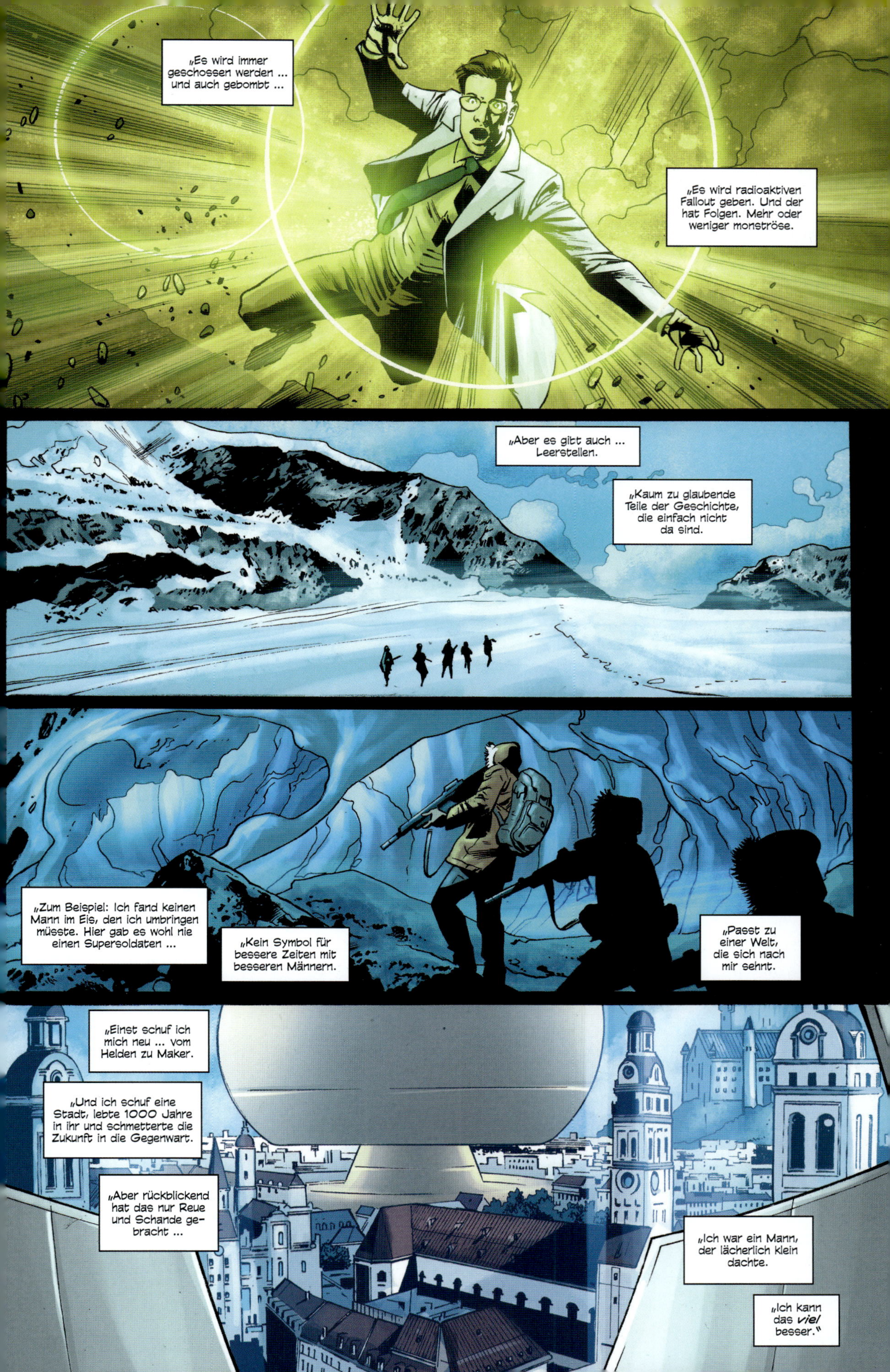
„Es wird immer geschossen werden ... und auch gebombt ...
„Es wird radioaktiven Fallout geben. Und der hat Folgen. Mehr oder weniger monströse.
„Aber es gibt auch ... Leerstellen.
„Kaum zu glaubende Teile der Geschichte, die einfach nicht da sind.
„Zum Beispiel: Ich fand keinen Mann im Eis, den ich umbringen müsste. Hier gab es wohl nie einen Supersoldaten ...
„Kein Symbol für bessere Zeiten mit besseren Männern.
„Passt zu einer Welt, die sich nach mir sehnt.
„Einst schuf ich mich neu ... vom Helden zu Maker.
„Und ich schuf eine Stadt, lebte 1000 Jahre in ihr und schmetterte die Zukunft in die Gegenwart.
„Aber rückblickend hat das nur Reue und Schande gebracht ...
„Ich war ein Mann, der lächerlich klein dachte.
„Ich kann das *viel* besser."

MAKER ERINNERUNGSPROTOKOLL

ARCHIVDATEN [BR_616] ***ÜBERARBEITET***

WELTENEXPERIMENT: 6160

NAME	QUELLDATEI	STATUS	DATEN-KNOTEN [ABLAGE]	ARTEFAKT
Jim Hammond	ZJYAU12	tot	12	Androidengehirn
Steven Rogers	IOD89GH	unbestimmt	--	--
James Buchanan Barnes	MWYJI21	tot	12	Blutprobe
Robert Grayson	BTW2900	inaktiv	08	Quantumbänder
Jack Monroe	QOPKU03	inaktiv	02	Blutprobe
Thor Odinson	OJTZA67	gefangen	03	Zerstörer-Saat
Howard Stark	HYGTES_var	kontrolliert	07	Stane/Stark dBase
Reed Richards	LOSPE2A	kontrolliert	13-18	Eigene Datenbank
Susan Storm	LOSPE2B	tot	13	Blutprobe
Jonathan Lowell Storm	LOSPE2C	tot	13	Blutprobe
Benjamin Jacob Grimm	LOSPE2D	tot	13	Blutprobe
Henry Jonathan Pym	YJNS719	inaktiv	06	Pym-Generator
Robert Bruce Banner	UBB128B	kontrolliert	04	Blutprobe
Peter Benjamin Parker	LLOM223	inaktiv	04	Biologischer Katalysator
Janet Van Dyne	PPLU17X	inaktiv	01	Pym-Generator
Stephen Vincent Strange	90128BQ	gefangen	09	Auge von Agamotto

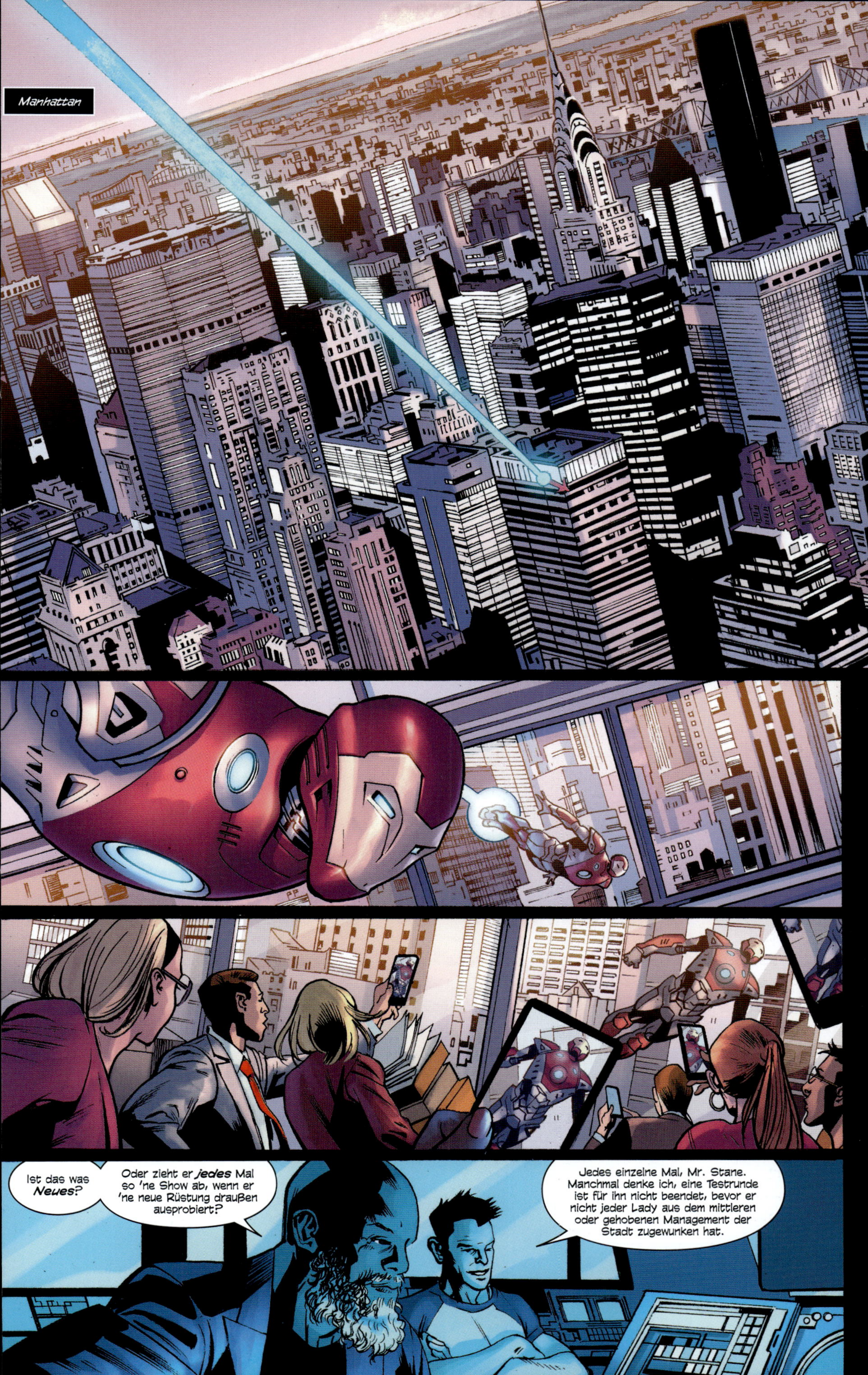
Manhattan
Ist das was *Neues*?
Oder zieht er *jedes* Mal so 'ne Show ab, wenn er 'ne neue Rüstung draußen ausprobiert?
Jedes einzelne Mal, Mr. Stane. Manchmal denke ich, eine Testrunde ist für ihn nicht beendet, bevor er nicht jeder Lady aus dem mittleren oder gehobenen Management der Stadt zugewunken hat.

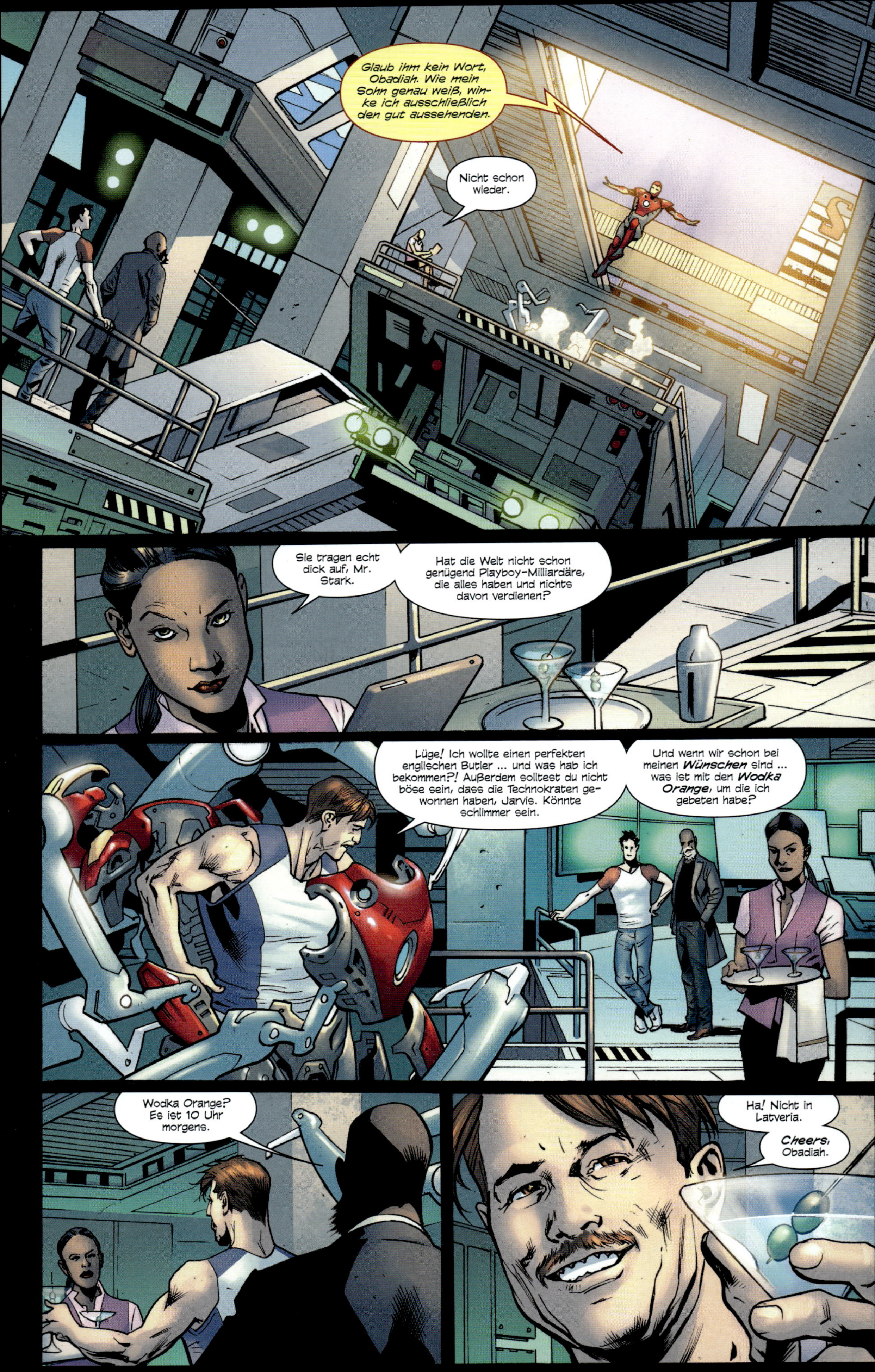
Glaub ihm kein Wort, Obadiah. Wie mein Sohn genau weiß, winke ich ausschließlich den gut aussehenden.
Nicht schon wieder.
Sie tragen echt dick auf, Mr. Stark.
Hat die Welt nicht schon genügend Playboy-Milliardäre, die alles haben und nichts davon verdienen?
Lüge! Ich wollte einen perfekten englischen Butler ... und was hab ich bekommen?! Außerdem solltest du nicht böse sein, dass die Technokraten gewonnen haben, Jarvis. Könnte schlimmer sein.
Und wenn wir schon bei meinen Wünschen sind ... was ist mit den Wodka Orange, um die ich gebeten habe?
Wodka Orange? Es ist 10 Uhr morgens.
Ha! Nicht in Latveria.
Cheers, Obadiah.

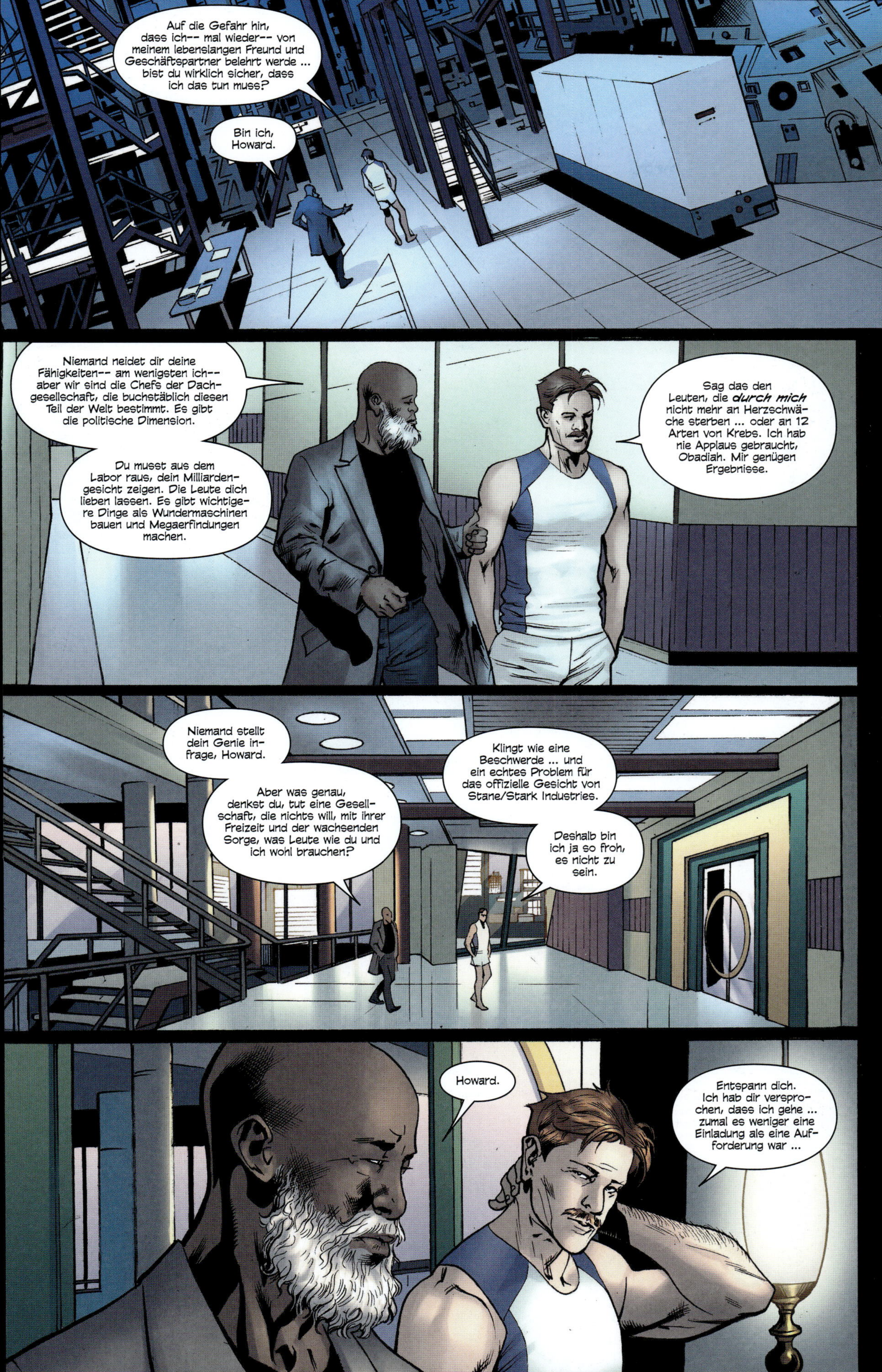
Auf die Gefahr hin, dass ich-- mal wieder-- von meinem lebenslangen Freund und Geschäftspartner belehrt werde ... bist du wirklich sicher, dass ich das tun muss?
Bin ich, Howard.
Niemand neidet dir deine Fähigkeiten-- am wenigsten ich-- aber wir sind die Chefs der Dachgesellschaft, die buchstäblich diesen Teil der Welt bestimmt. Es gibt die politische Dimension.
Du musst aus dem Labor raus, dein Milliardengesicht zeigen. Die Leute dich lieben lassen. Es gibt wichtigere Dinge als Wundermaschinen bauen und Megaerfindungen machen.
Sag das den Leuten, die *durch mich* nicht mehr an Herzschwäche sterben ... oder an 12 Arten von Krebs. Ich hab nie Applaus gebraucht, Obadiah. Mir genügen Ergebnisse.
Niemand stellt dein Genie infrage, Howard.
Aber was genau, denkst du, tut eine Gesellschaft, die nichts will, mit ihrer Freizeit und der wachsenden Sorge, was Leute wie du und ich wohl brauchen?
Klingt wie eine Beschwerde ... und ein echtes Problem für das offizielle Gesicht von Stane/Stark Industries.
Deshalb bin ich ja so froh, es nicht zu sein.
Howard.
Entspann dich. Ich hab dir versprochen, dass ich gehe ... zumal es weniger eine Einladung als eine Aufforderung war ...

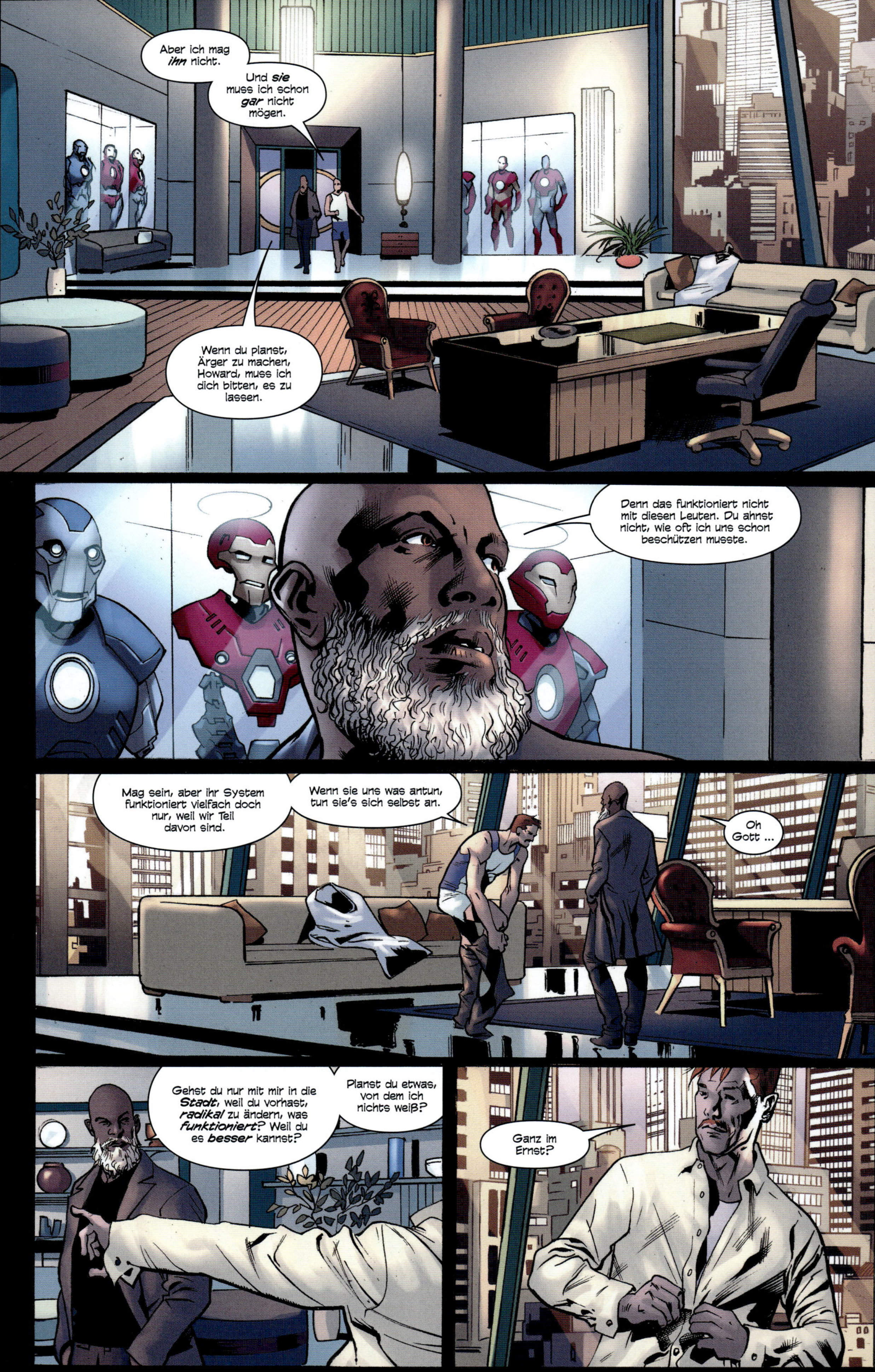
Aber ich mag *ihn* nicht.
Und *sie* muss ich schon *gar* nicht mögen.
Wenn du planst, Ärger zu machen, Howard, muss ich dich bitten, es zu lassen.
Denn das funktioniert nicht mit diesen Leuten. Du ahnst nicht, wie oft ich uns schon beschützen musste.
Mag sein, aber ihr System funktioniert vielfach doch nur, weil wir Teil davon sind.
Wenn sie uns was antun, tun sie's sich selbst an.
Oh Gott ...
Gehst du nur mit mir in die *Stadt*, weil du vorhast, *radikal* zu ändern, was *funktioniert*? Weil du es *besser* kannst?
Planst du etwas, von dem ich nichts weiß?
Ganz im Ernst?

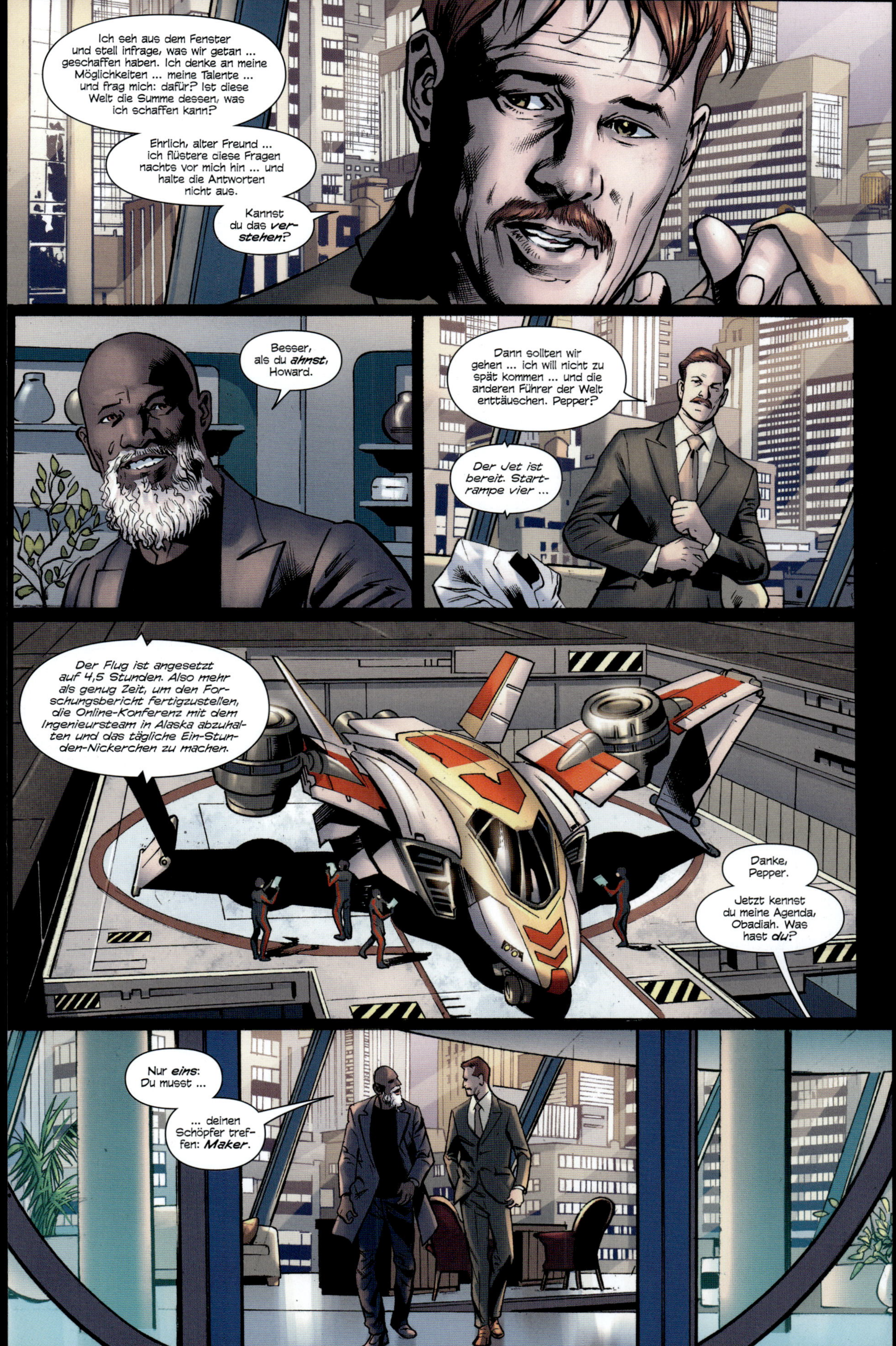
Ich seh aus dem Fenster und stell infrage, was wir getan ... geschaffen haben. Ich denke an meine Möglichkeiten ... meine Talente ... und frag mich: dafür? Ist diese Welt die Summe dessen, was ich schaffen kann?
Ehrlich, alter Freund ... ich flüstere diese Fragen nachts vor mich hin ... und halte die Antworten nicht aus.
Kannst du das *verstehen*?
Besser, als du *ahnst*, Howard.
Dann sollten wir gehen ... ich will nicht zu spät kommen ... und die anderen Führer der Welt enttäuschen. Pepper?
Der Jet ist bereit. Startrampe vier ...
Der Flug ist angesetzt auf 4,5 Stunden. Also mehr als genug Zeit, um den Forschungsbericht fertigzustellen, die Online-Konferenz mit dem Ingenieursteam in Alaska abzuhalten und das tägliche Ein-Stunden-Nickerchen zu machen.
Danke, Pepper.
Jetzt kennst du meine Agenda, Obadiah. Was hast *du*?
Nur *eins*: Du musst ...
... deinen Schöpfer treffen: *Maker*.

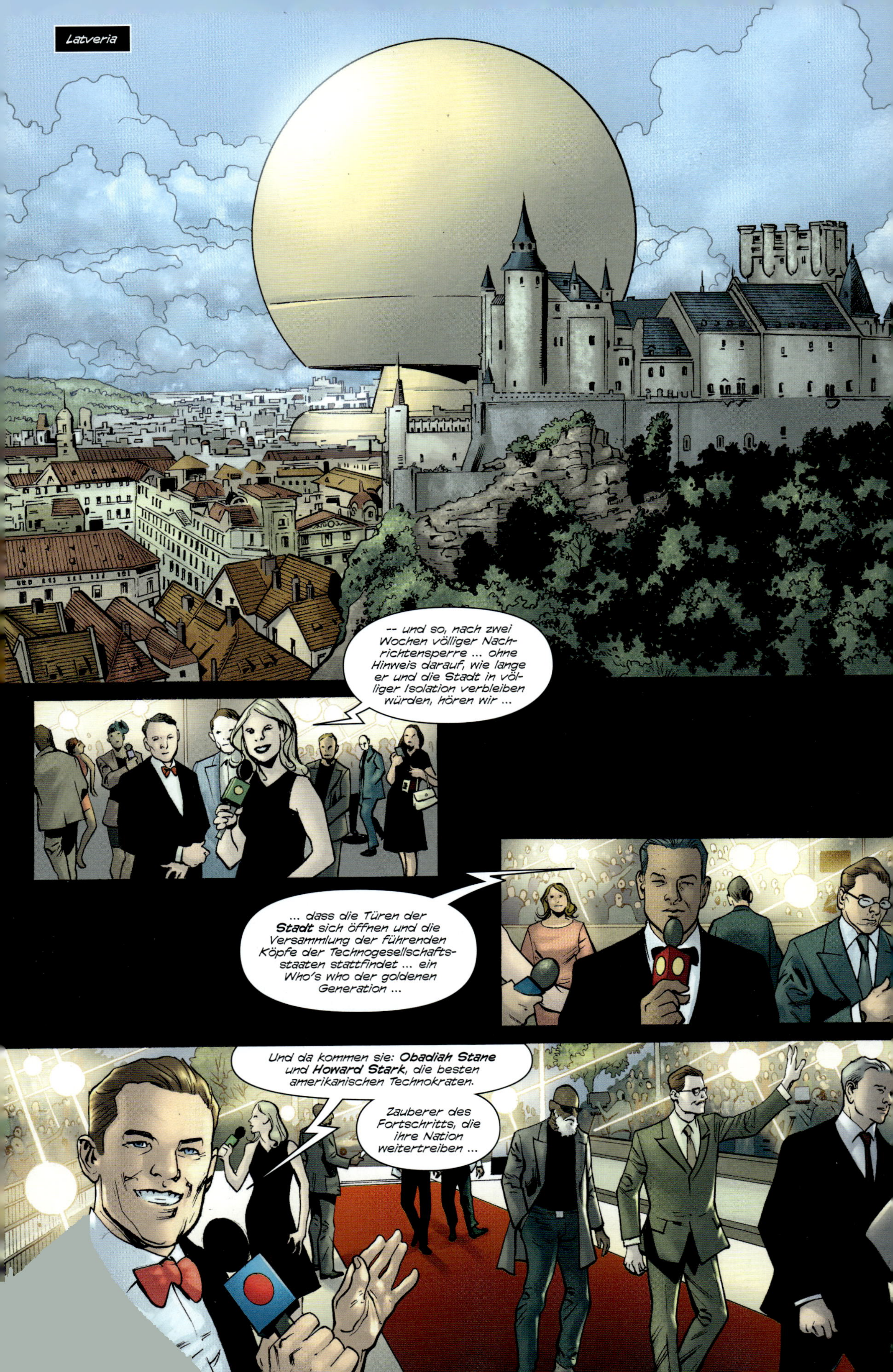
Latveria
-- und so, nach zwei Wochen völliger Nachrichtensperre ... ohne Hinweis darauf, wie lange er und die Stadt in völliger Isolation verbleiben würden, hören wir ...
... dass die Türen der **Stadt** sich öffnen und die Versammlung der führenden Köpfe der Technogesellschaftsstaaten stattfindet ... ein Who's who der goldenen Generation ...
Und da kommen sie: **Obadiah Stane** und **Howard Stark**, die besten amerikanischen Technokraten.
Zauberer des Fortschritts, die ihre Nation weitertreiben ...

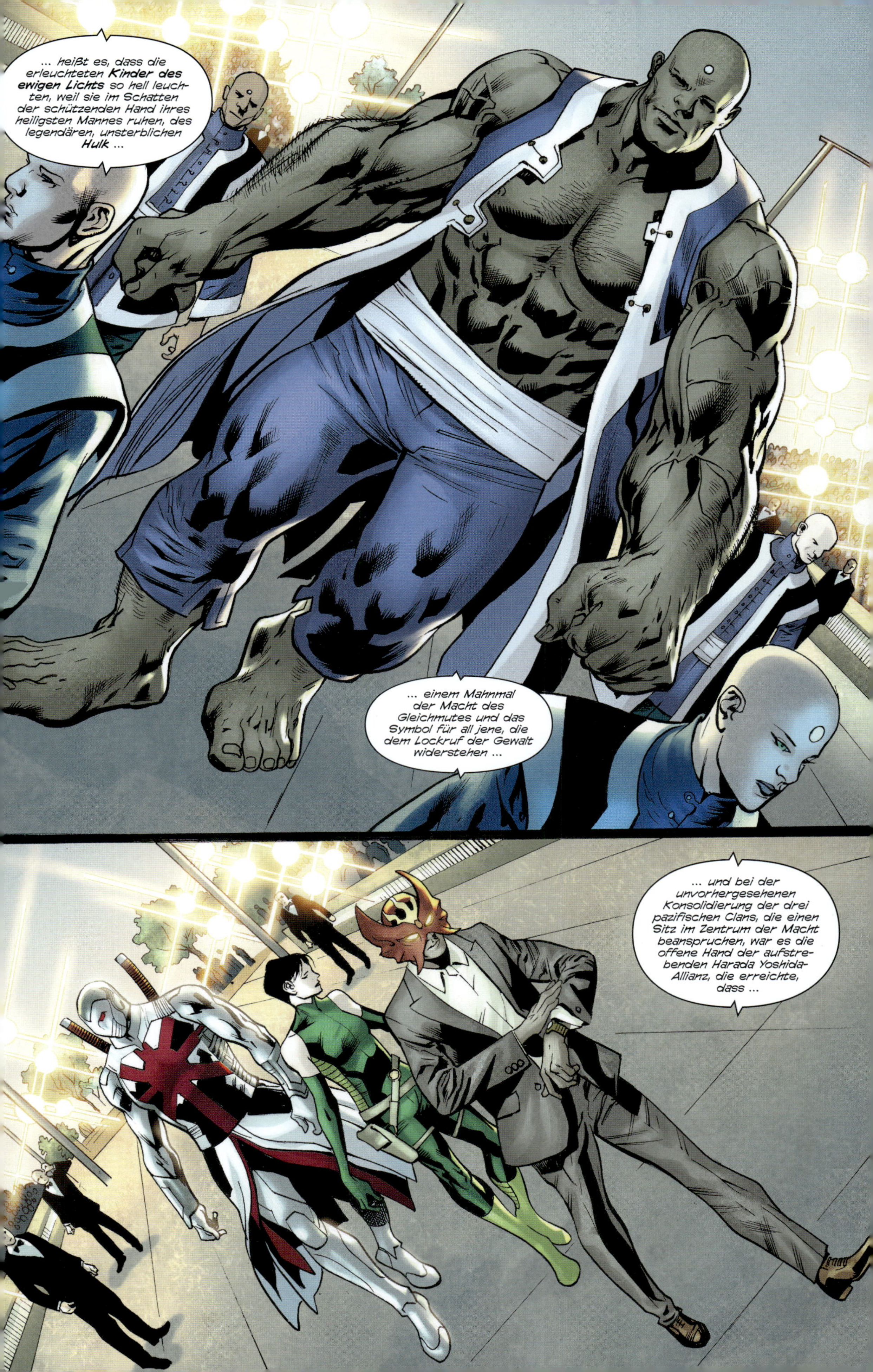
... heißt es, dass die erleuchteten Kinder des ewigen Lichts so hell leuchten, weil sie im Schatten der schützenden Hand ihres heiligsten Mannes ruhen, des legendären, unsterblichen Hulk ...
... einem Mahnmal der Macht des Gleichmutes und das Symbol für all jene, die dem Lockruf der Gewalt widerstehen ...
... und bei der unvorhergesehenen Konsolidierung der drei pazifischen Clans, die einen Sitz im Zentrum der Macht beanspruchen, war es die offene Hand der aufstrebenden Harada Yoshida-Allianz, die erreichte, dass ...

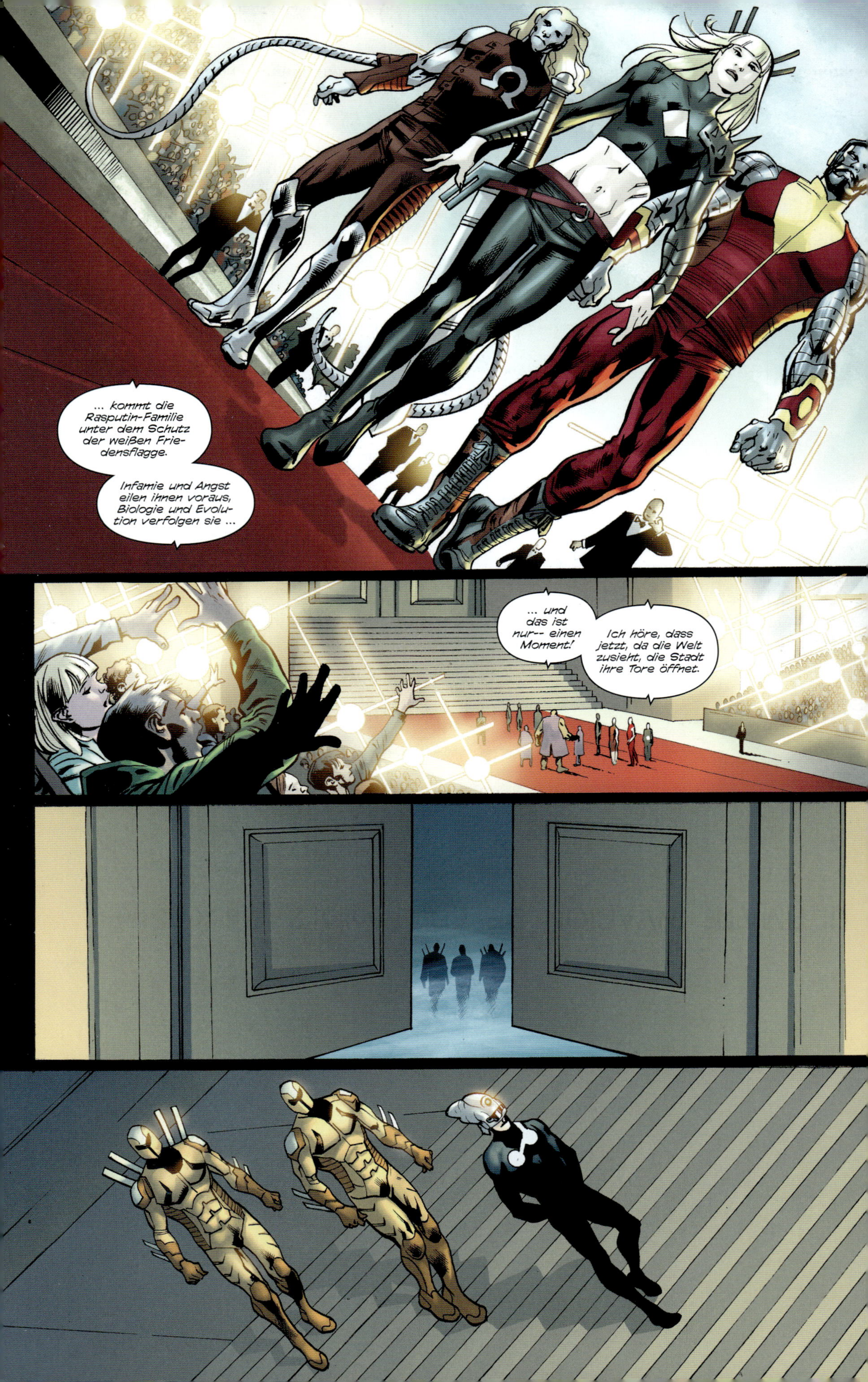
... kommt die Rasputin-Familie unter dem Schutz der weißen Friedensflagge.
Infamie und Angst eilen ihnen voraus, Biologie und Evolution verfolgen sie ...
... und das ist nur-- einen Moment!
Ich höre, dass jetzt, da die Welt zusieht, die Stadt ihre Tore öffnet.

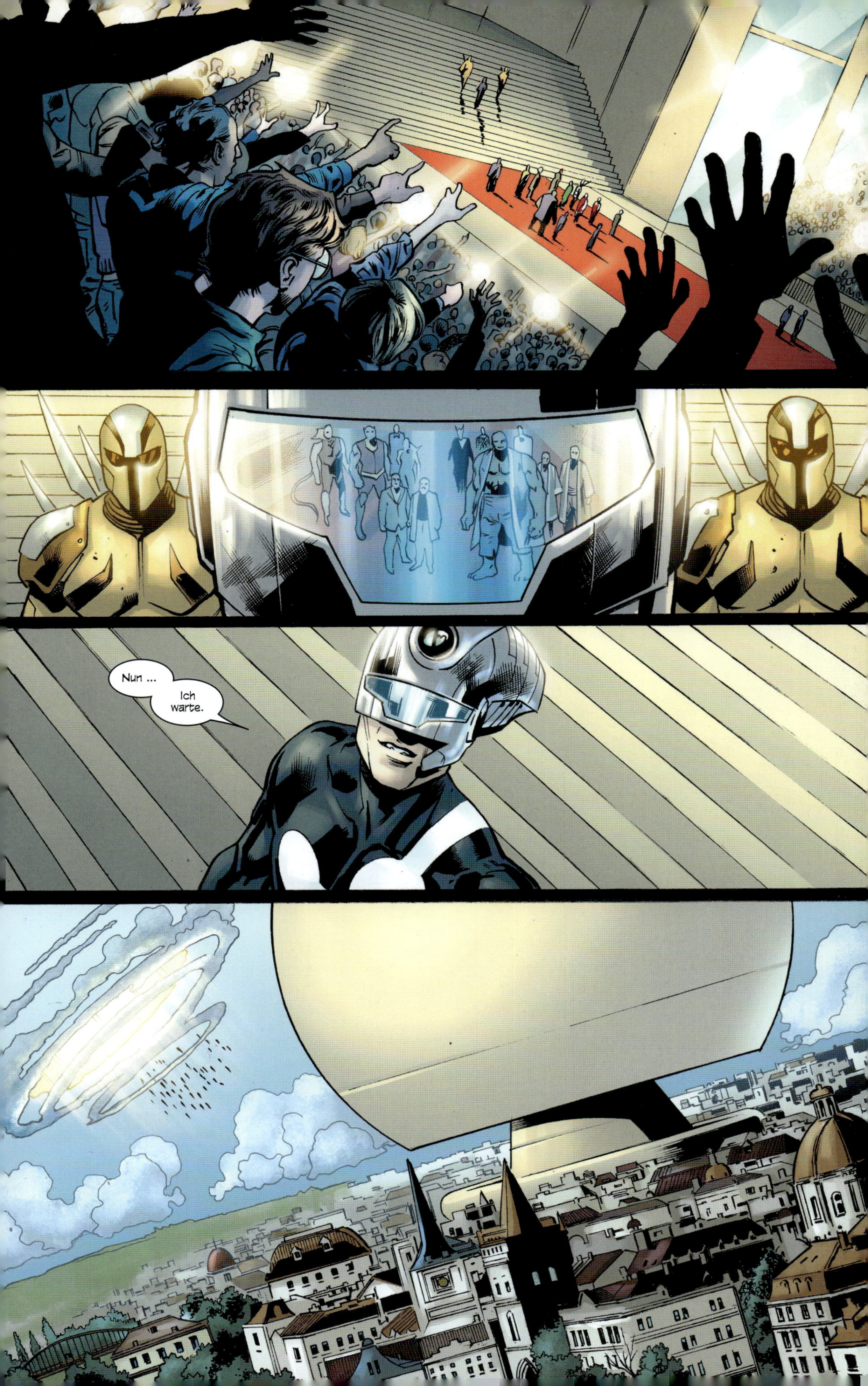
Nun ...
Ich warte.

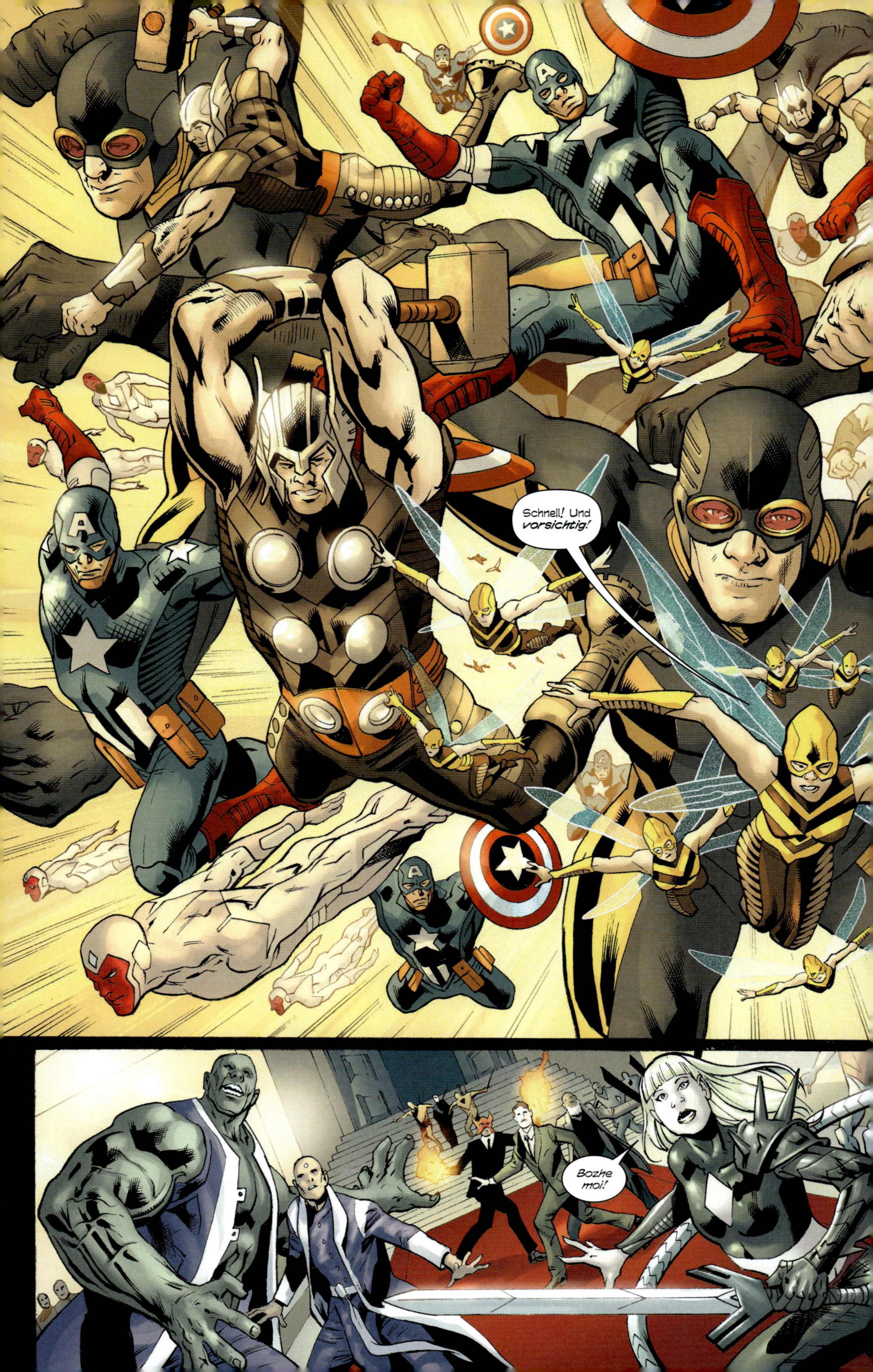
Schnell! Und vorsichtig!
Bozhe moi!

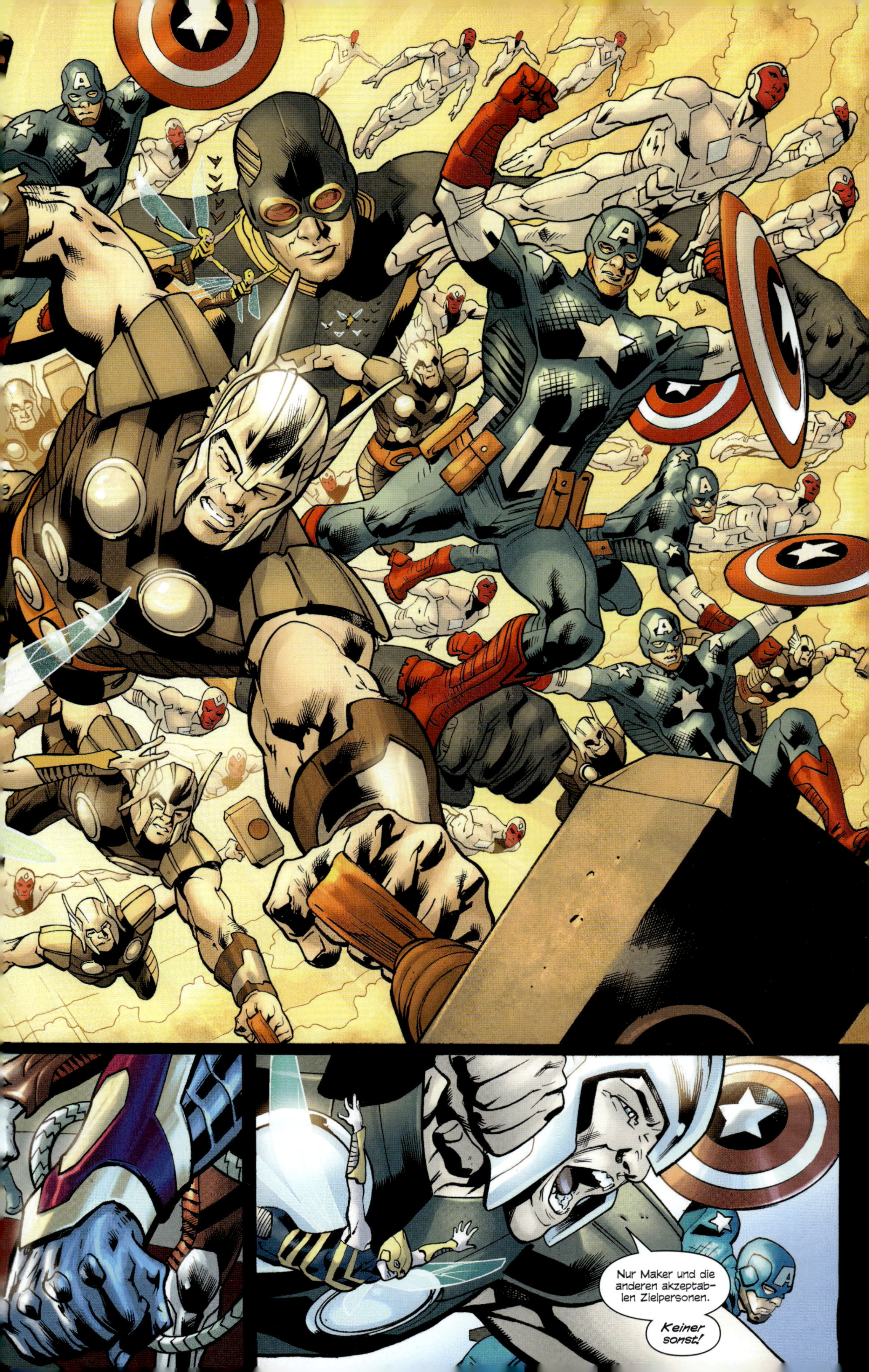
Nur Maker und die anderen akzeptablen Zielpersonen.
Keiner sonst!

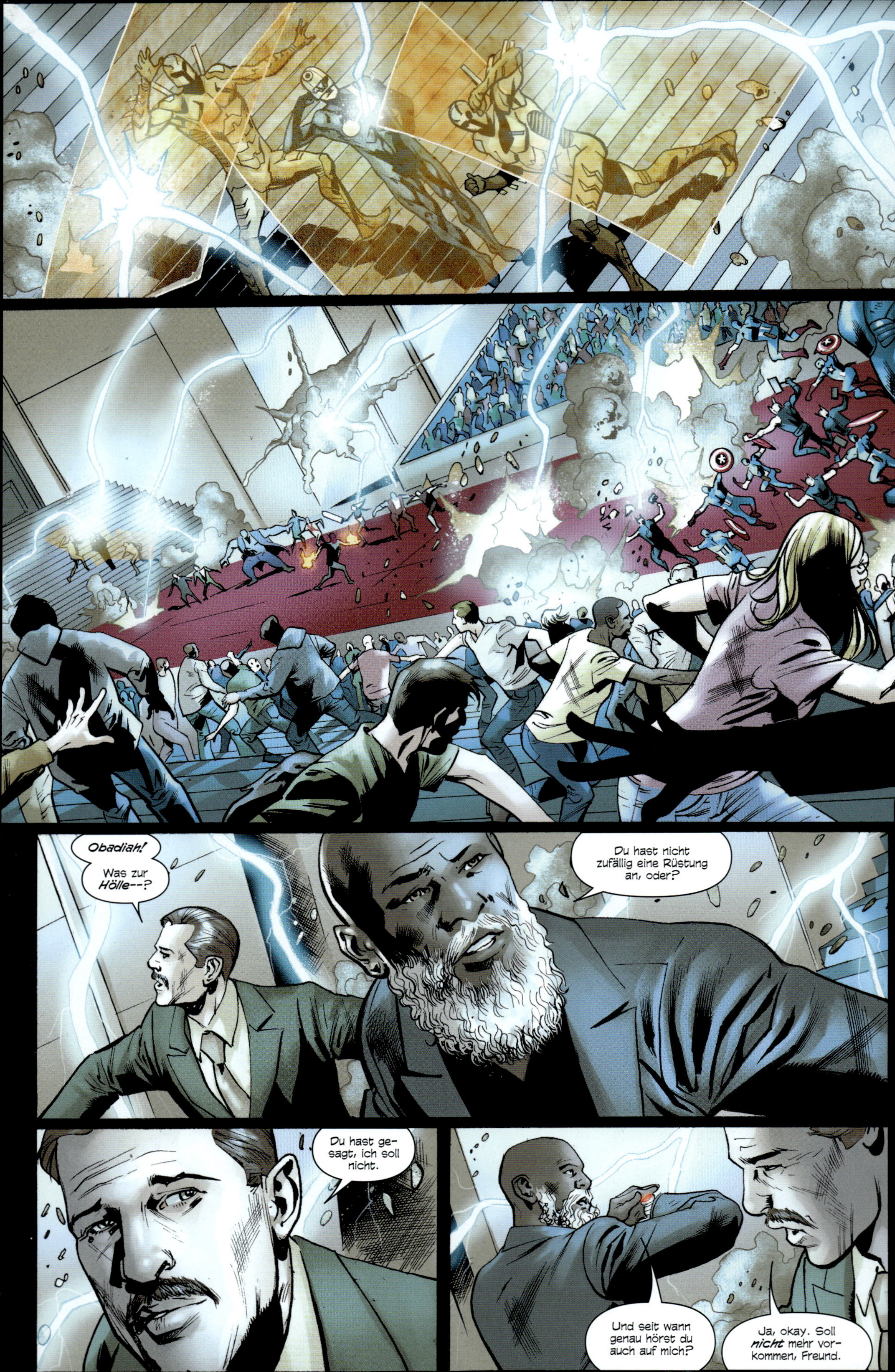
Obadiah!
Was zur Hölle--?
Du hast nicht zufällig eine Rüstung an, oder?
Du hast gesagt, ich soll nicht.
Und seit wann genau hörst du auch auf mich?
Ja, okay. Soll nicht mehr vorkommen, Freund.

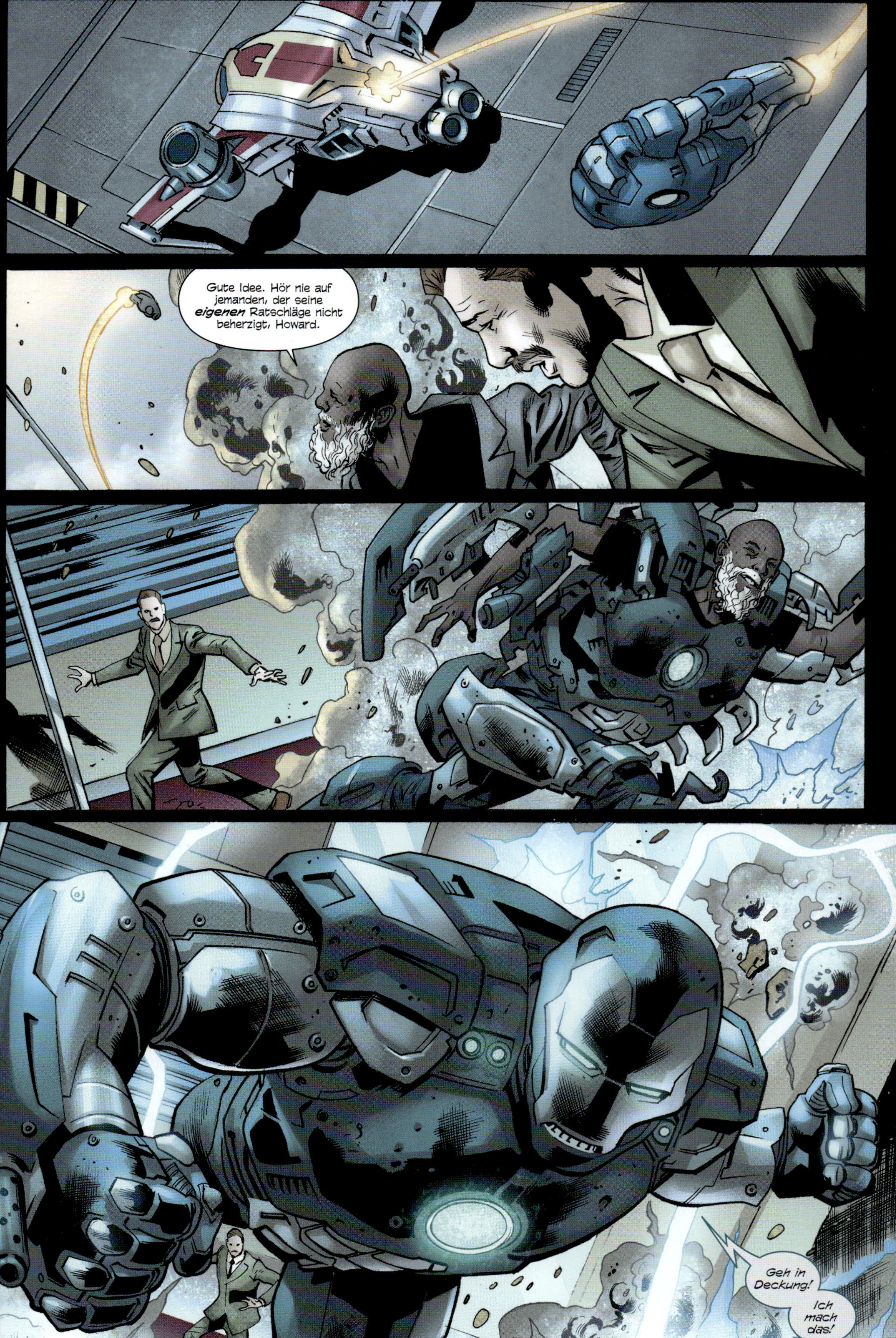
Gute Idee. Hör nie auf jemanden, der seine *eigenen* Ratschläge nicht beherzigt, Howard.
Geh in Deckung!
Ich mach das!

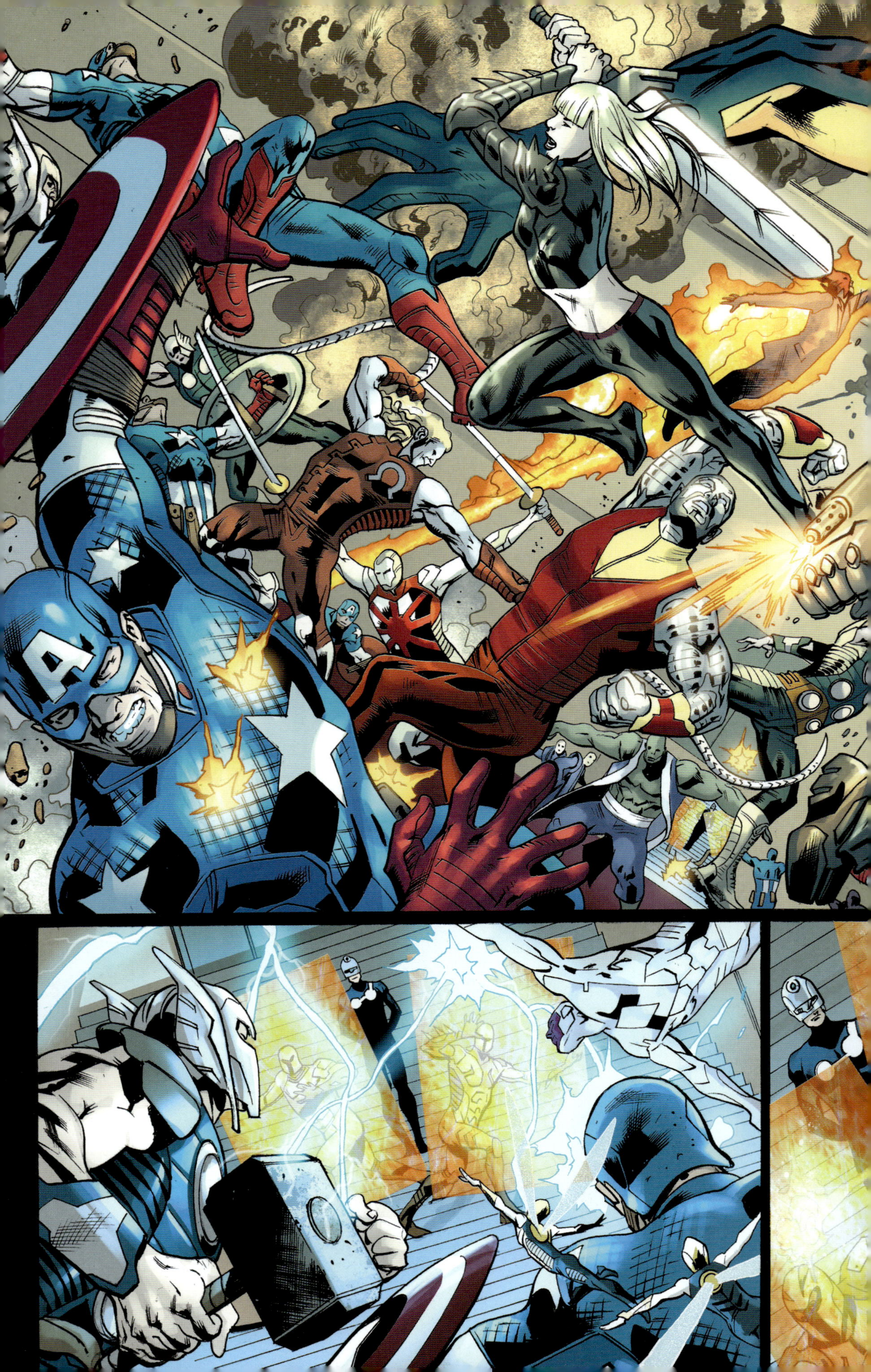

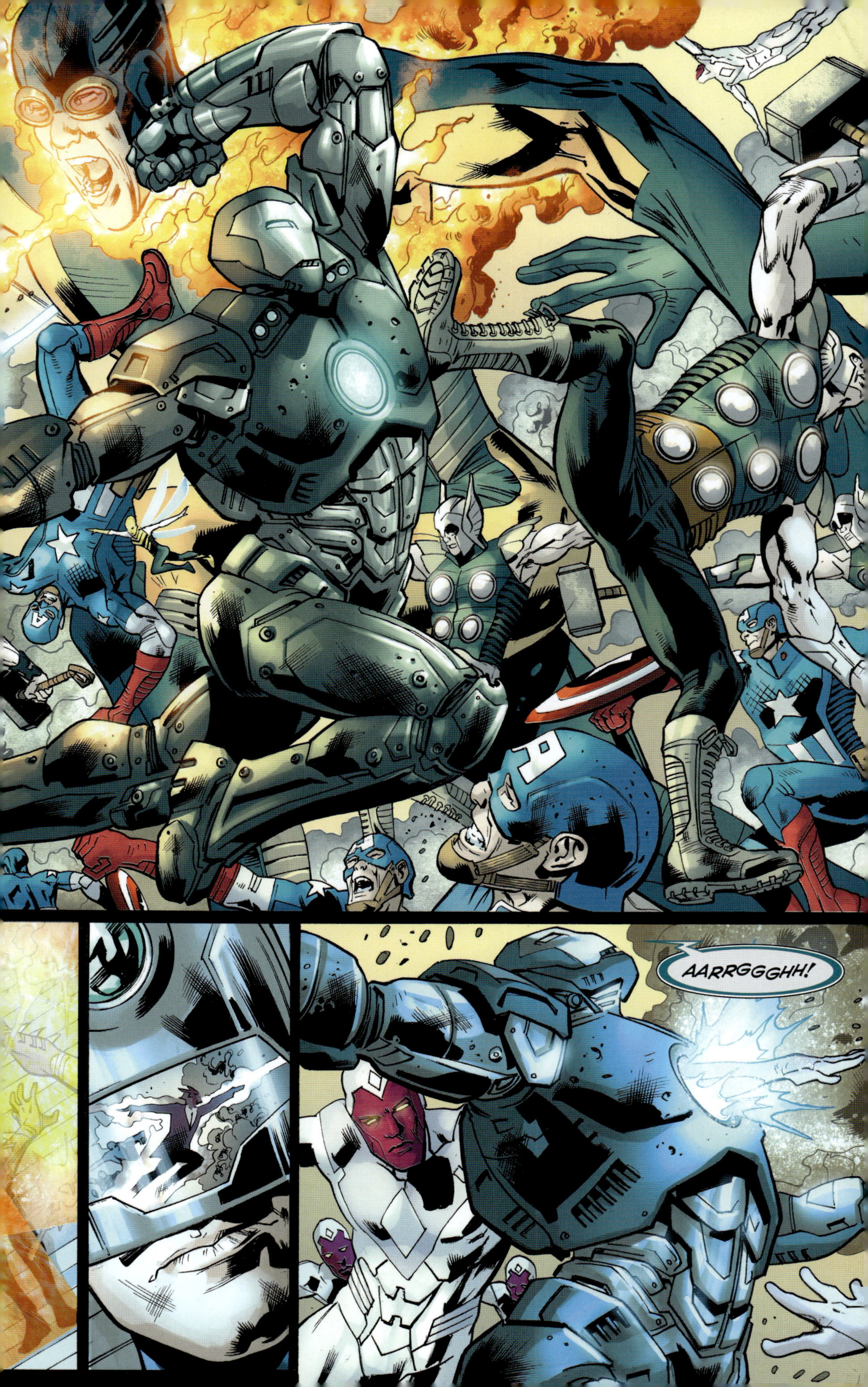
AARRGGGHH!

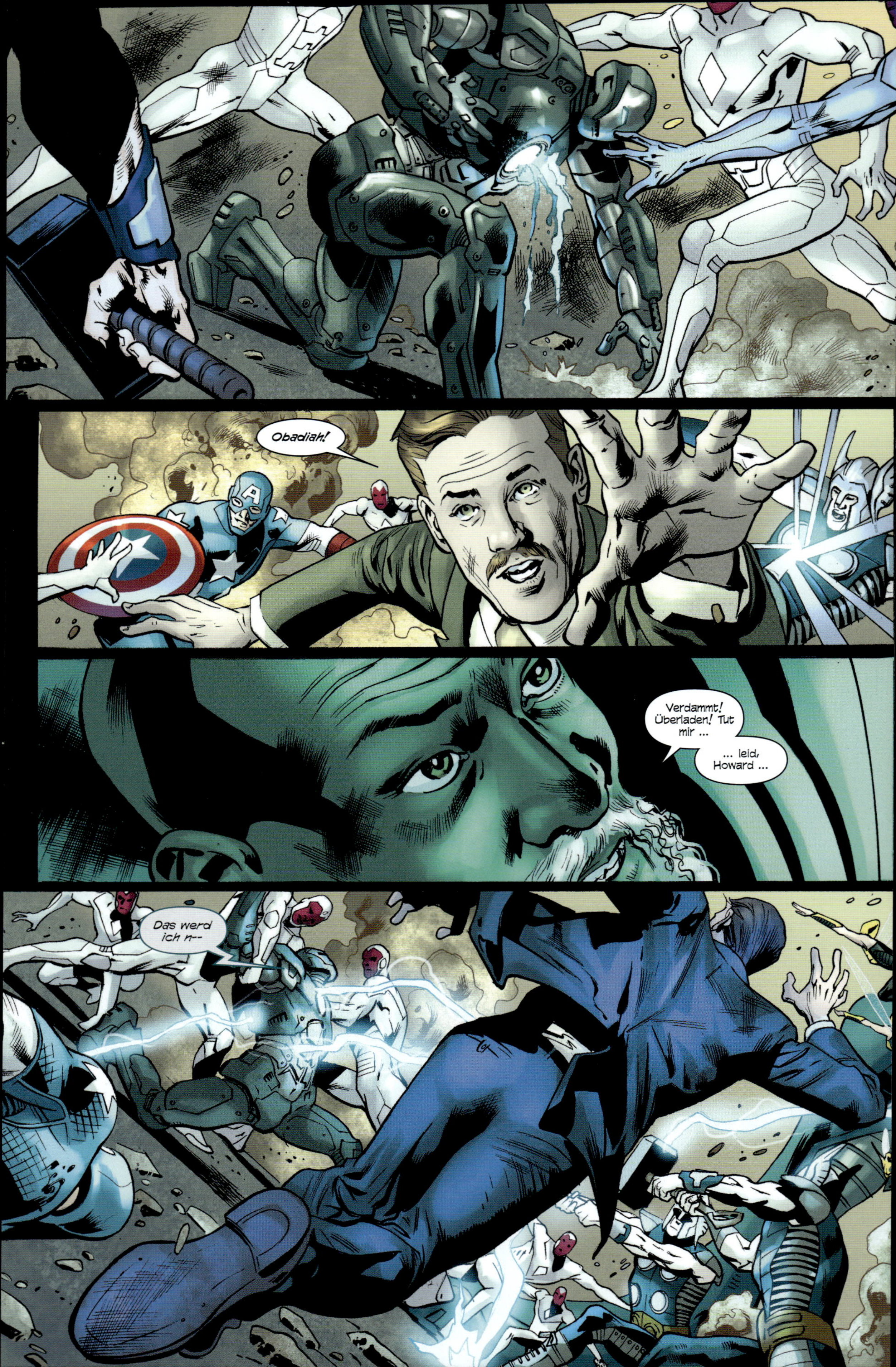
Obadiah!
Verdammt! Überladen! Tut mir ...
... leid, Howard ...
Das werd ich n--

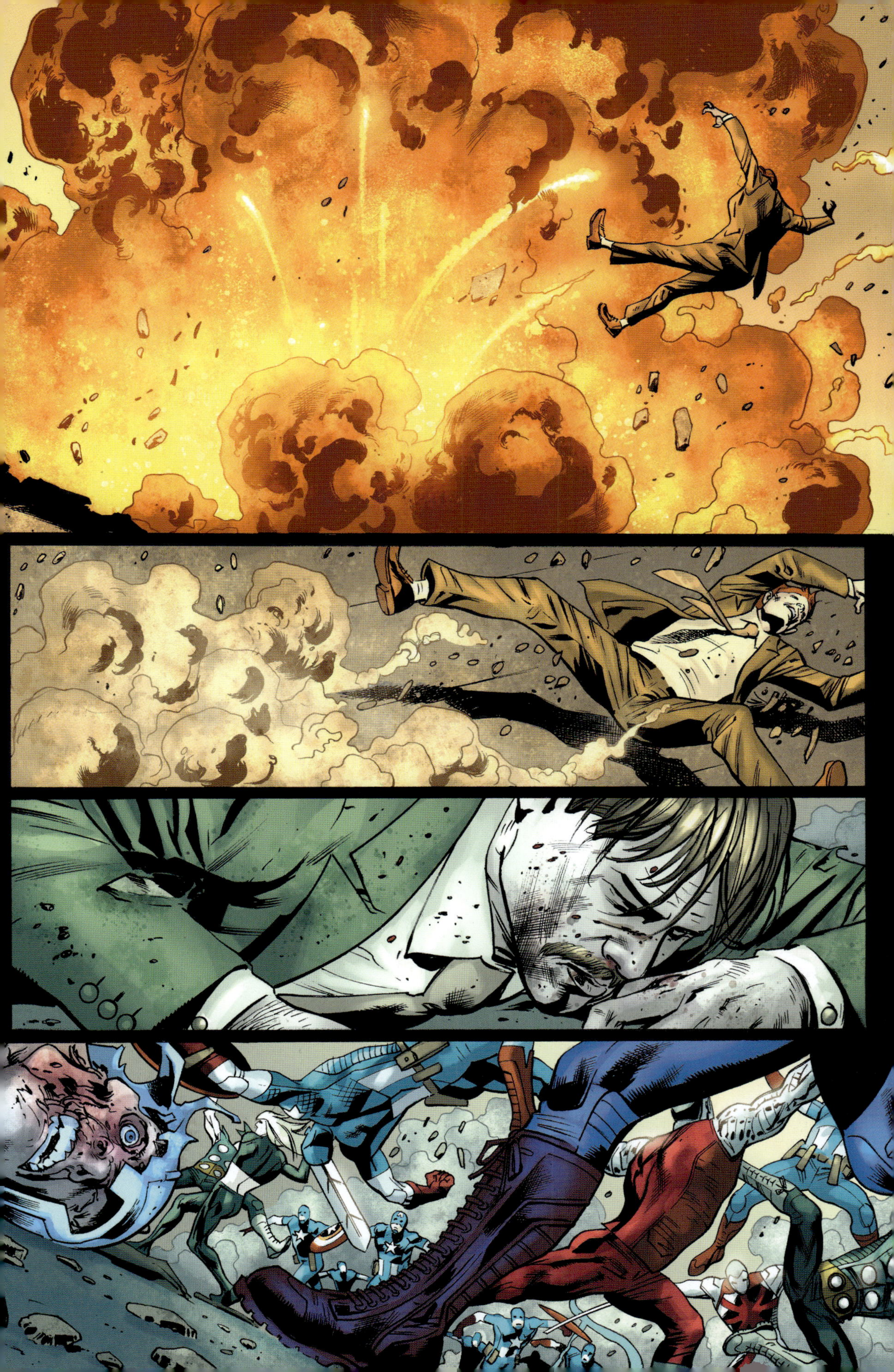

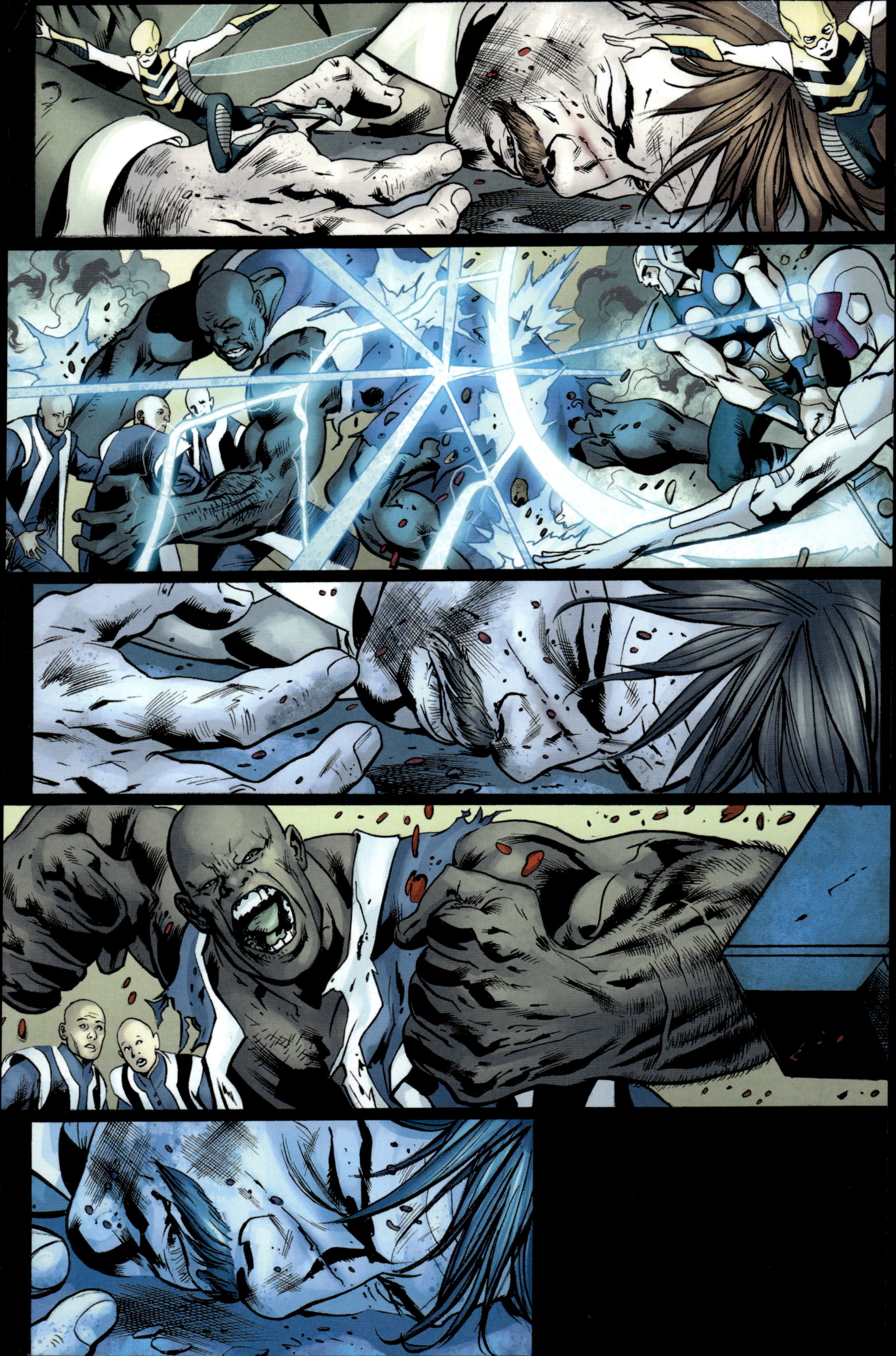

Howard ...

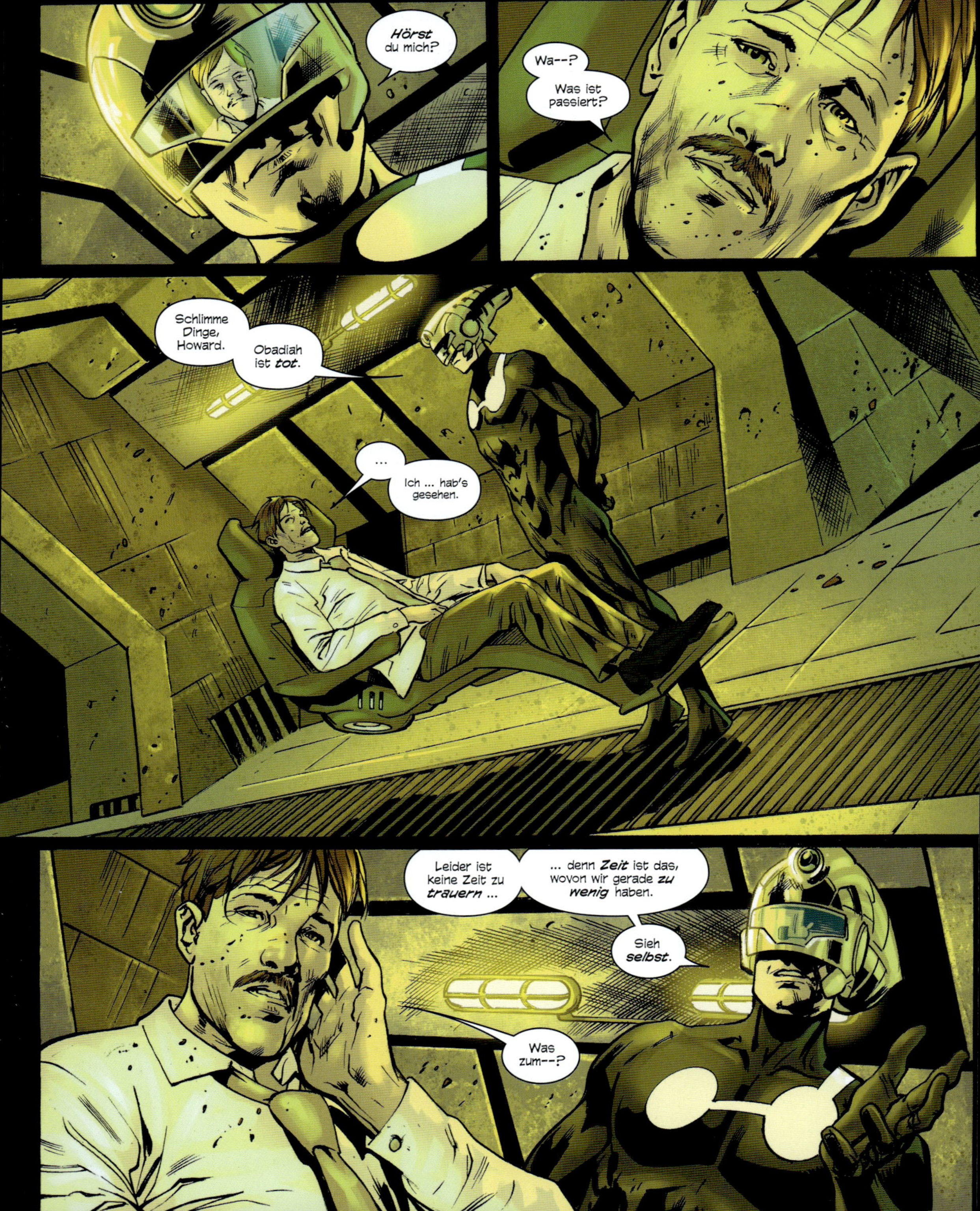
Hörst du mich?
Wa--?
Was ist passiert?
Schlimme Dinge, Howard.
Obadiah ist tot.
...
Ich ... hab's gesehen.
Leider ist keine Zeit zu trauern ...
... denn Zeit ist das, wovon wir gerade zu wenig haben.
Sieh selbst.
Was zum--?

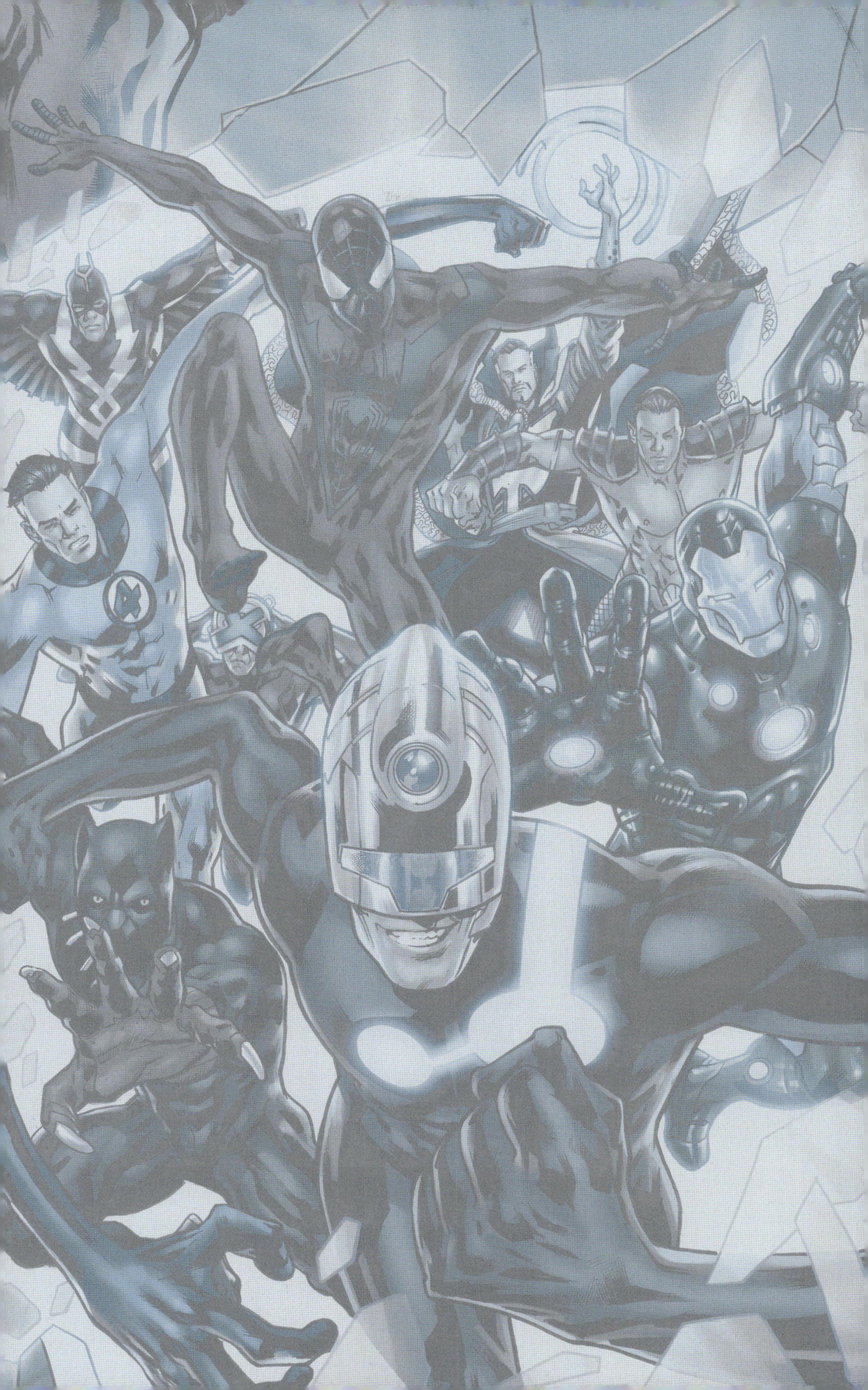

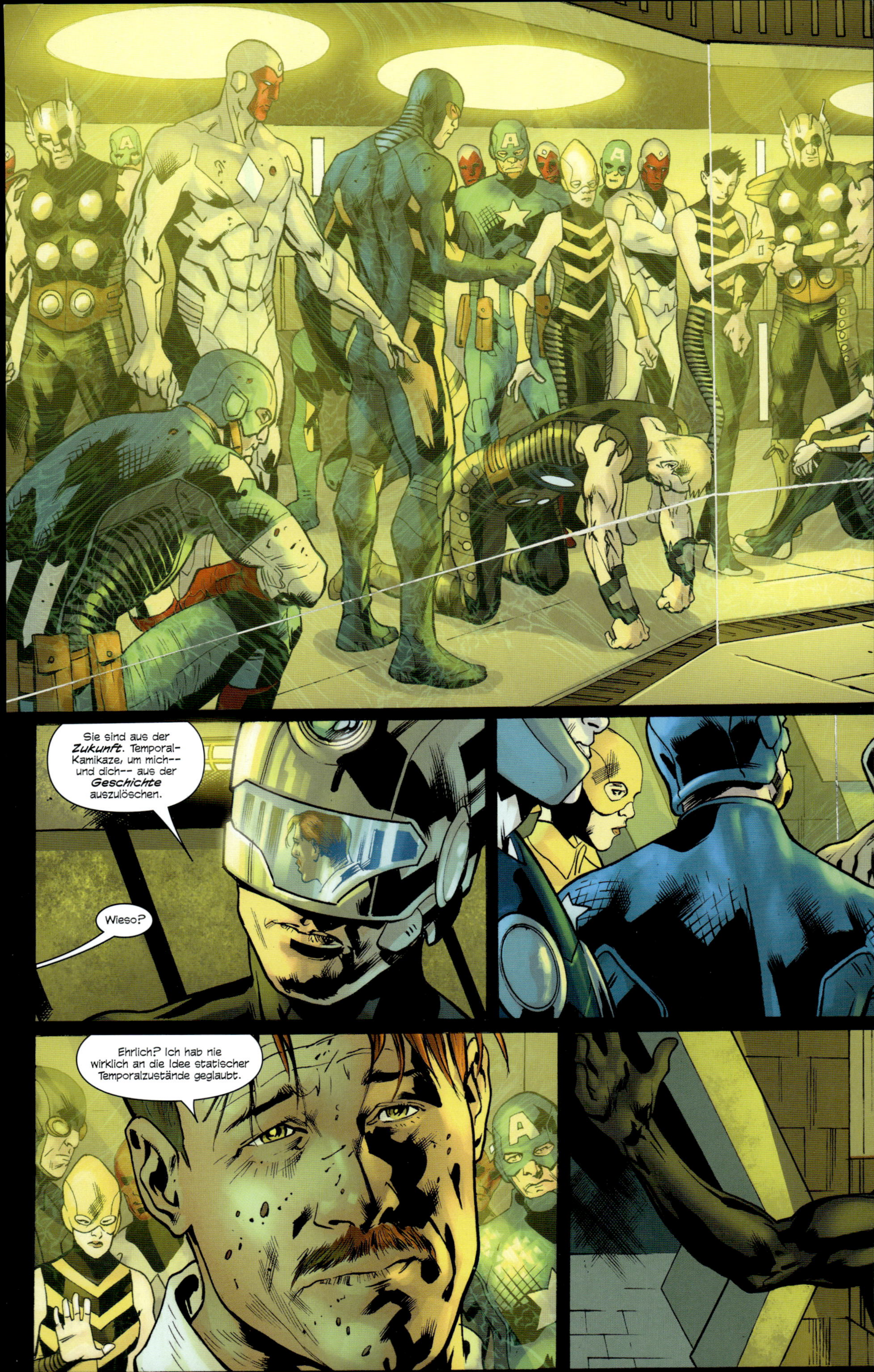
Sie sind aus der Zukunft. Temporal-Kamikaze, um mich-- und dich-- aus der Geschichte auszulöschen.
Wieso?
Ehrlich? Ich hab nie wirklich an die Idee statischer Temporalzustände geglaubt.

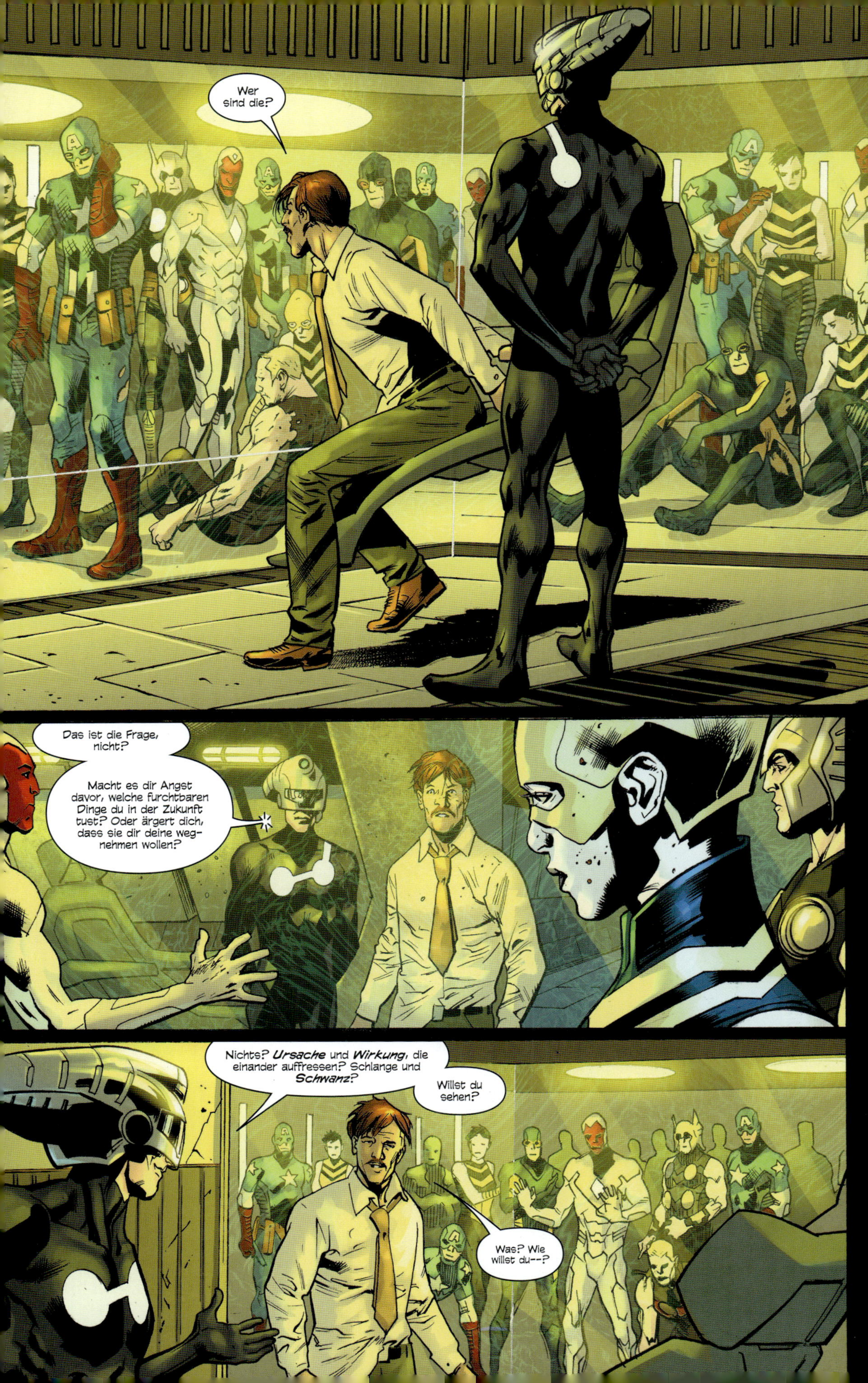
Wer sind die?
Das ist die Frage, nicht?
Macht es dir Angst davor, welche furchtbaren Dinge du in der Zukunft tust? Oder ärgert dich, dass sie dir deine weg-nehmen wollen?
Nichts? *Ursache* und *Wirkung*, die einander auffressen? Schlange und *Schwanz*?
Willst du sehen?
Was? Wie willst du--?

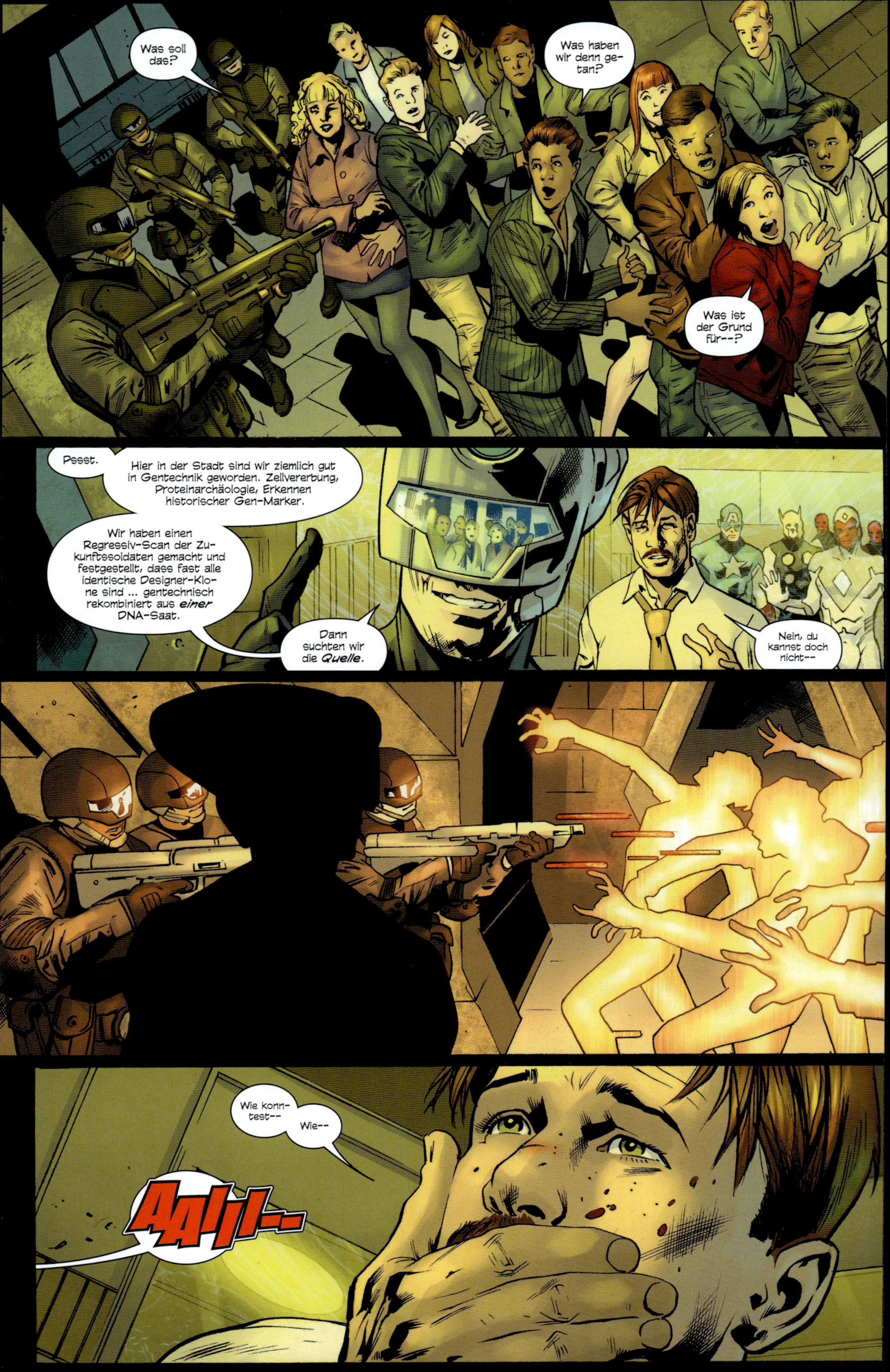
Was soll das?
Was haben wir denn getan?
Was ist der Grund für--?
Pssst.
Hier in der Stadt sind wir ziemlich gut in Gentechnik geworden. Zellvererbung, Proteinarchäologie, Erkennen historischer Gen-Marker.
Wir haben einen Regressiv-Scan der Zukunftssoldaten gemacht und festgestellt, dass fast alle identische Designer-Klone sind ... gentechnisch rekombiniert aus *einer* DNA-Saat.
Dann suchten wir die *Quelle*.
Nein, du kannst doch nicht--
Wie konntest--
Wie--
AAIII--

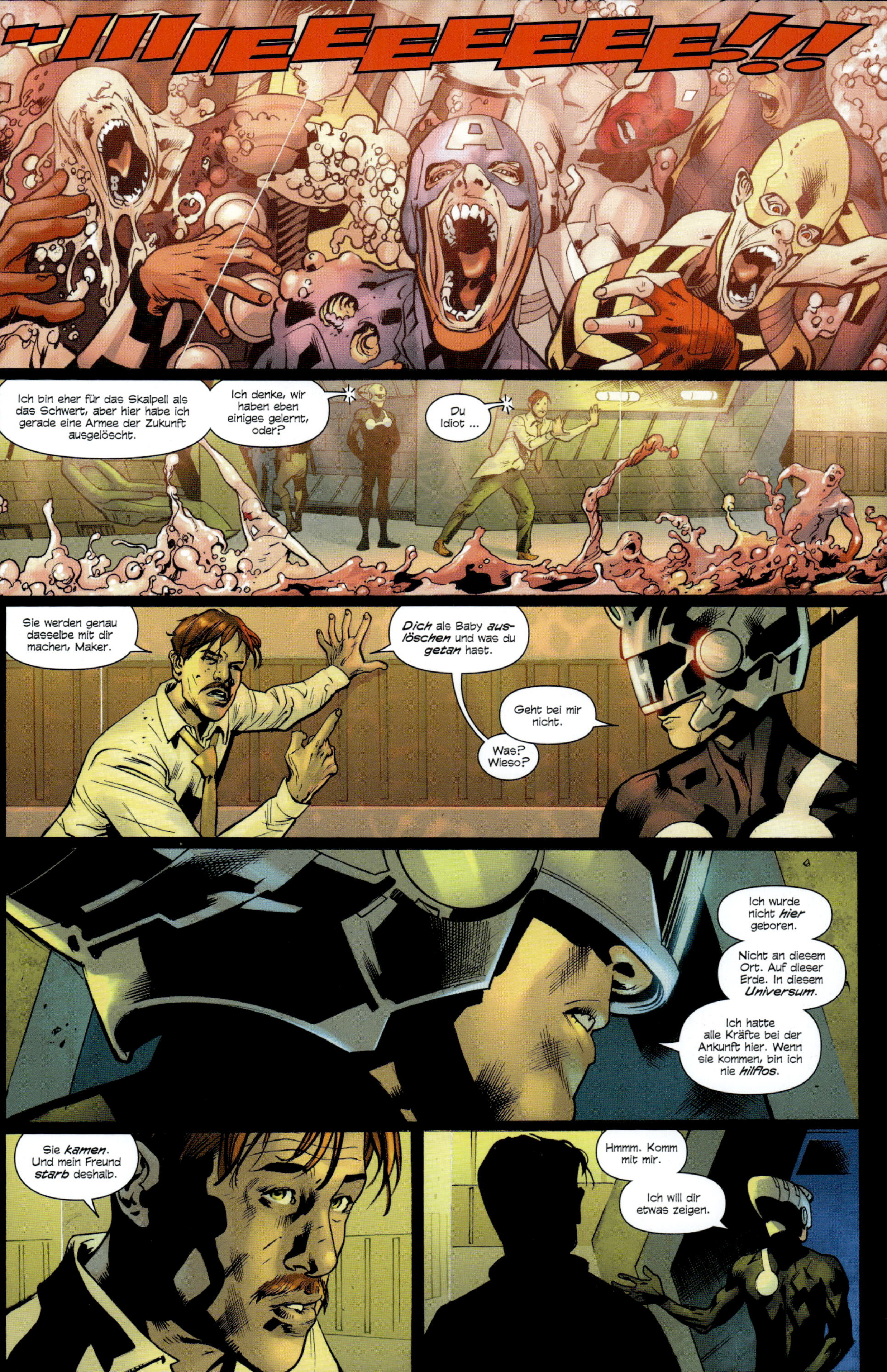

--IIIIEEEEEEEE!!!
Ich bin eher für das Skalpell als das Schwert, aber hier habe ich gerade eine Armee der Zukunft ausgelöscht.
Ich denke, wir haben eben einiges gelernt, oder?
Du Idiot ...
Sie werden genau dasselbe mit dir machen, Maker.
Dich als Baby auslöschen und was du getan hast.
Geht bei mir nicht.
Was? Wieso?
Ich wurde nicht hier geboren.
Nicht an diesem Ort. Auf dieser Erde. In diesem Universum.
Ich hatte alle Kräfte bei der Ankunft hier. Wenn sie kommen, bin ich nie hilflos.
Sie kamen. Und mein Freund starb deshalb.
Hmmm. Komm mit mir.
Ich will dir etwas zeigen.

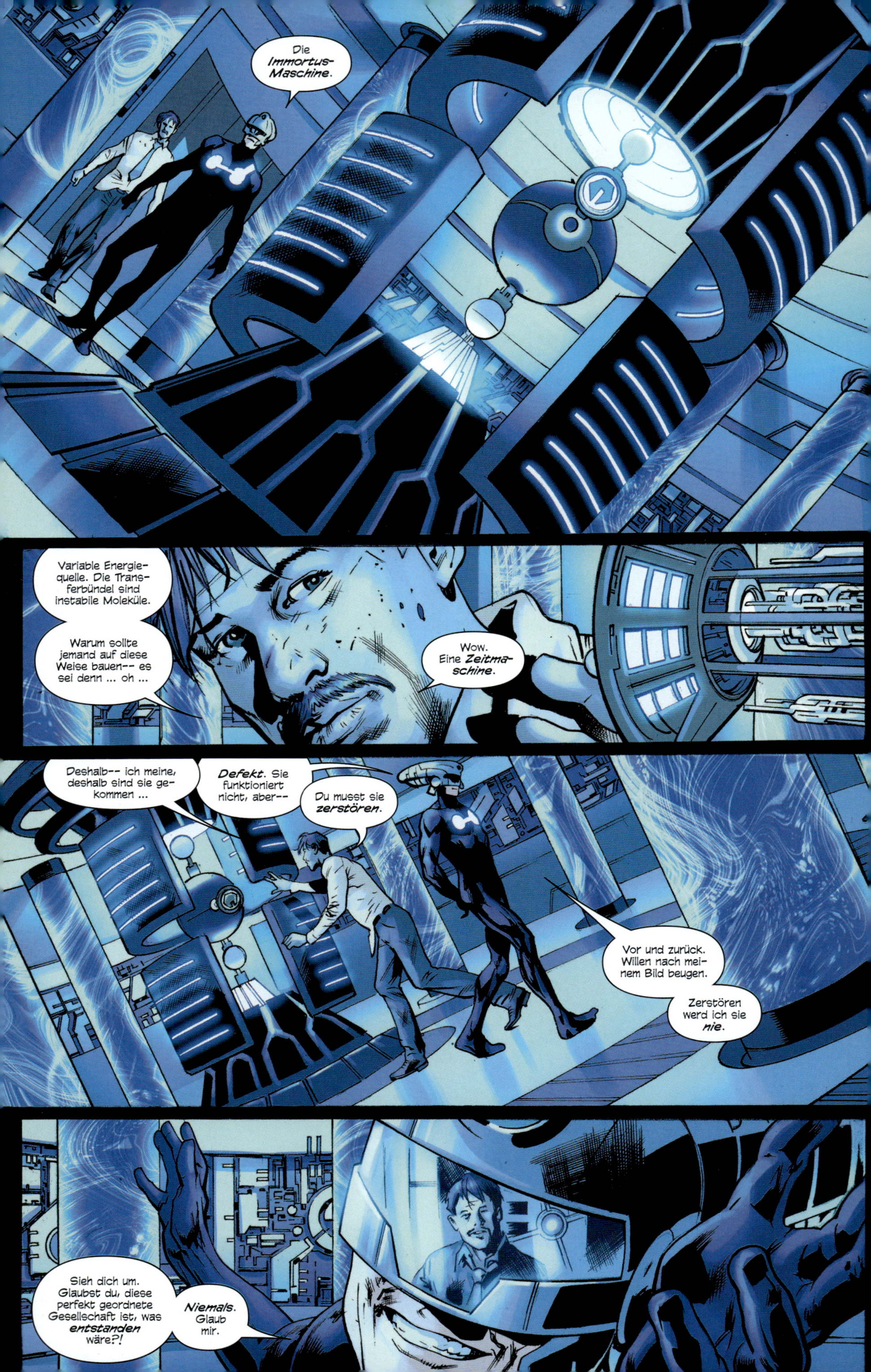
Die Immortus-Maschine.
Variable Energiequelle. Die Transferbündel sind instabile Moleküle.
Warum sollte jemand auf diese Weise bauen-- es sei denn ... oh ...
Wow. Eine Zeitmaschine.
Deshalb-- ich meine, deshalb sind sie gekommen ...
Defekt. Sie funktioniert nicht, aber--
Du musst sie zerstören.
Vor und zurück. Willen nach meinem Bild beugen.
Zerstören werd ich sie nie.
Sieh dich um. Glaubst du, diese perfekt geordnete Gesellschaft ist, was entstanden wäre?!
Niemals. Glaub mir.

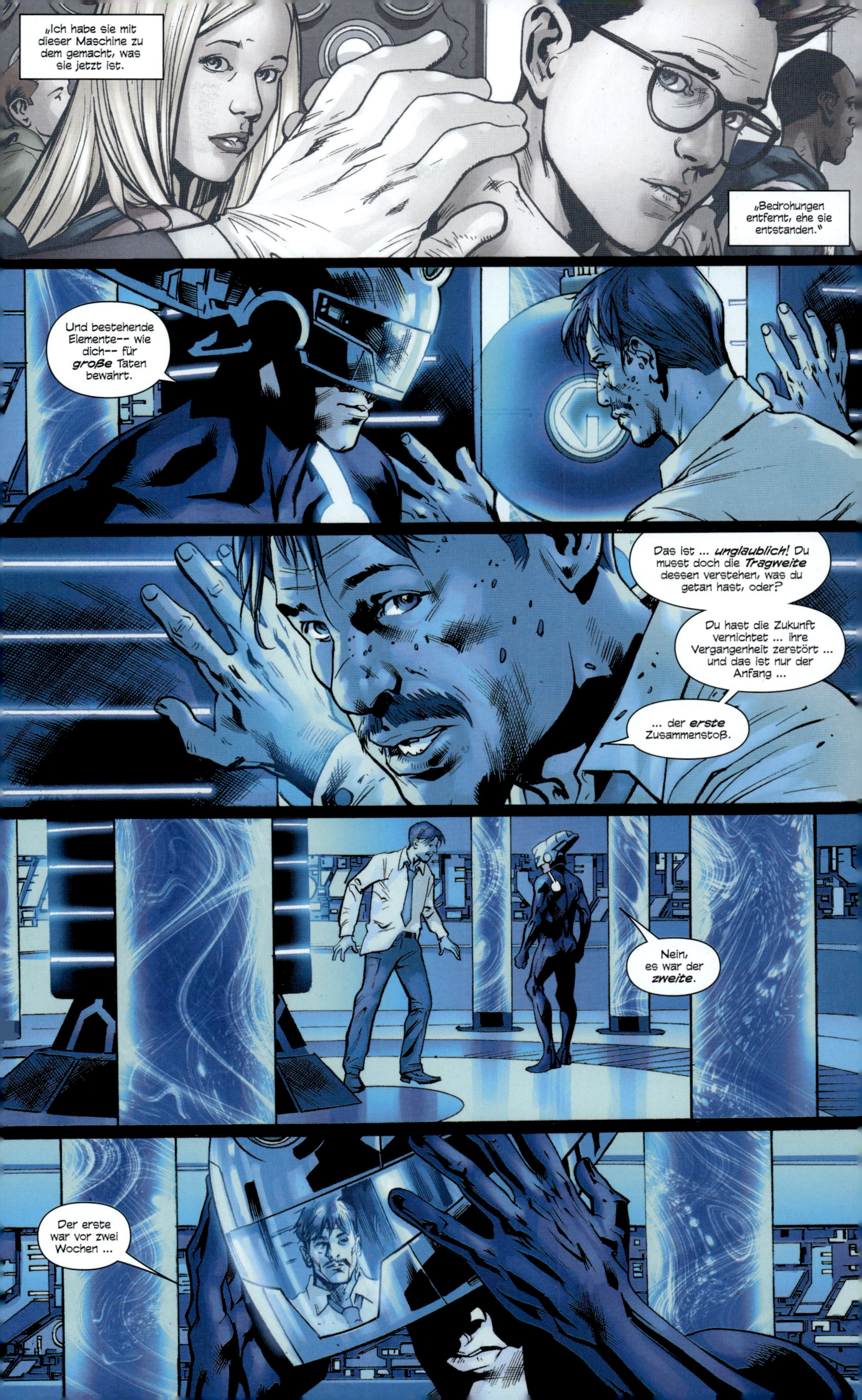
„Ich habe sie mit dieser Maschine zu dem gemacht, was sie jetzt ist.
„Bedrohungen entfernt, ehe sie entstanden."
Und bestehende Elemente-- wie dich-- für **große** Taten bewahrt.
Das ist ... **unglaublich**! Du musst doch die **Tragweite** dessen verstehen, was du getan hast, oder?
Du hast die Zukunft vernichtet ... ihre Vergangenheit zerstört ... und das ist nur der Anfang ...
... der **erste** Zusammenstoß.
Nein, es war der **zweite**.
Der erste war vor zwei Wochen ...

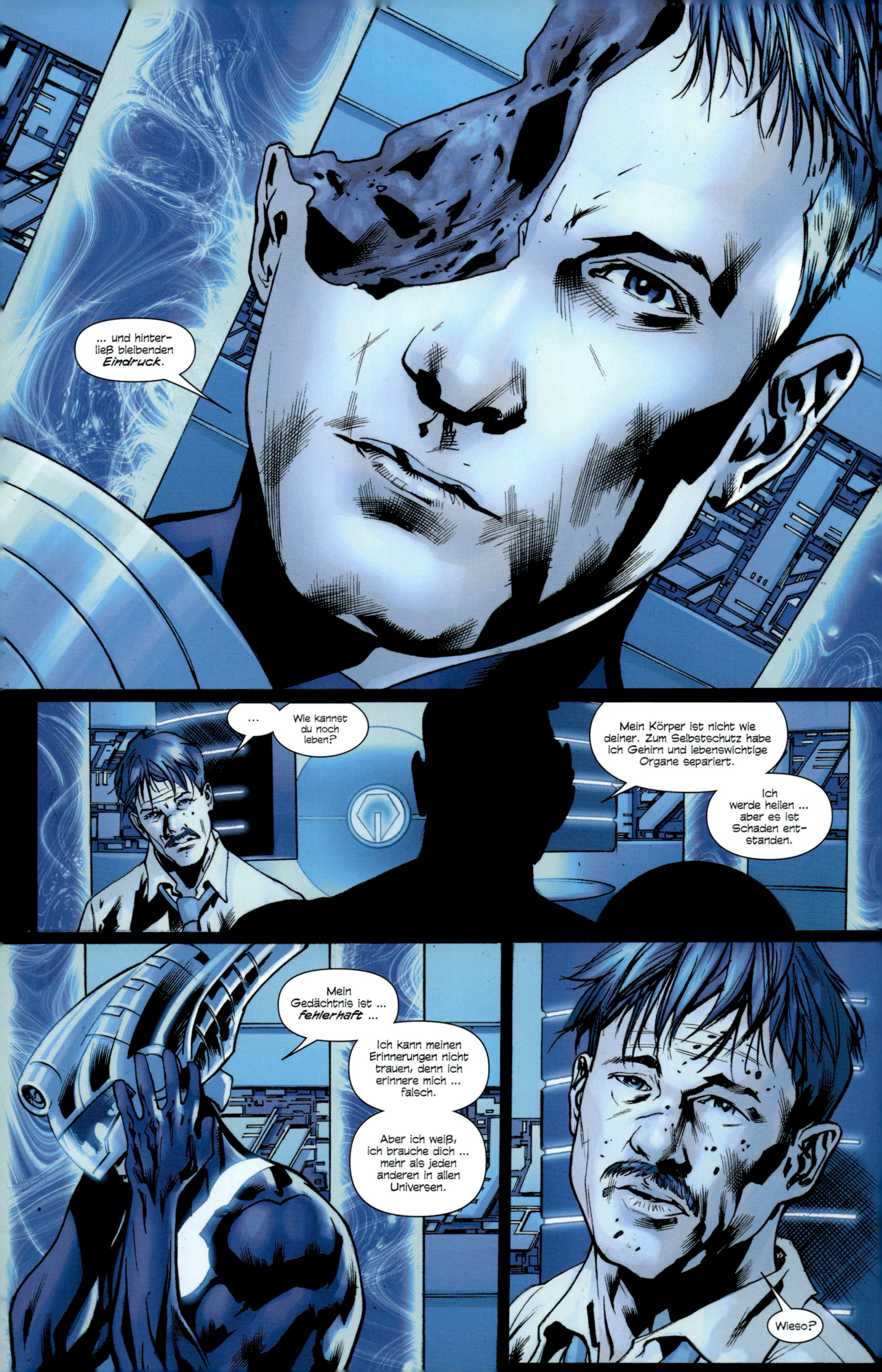
... und hinterließ bleibenden *Eindruck*.
... Wie kannst du noch leben?
Mein Körper ist nicht wie deiner. Zum Selbstschutz habe ich Gehirn und lebenswichtige Organe separiert.
Ich werde heilen ... aber es ist Schaden entstanden.
Mein Gedächtnis ist ... *fehlerhaft* ...
Ich kann meinen Erinnerungen nicht trauen, denn ich erinnere mich ... falsch.
Aber ich weiß, ich brauche dich ... mehr als jeden anderen in allen Universen.
Wieso?

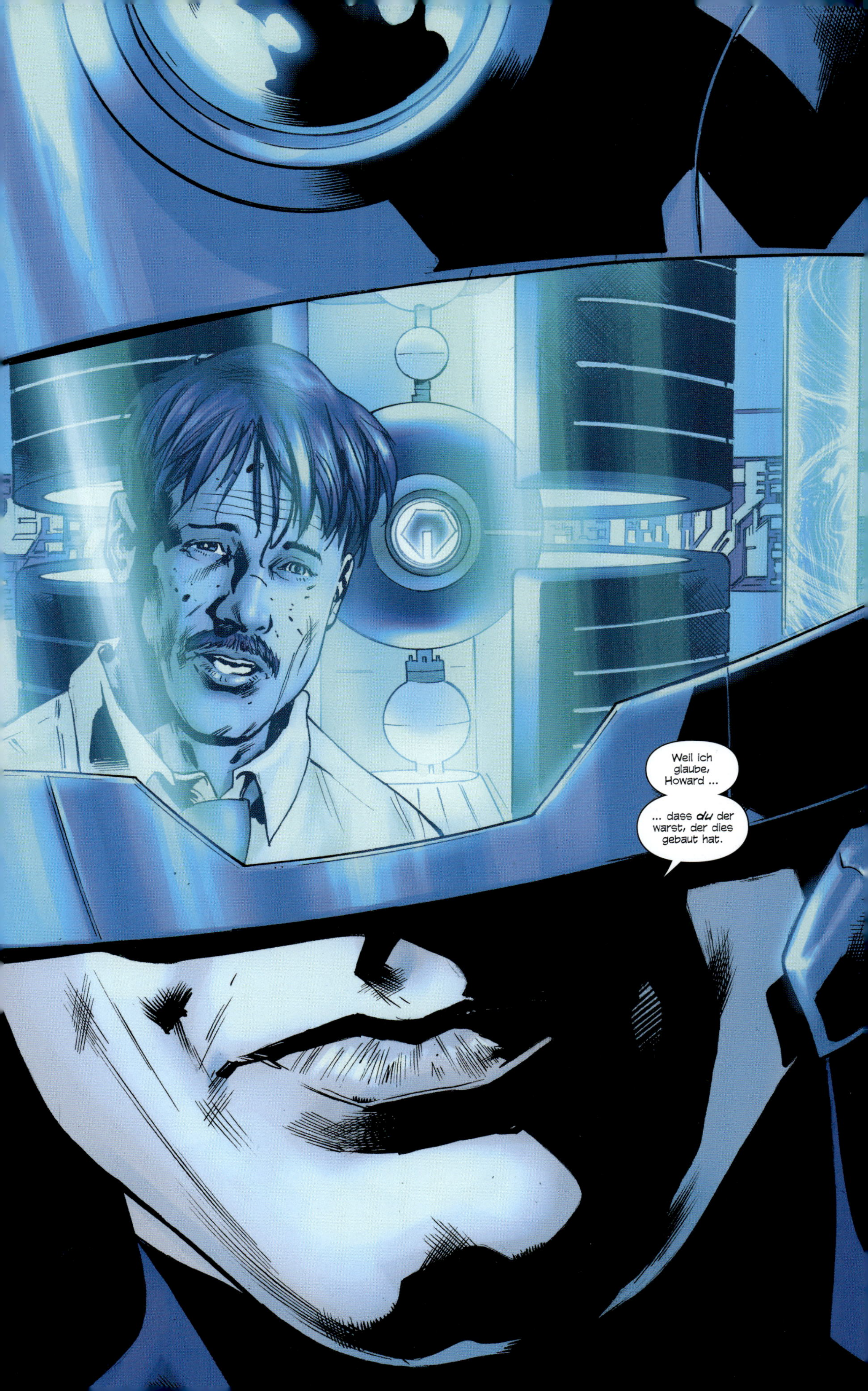
Weil ich glaube, Howard ...
... dass *du* der warst, der dies gebaut hat.

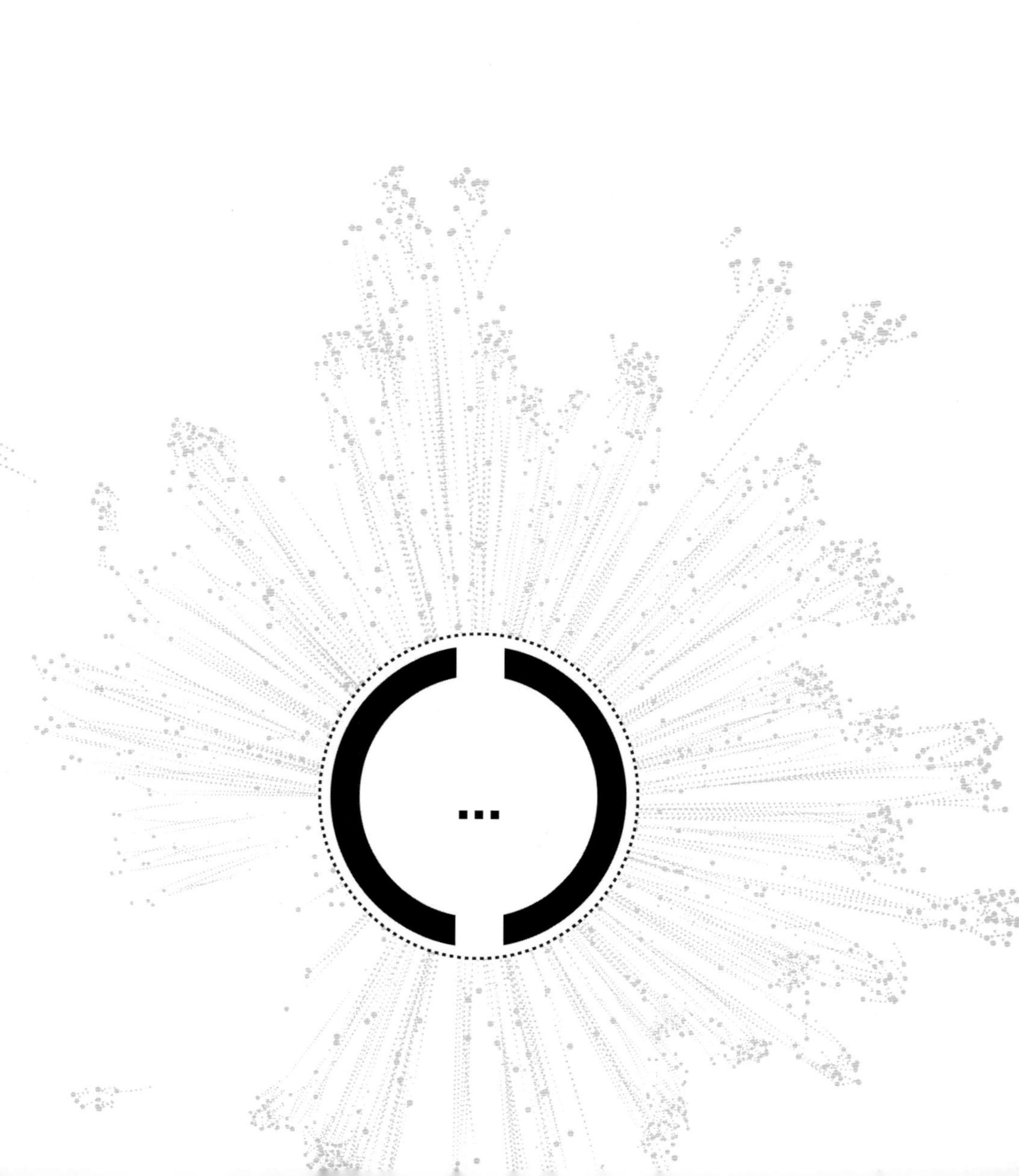

KAPITEL 3: HINTER DEN SPIEGELN

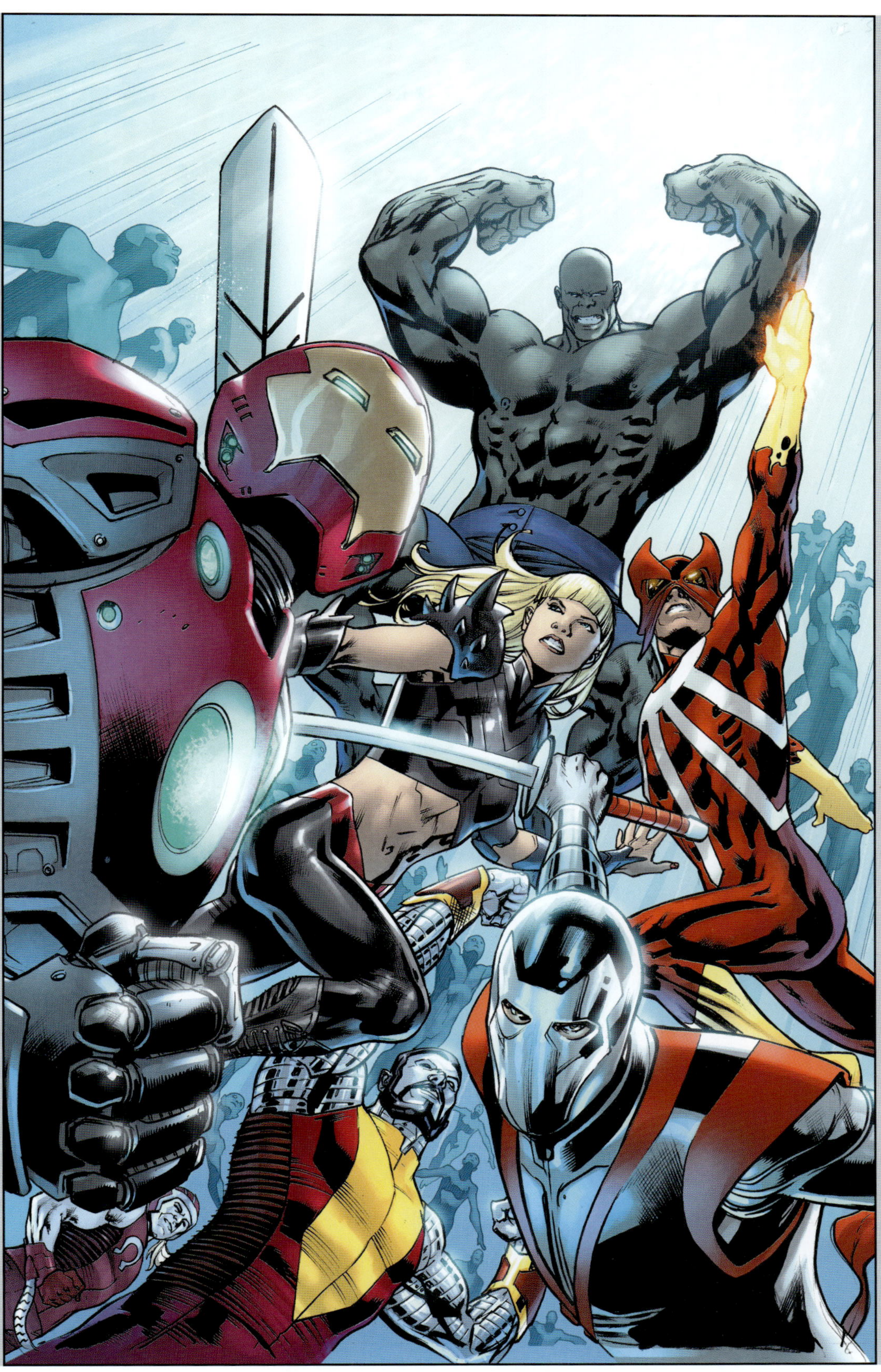

Ultimate Invasion (2023) 3
Cover von **BRYAN HITCH**

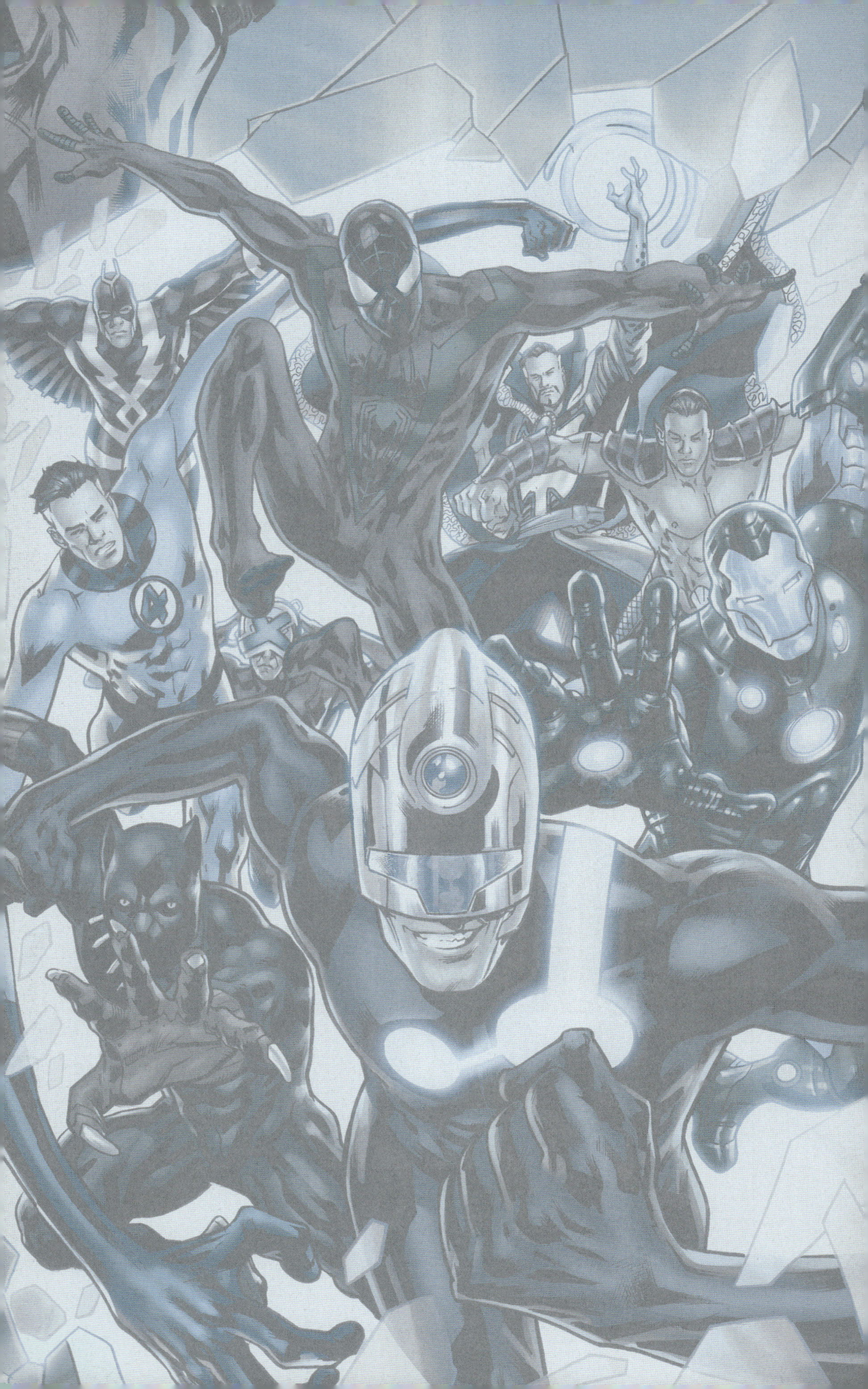

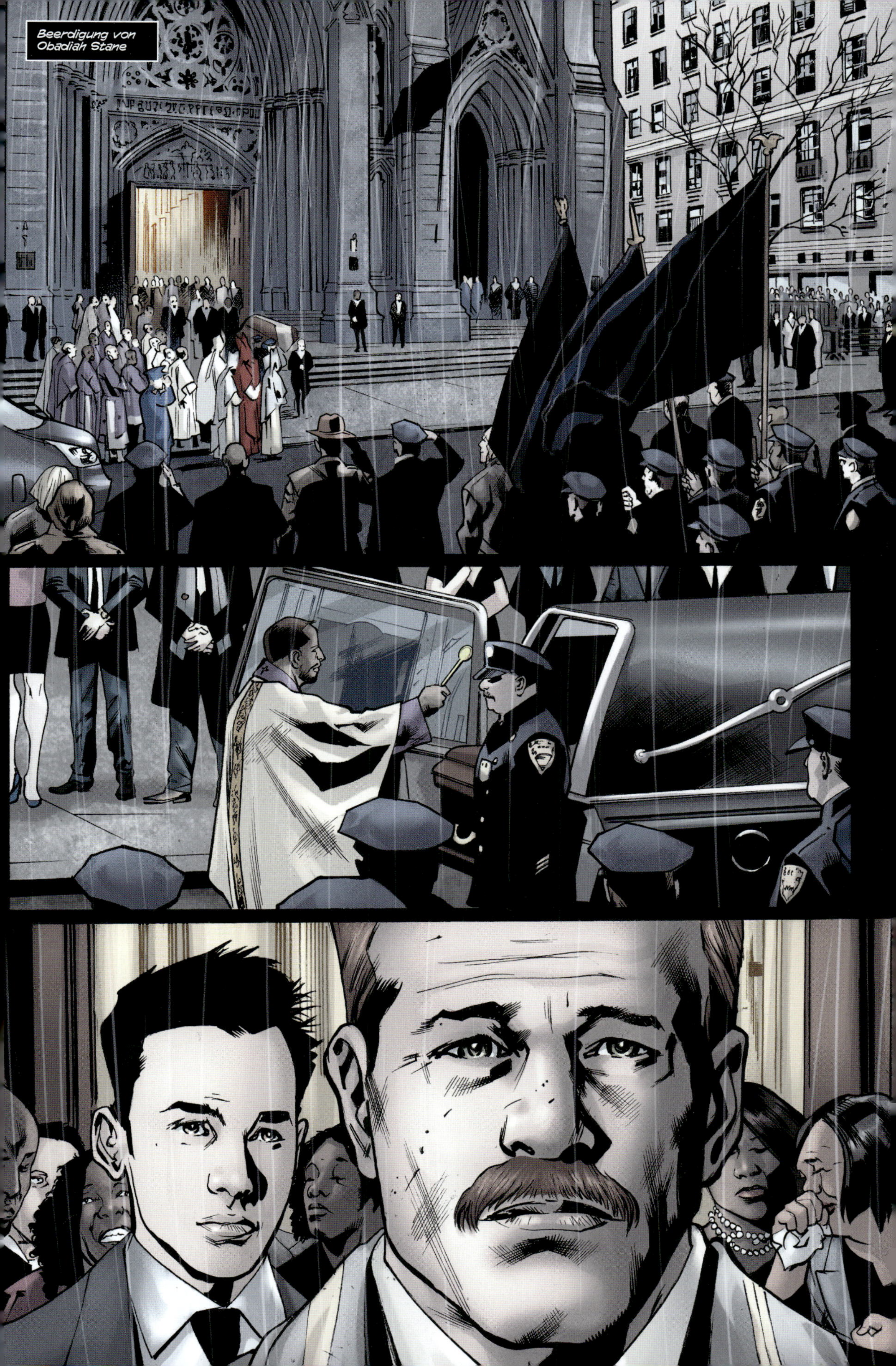
Beerdigung von
Obadiah Stane

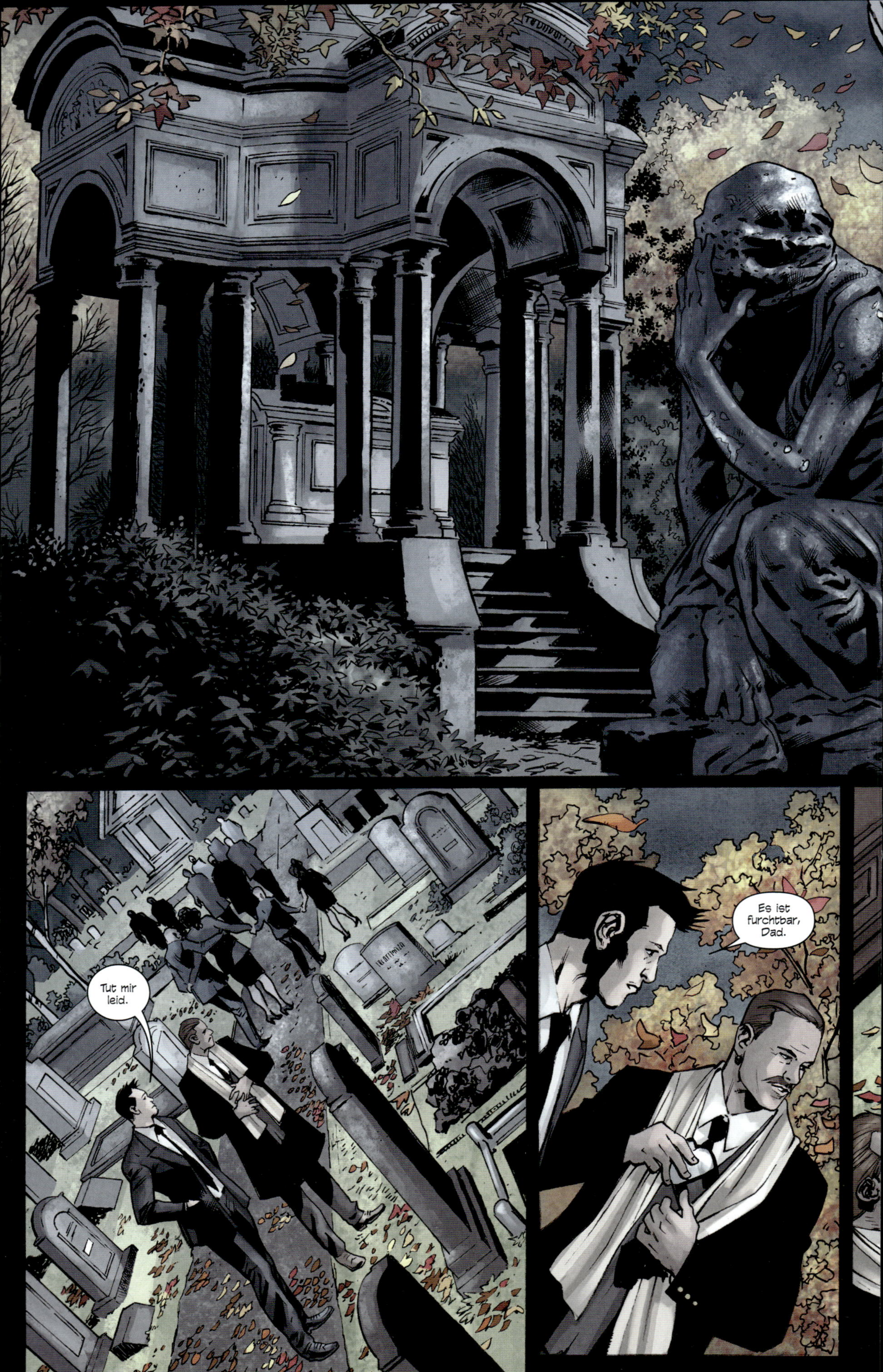

Tut mir leid.
Es ist furchtbar, Dad.

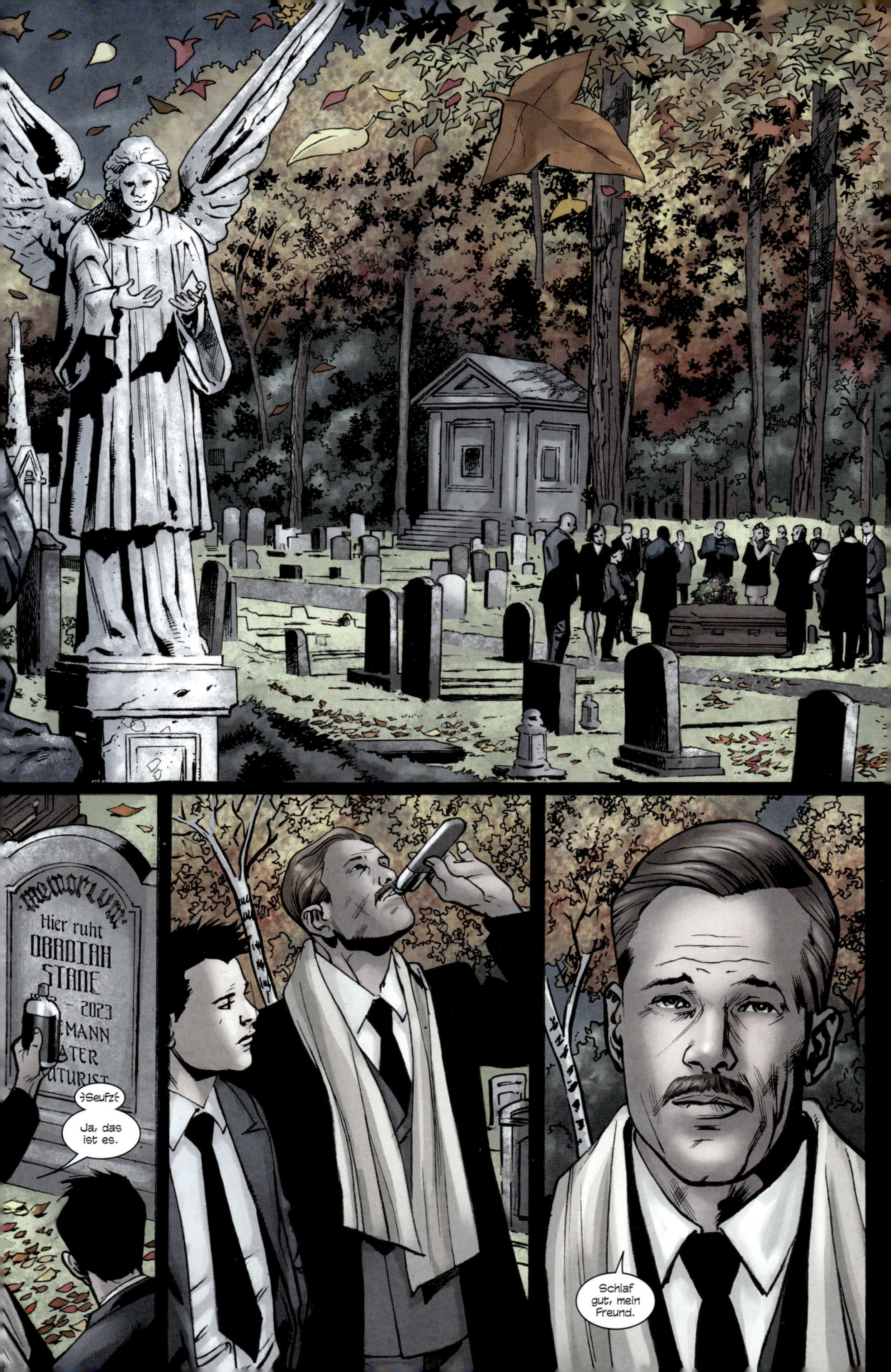

memorium
Hier ruht
OBADIAH
STANE
– 2023
EMANN
ATER
UTURIST
»Seufz«
Ja, das ist es.
Schlaf gut, mein Freund.

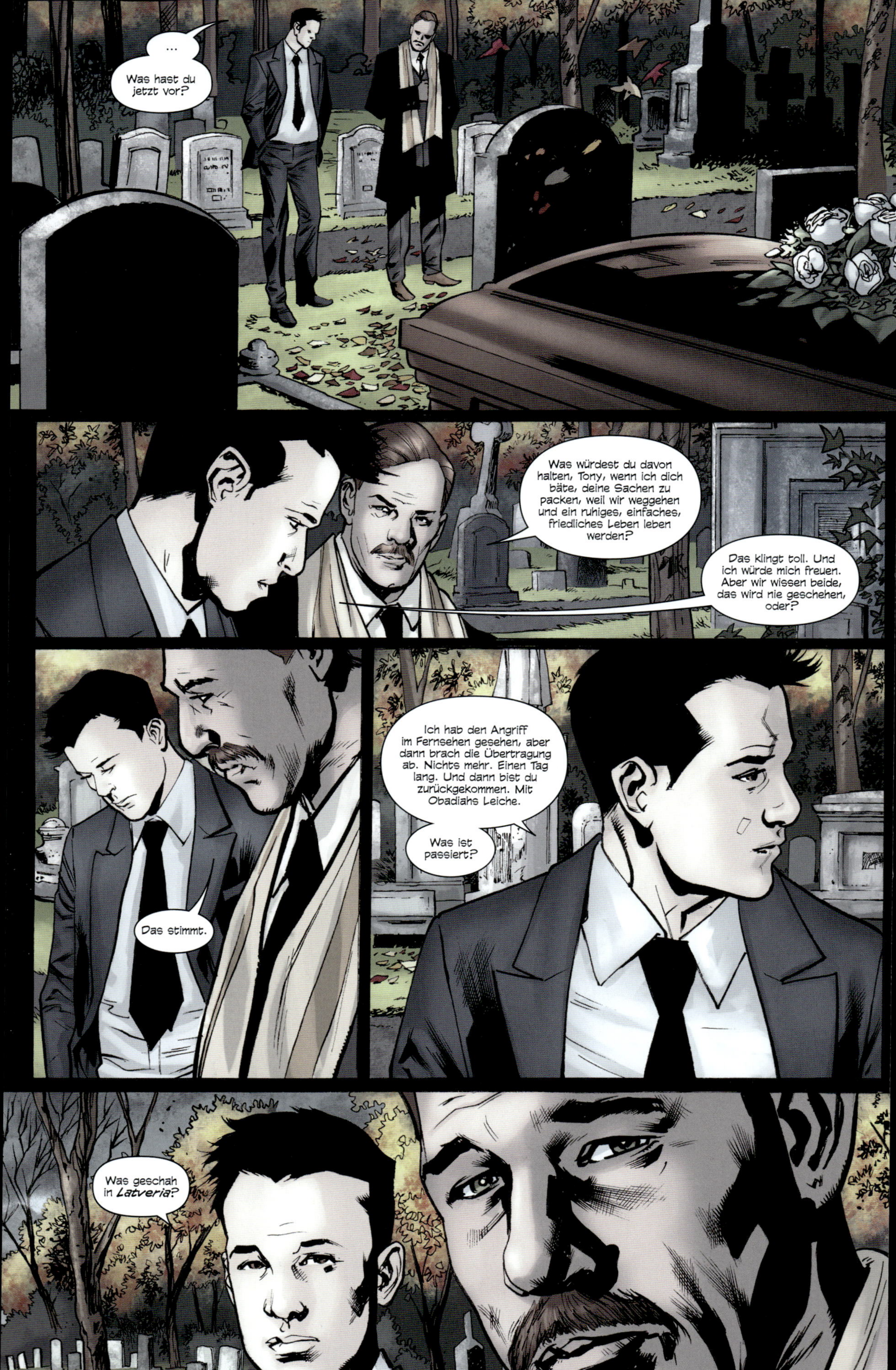
...
Was hast du jetzt vor?
Was würdest du davon halten, Tony, wenn ich dich bäte, deine Sachen zu packen, weil wir weggehen und ein ruhiges, einfaches, friedliches Leben leben werden?
Das klingt toll. Und ich würde mich freuen. Aber wir wissen beide, das wird nie geschehen, oder?
Das stimmt.
Ich hab den Angriff im Fernsehen gesehen, aber dann brach die Übertragung ab. Nichts mehr. Einen Tag lang. Und dann bist du zurückgekommen. Mit Obadiahs Leiche.
Was ist passiert?
Was geschah in *Latveria*?

KAPITEL DREI: „HINTER DEN SPIEGELN“

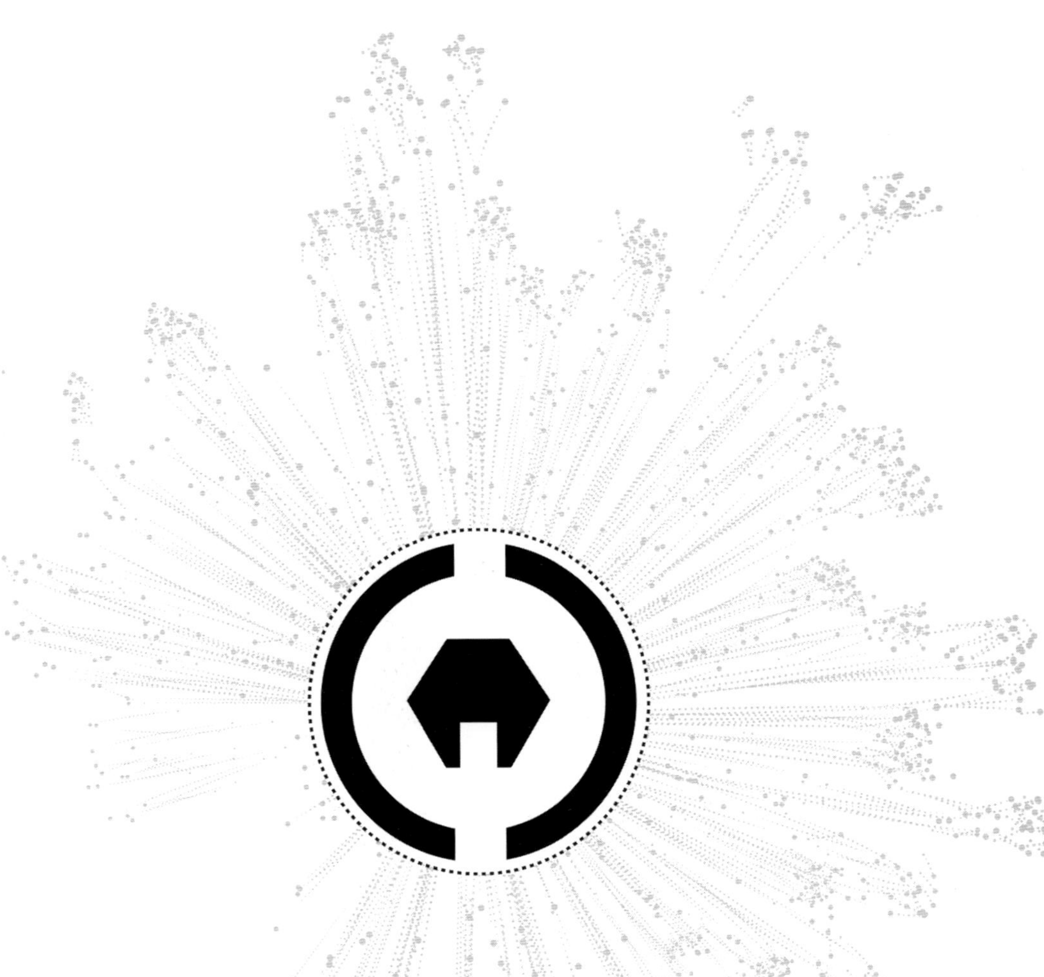

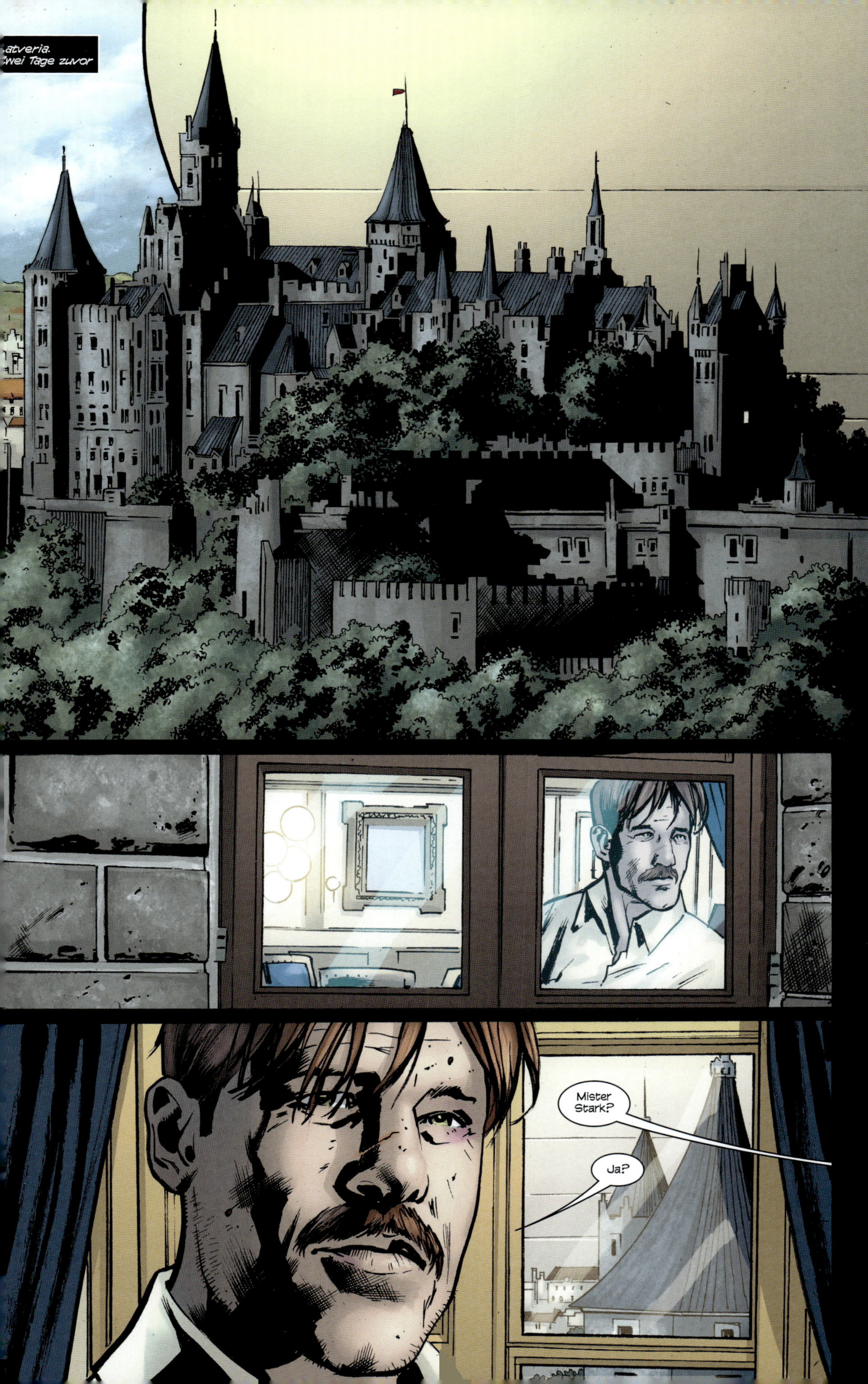
Latveria.
Zwei Tage zuvor
Mister Stark?
Ja?

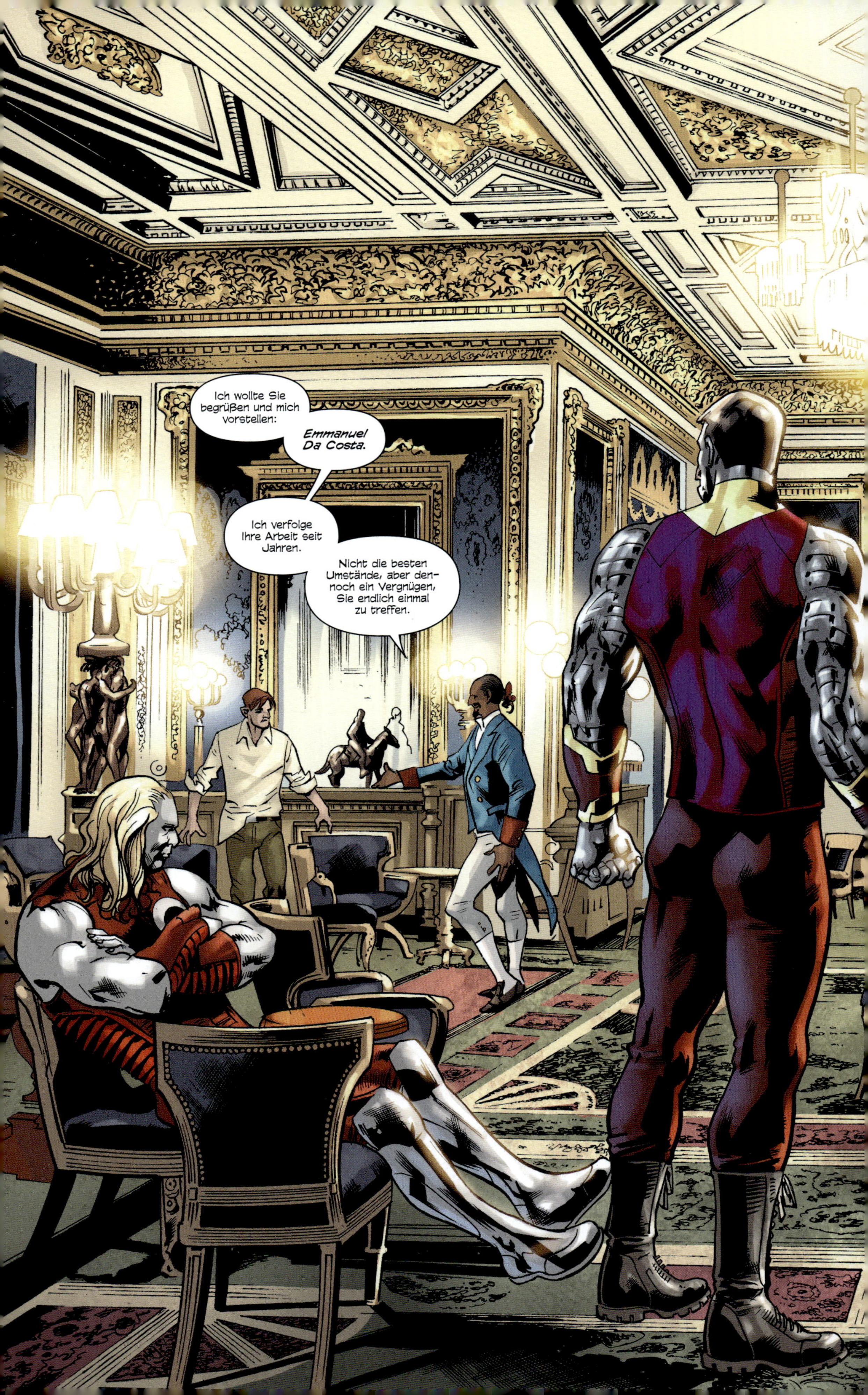
Ich wollte Sie begrüßen und mich vorstellen:
Emmanuel Da Costa.
Ich verfolge Ihre Arbeit seit Jahren.
Nicht die besten Umstände, aber dennoch ein Vergnügen, Sie endlich einmal zu treffen.

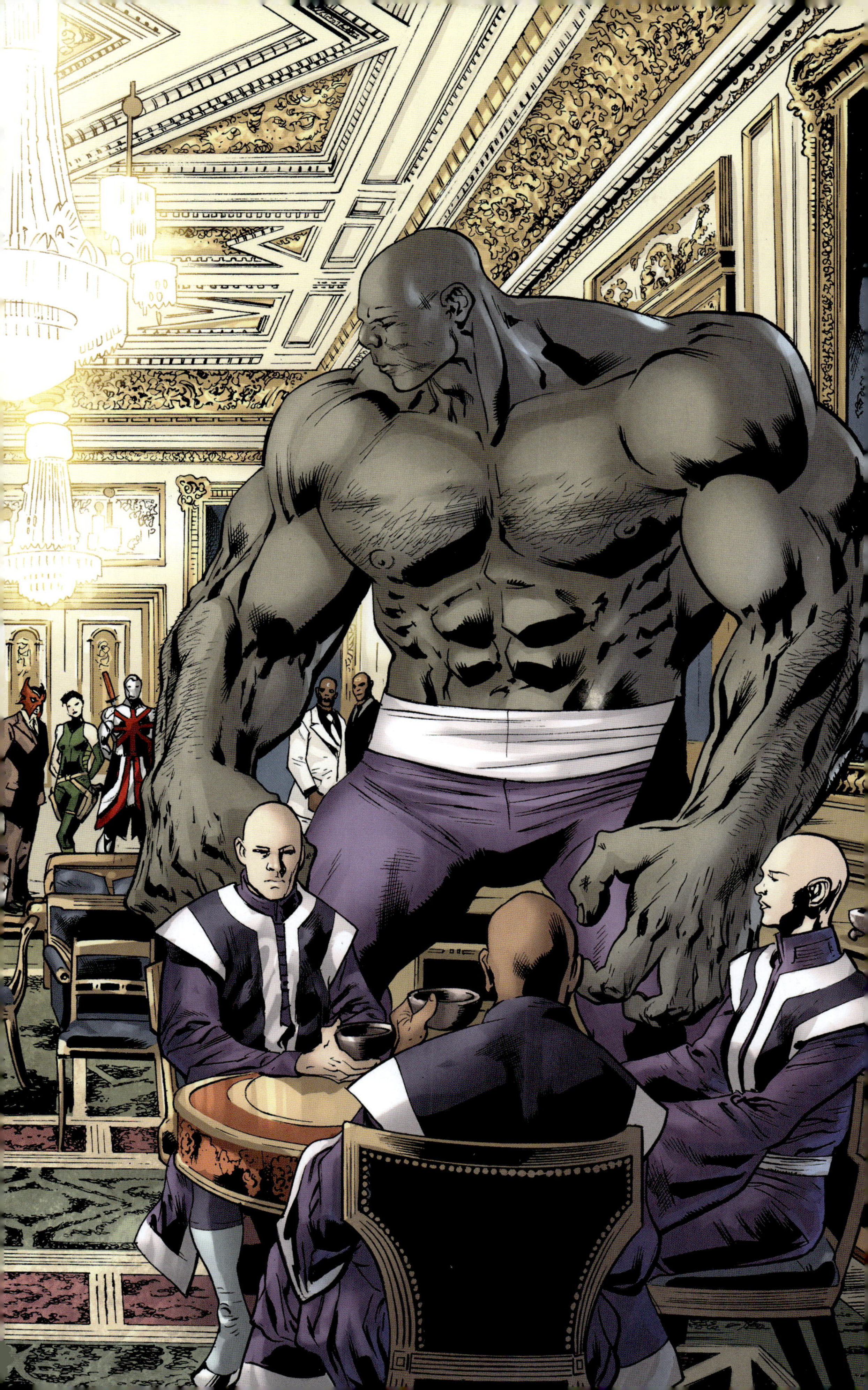

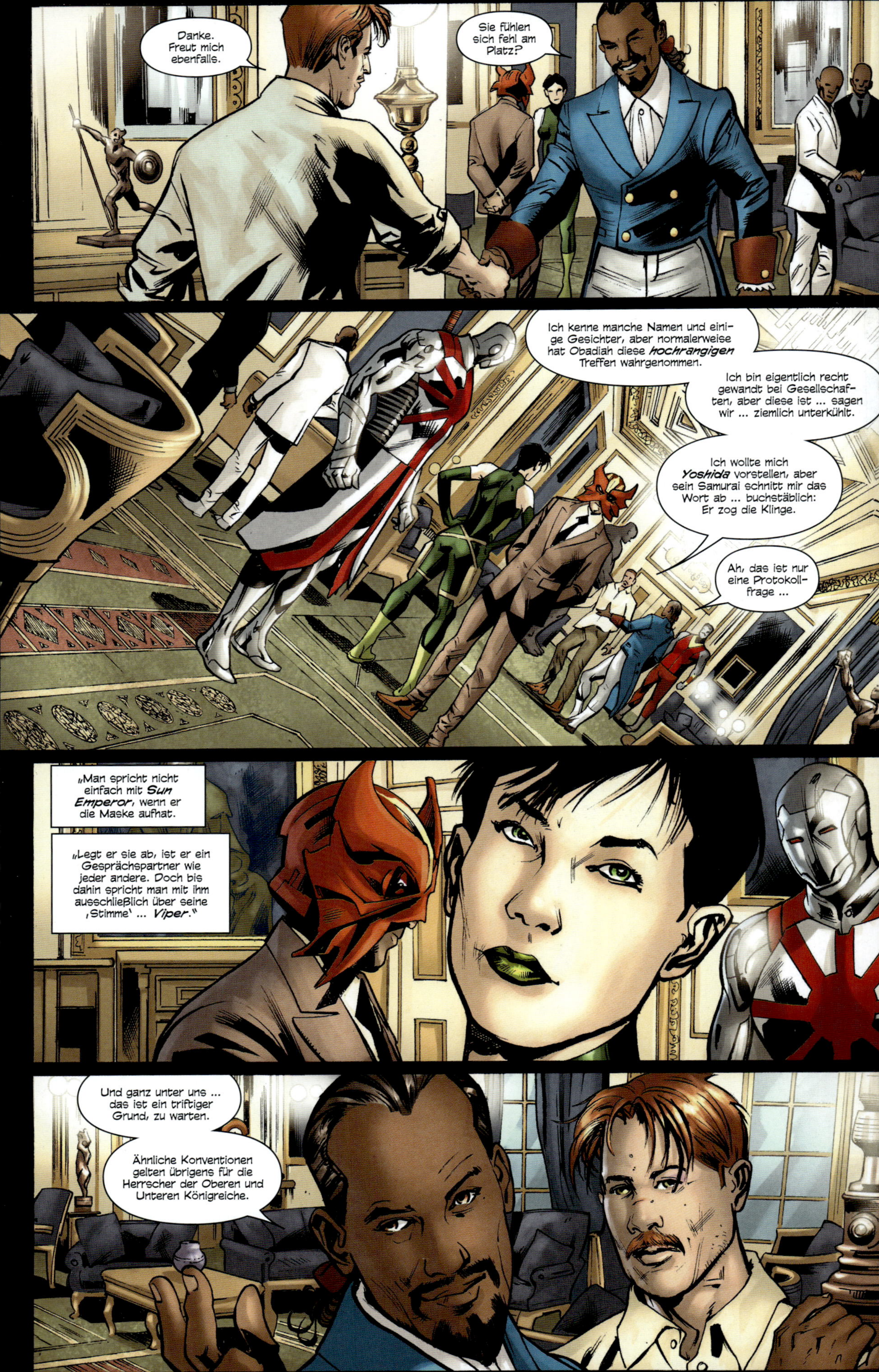

Danke. Freut mich ebenfalls.
Sie fühlen sich fehl am Platz?
Ich kenne manche Namen und einige Gesichter, aber normalerweise hat Obadiah diese *hochrangigen* Treffen wahrgenommen.
Ich bin eigentlich recht gewandt bei Gesellschaften, aber diese ist ... sagen wir ... ziemlich unterkühlt.
Ich wollte mich *Yoshida* vorstellen, aber sein Samurai schnitt mir das Wort ab ... buchstäblich: Er zog die Klinge.
Ah, das ist nur eine Protokollfrage ...
„Man spricht nicht einfach mit *Sun Emperor*, wenn er die Maske aufhat.
„Legt er sie ab, ist er ein Gesprächspartner wie jeder andere. Doch bis dahin spricht man mit ihm ausschließlich über seine ‚Stimme' ... *Viper*."
Und ganz unter uns ... das ist ein triftiger Grund, zu warten.
Ähnliche Konventionen gelten übrigens für die Herrscher der Oberen und Unteren Königreiche.

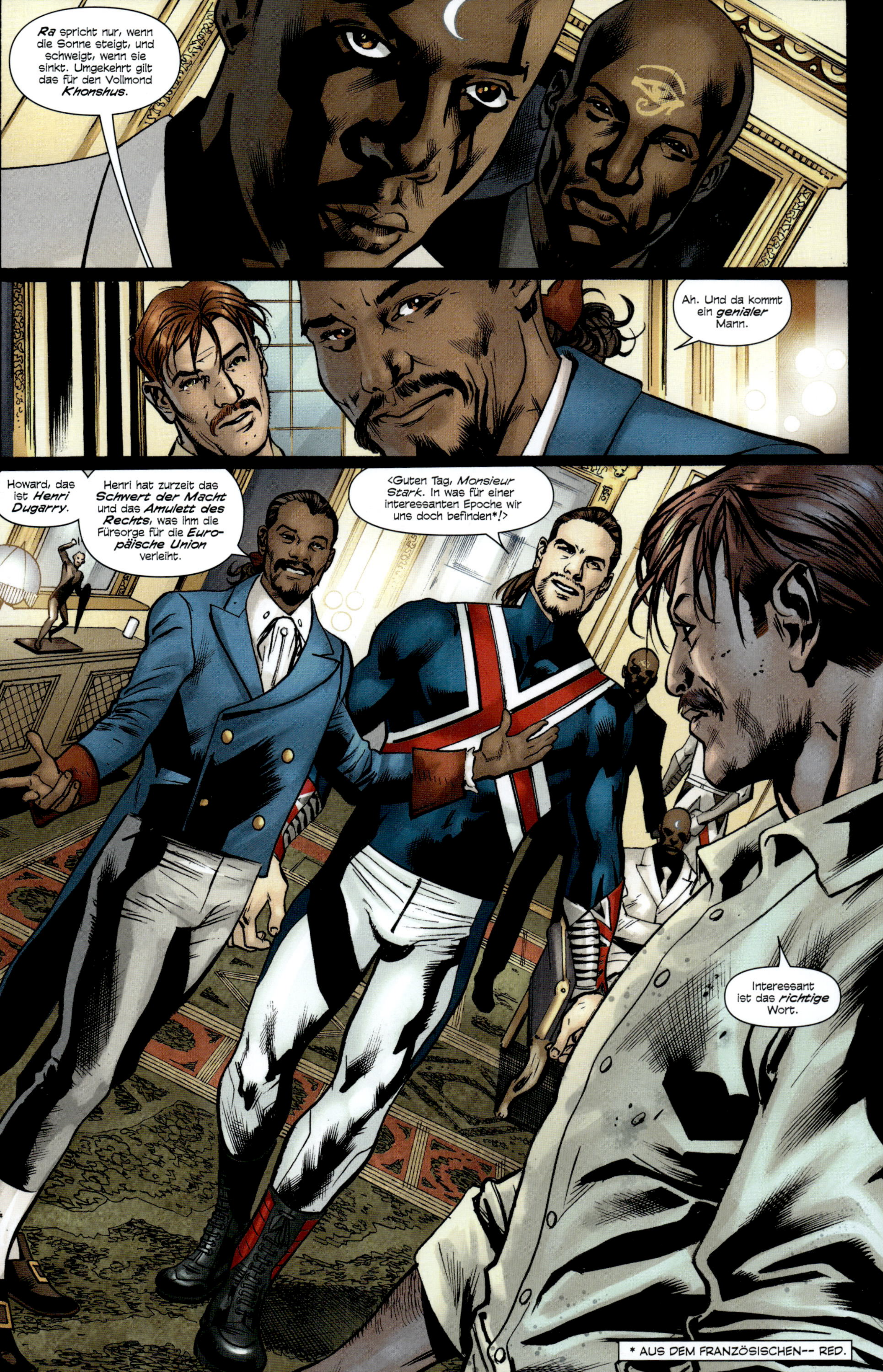
Ra spricht nur, wenn die Sonne steigt, und schweigt, wenn sie sinkt. Umgekehrt gilt das für den Vollmond Khonshus.
Ah. Und da kommt ein genialer Mann.
Howard, das ist Henri Dugarry.
Henri hat zurzeit das Schwert der Macht und das Amulett des Rechts, was ihm die Fürsorge für die Europäische Union verleiht.
<Guten Tag, Monsieur Stark. In was für einer interessanten Epoche wir uns doch befinden*!>
Interessant ist das richtige Wort.
* AUS DEM FRANZÖSISCHEN-- RED.

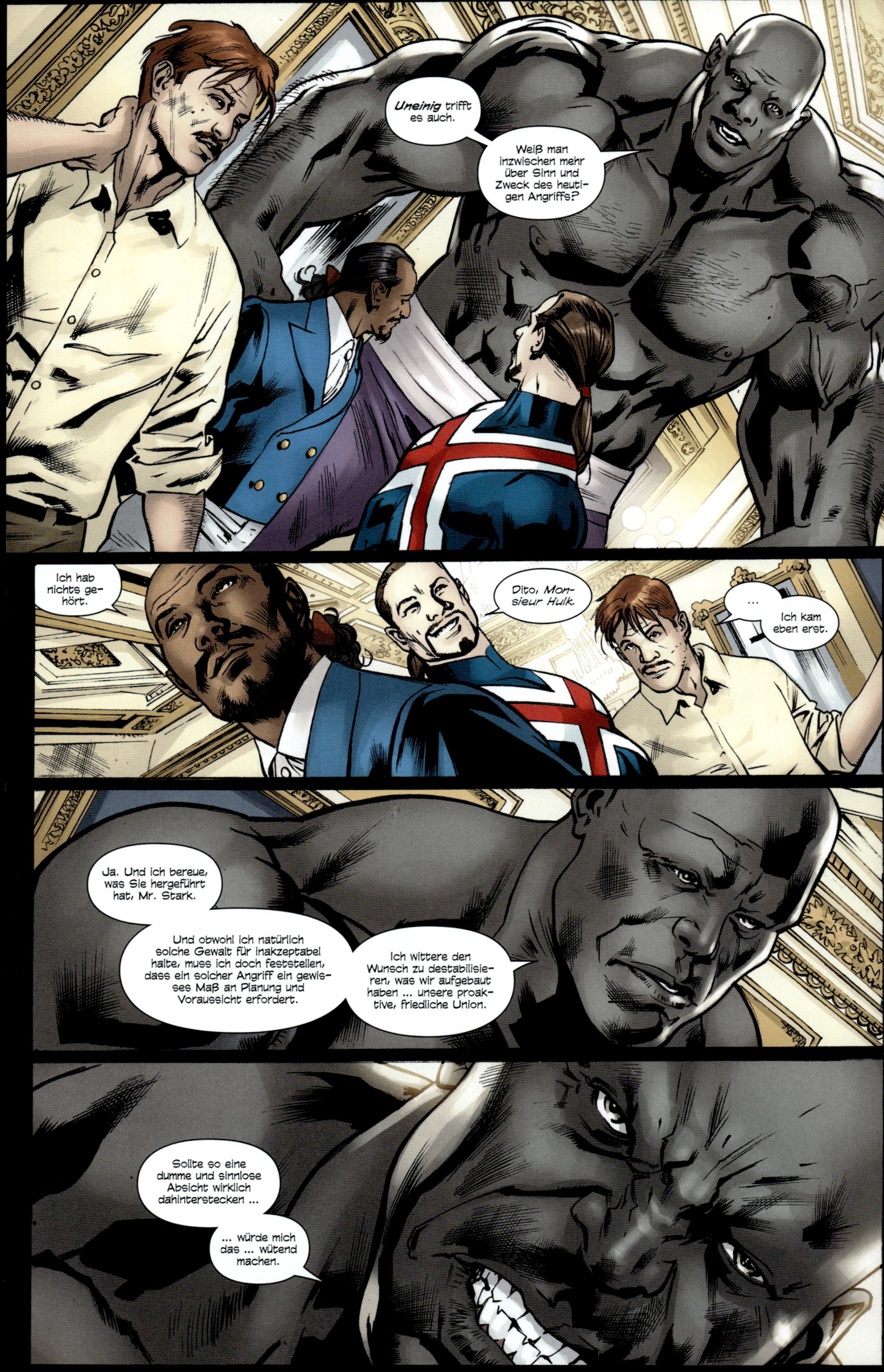

Uneinig trifft es auch.
Weiß man inzwischen mehr über Sinn und Zweck des heutigen Angriffs?
Ich hab nichts gehört.
Dito, *Monsieur Hulk.*
... Ich kam eben erst.
Ja. Und ich bereue, was Sie hergeführt hat, Mr. Stark.
Und obwohl ich natürlich solche Gewalt für inakzeptabel halte, muss ich doch feststellen, dass ein solcher Angriff ein gewisses Maß an Planung und Voraussicht erfordert.
Ich wittere den Wunsch zu destabilisieren, was wir aufgebaut haben ... unsere proaktive, friedliche Union.
Sollte so eine dumme und sinnlose Absicht wirklich dahinterstecken ...
... würde mich das ... wütend machen.

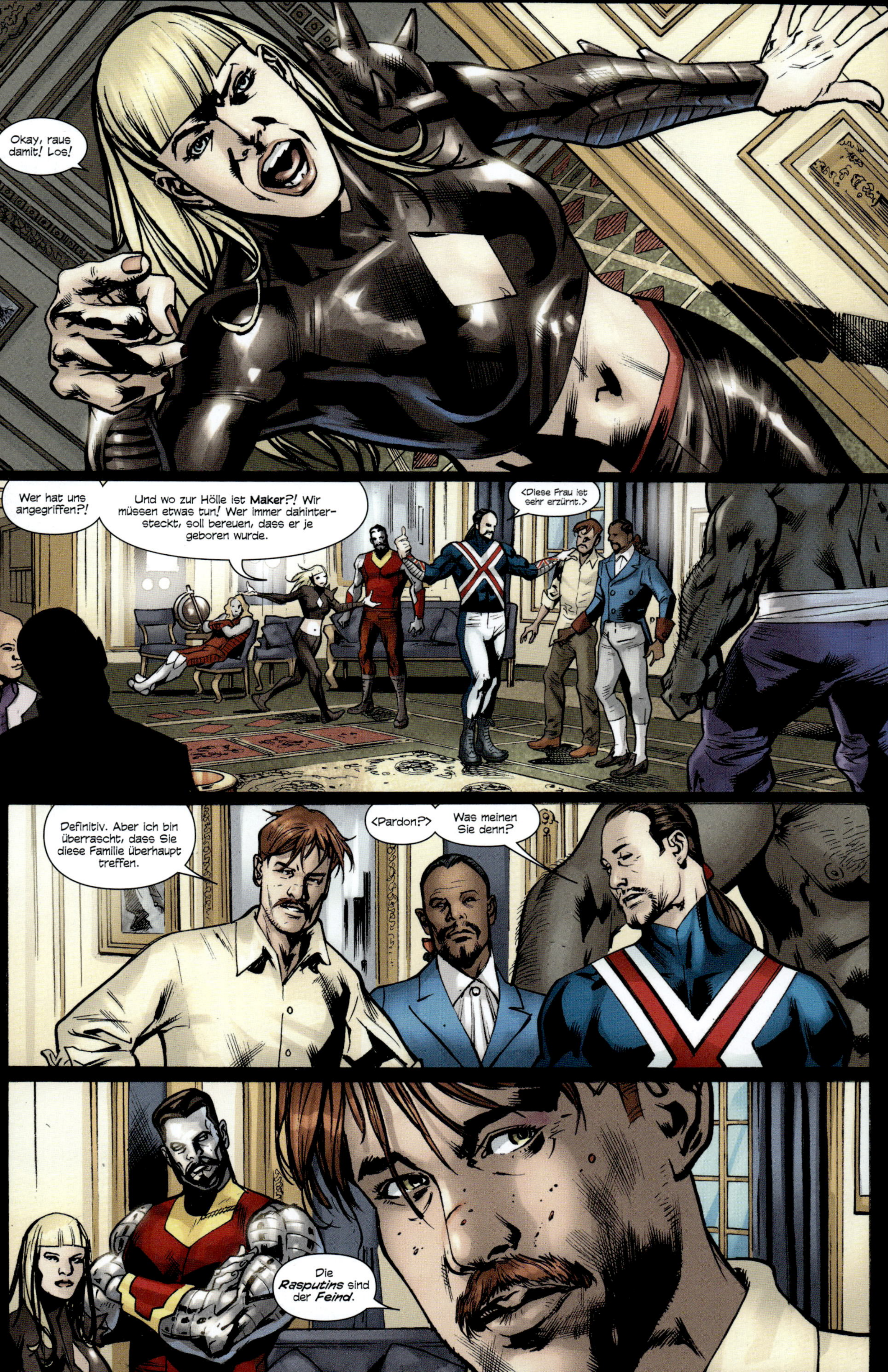

Okay, raus damit! Los!
Wer hat uns angegriffen?!
Und wo zur Hölle ist **Maker**?! Wir müssen etwas tun! Wer immer dahintersteckt, soll bereuen, dass er je geboren wurde.
<Diese Frau ist sehr erzürnt.>
Definitiv. Aber ich bin überrascht, dass Sie diese Familie überhaupt treffen.
<Pardon?>
Was meinen Sie denn?
Die *Rasputins* sind der *Feind*.

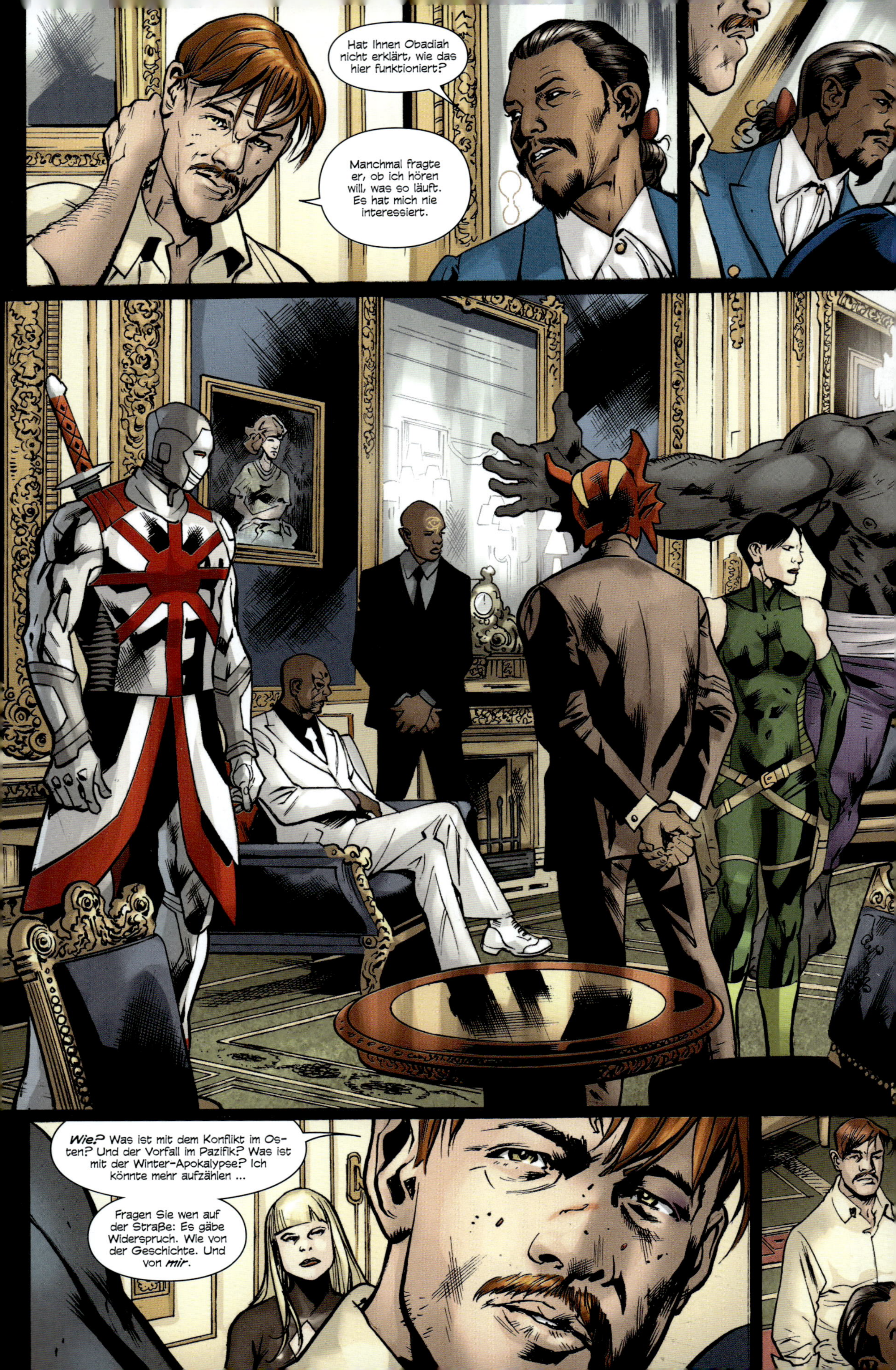
Hat Ihnen Obadiah nicht erklärt, wie das hier funktioniert?
Manchmal fragte er, ob ich hören will, was so läuft. Es hat mich nie interessiert.
Wie? Was ist mit dem Konflikt im Osten? Und der Vorfall im Pazifik? Was ist mit der Winter-Apokalypse? Ich könnte mehr aufzählen ...
Fragen Sie wen auf der Straße: Es gäbe Widerspruch. Wie von der Geschichte. Und von *mir*.

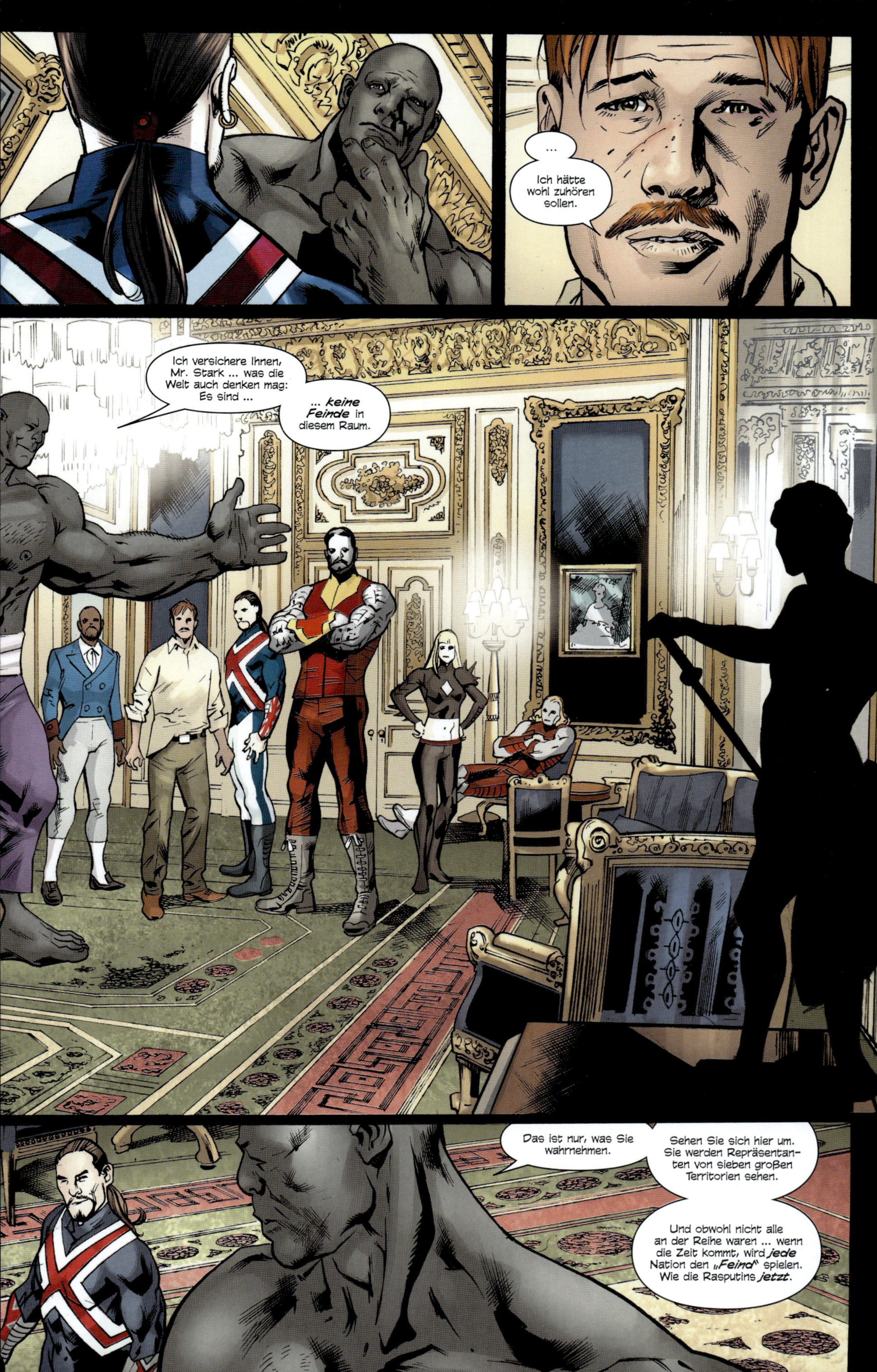
...
Ich hätte wohl zuhören sollen.
Ich versichere Ihnen, Mr. Stark ... was die Welt auch denken mag: Es sind ...
... keine Feinde in diesem Raum.
Das ist nur, was Sie wahrnehmen.
Sehen Sie sich hier um. Sie werden Repräsentanten von sieben großen Territorien sehen.
Und obwohl nicht alle an der Reihe waren ... wenn die Zeit kommt, wird jede Nation den „Feind" spielen. Wie die Rasputins jetzt.

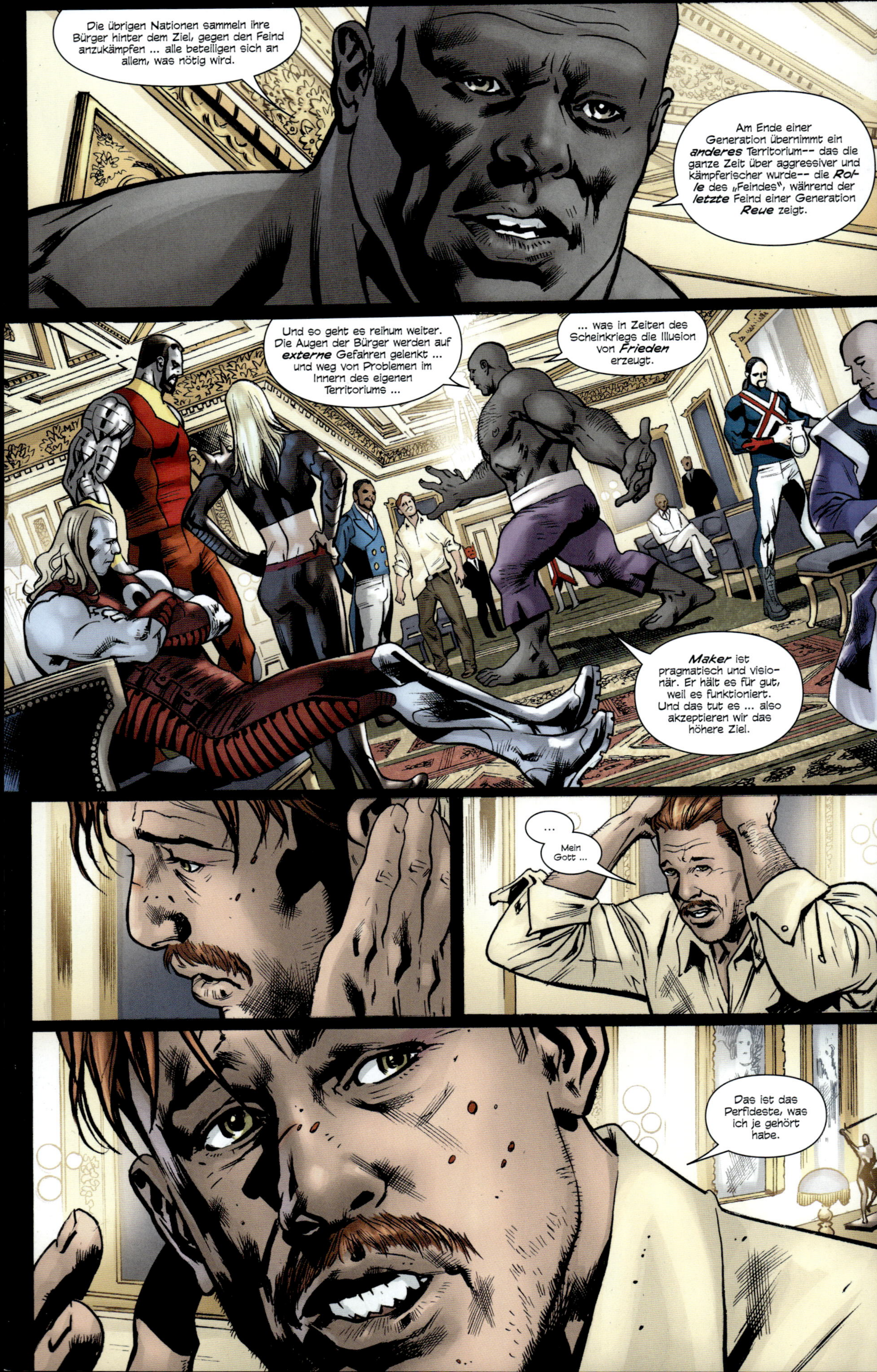
Die übrigen Nationen sammeln ihre Bürger hinter dem Ziel, gegen den Feind anzukämpfen ... alle beteiligen sich an allem, was nötig wird.
Am Ende einer Generation übernimmt ein *anderes* Territorium-- das die ganze Zeit über aggressiver und kämpferischer wurde-- die *Rolle* des „Feindes", während der *letzte* Feind einer Generation *Reue* zeigt.
Und so geht es reihum weiter. Die Augen der Bürger werden auf *externe* Gefahren gelenkt ... und weg von Problemen im Innern des eigenen Territoriums ...
... was in Zeiten des Scheinkriegs die Illusion von *Frieden* erzeugt.
Maker ist pragmatisch und visionär. Er hält es für gut, weil es funktioniert. Und das tut es ... also akzeptieren wir das höhere Ziel.
...
Mein Gott ...
Das ist das Perfideste, was ich je gehört habe.

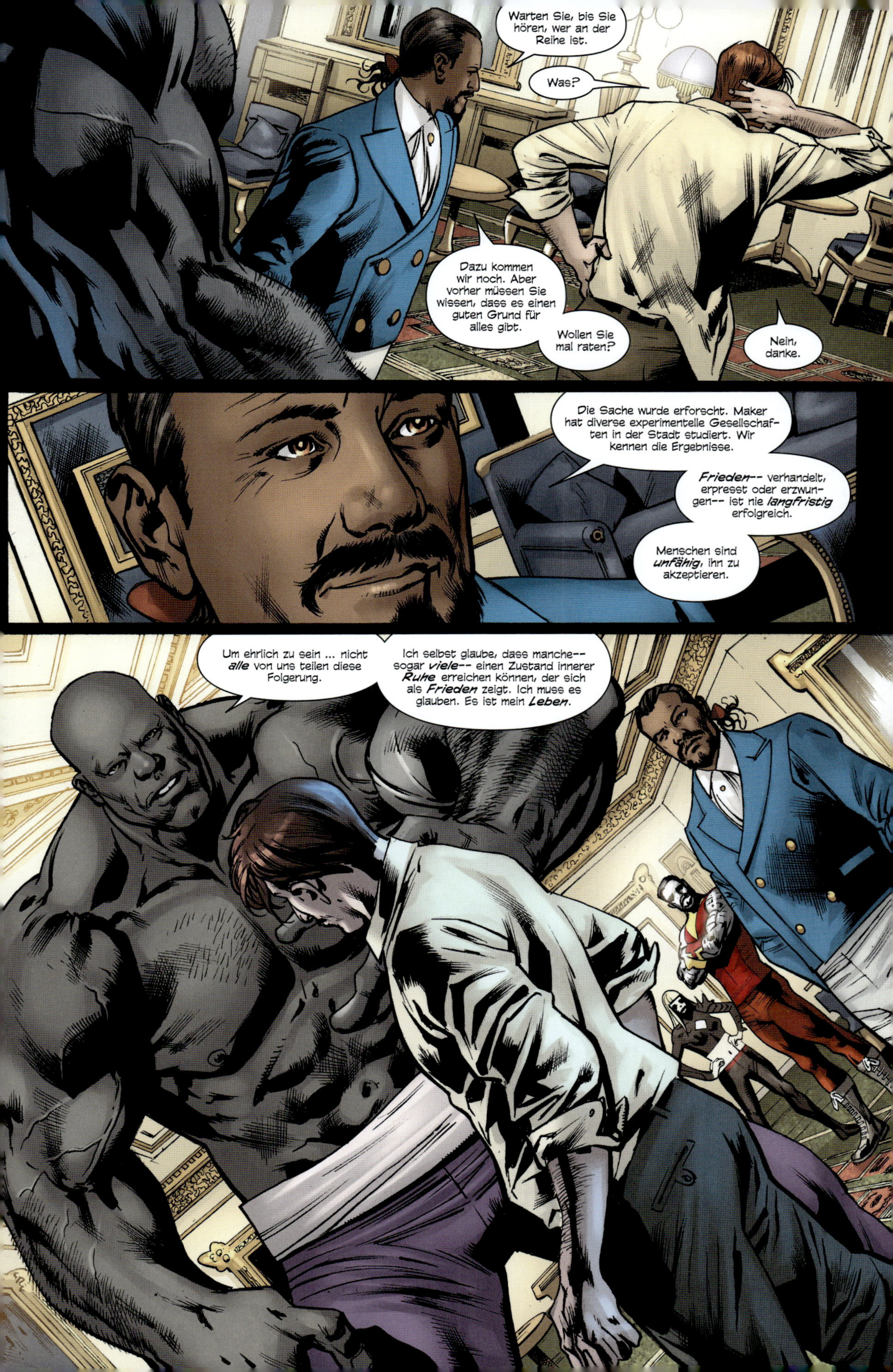
Warten Sie, bis Sie hören, wer an der Reihe ist.
Was?
Dazu kommen wir noch. Aber vorher müssen Sie wissen, dass es einen guten Grund für alles gibt.
Wollen Sie mal raten?
Nein, danke.
Die Sache wurde erforscht. Maker hat diverse experimentelle Gesellschaften in der Stadt studiert. Wir kennen die Ergebnisse.
Frieden-- verhandelt, erpresst oder erzwungen-- ist nie *langfristig* erfolgreich.
Menschen sind *unfähig*, ihn zu akzeptieren.
Um ehrlich zu sein ... nicht *alle* von uns teilen diese Folgerung.
Ich selbst glaube, dass manche-- sogar *viele*-- einen Zustand innerer *Ruhe* erreichen können, der sich als *Frieden* zeigt. Ich muss es glauben. Es ist mein *Leben*.

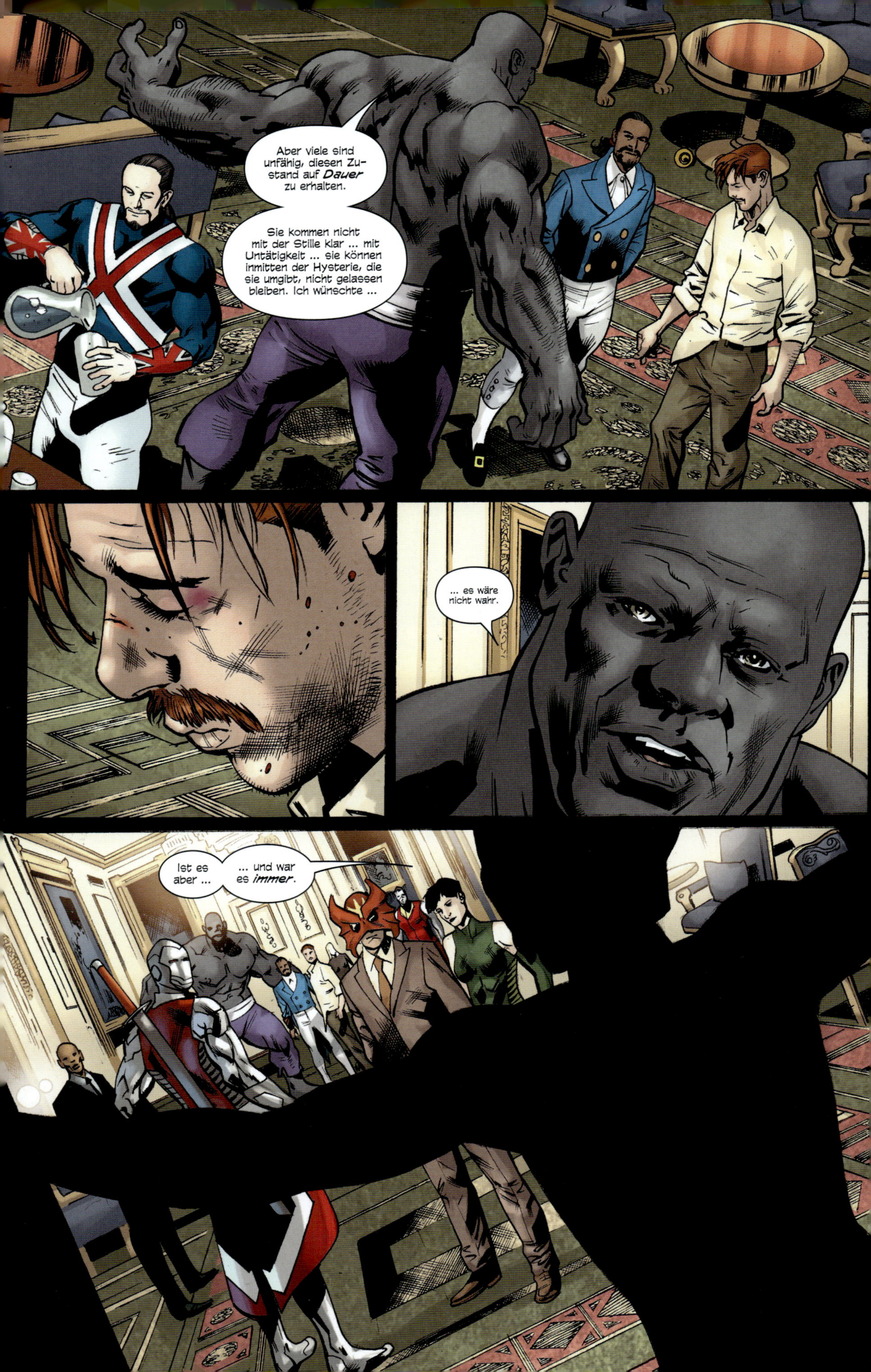
Aber viele sind unfähig, diesen Zustand auf *Dauer* zu erhalten.
Sie kommen nicht mit der Stille klar ... mit Untätigkeit ... sie können inmitten der Hysterie, die sie umgibt, nicht gelassen bleiben. Ich wünschte ...
... es wäre nicht wahr.
Ist es aber ...
... und war es *immer*.

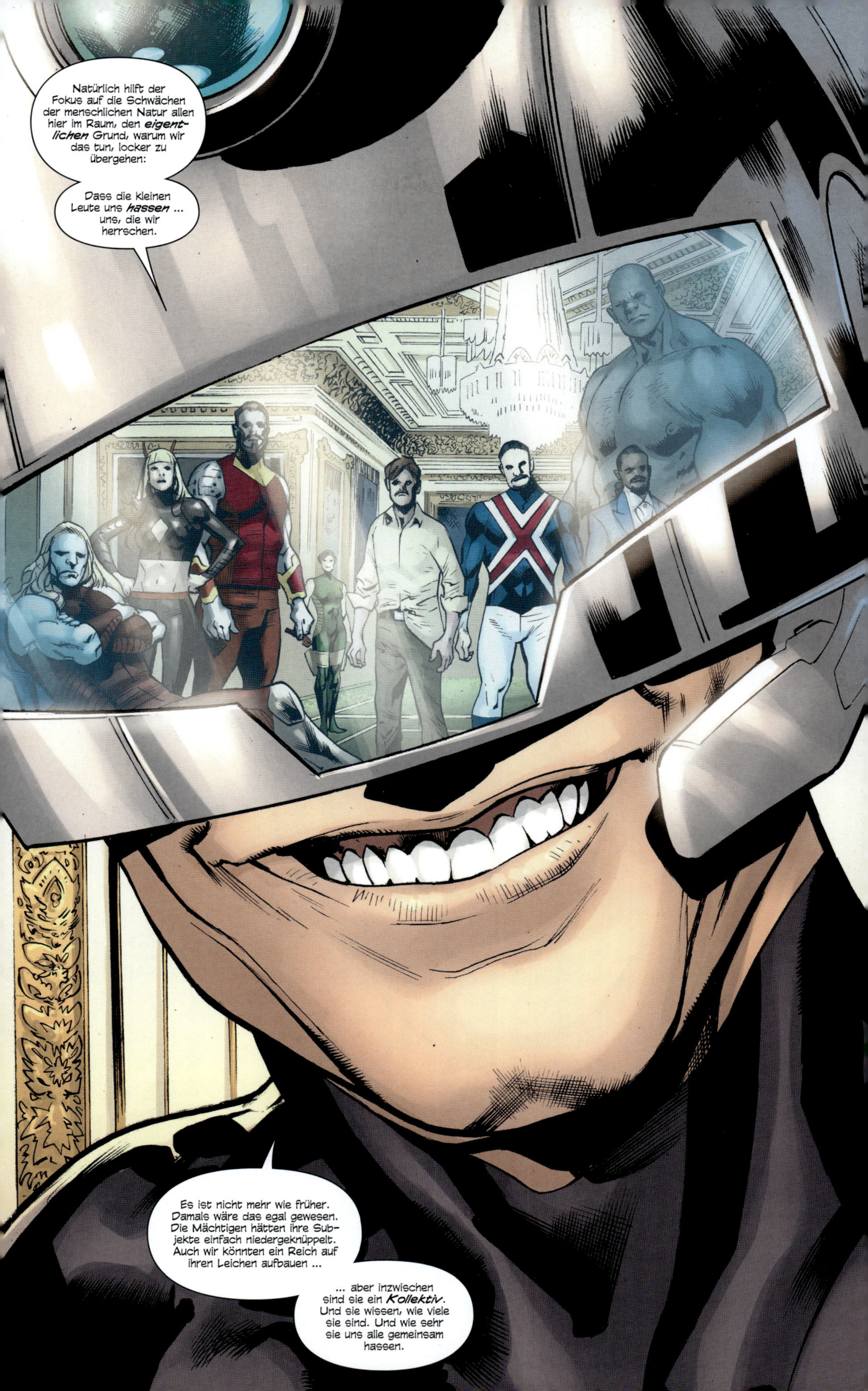
Natürlich hilft der Fokus auf die Schwächen der menschlichen Natur allen hier im Raum, den *eigentlichen* Grund, warum wir das tun, locker zu übergehen:
Dass die kleinen Leute uns *hassen* ... uns, die wir herrschen.
Es ist nicht mehr wie früher. Damals wäre das egal gewesen. Die Mächtigen hätten ihre Subjekte einfach niedergeknüppelt. Auch wir könnten ein Reich auf ihren Leichen aufbauen ...
... aber inzwischen sind sie ein *Kollektiv*. Und sie wissen, wie viele sie sind. Und wie sehr sie uns alle gemeinsam hassen.

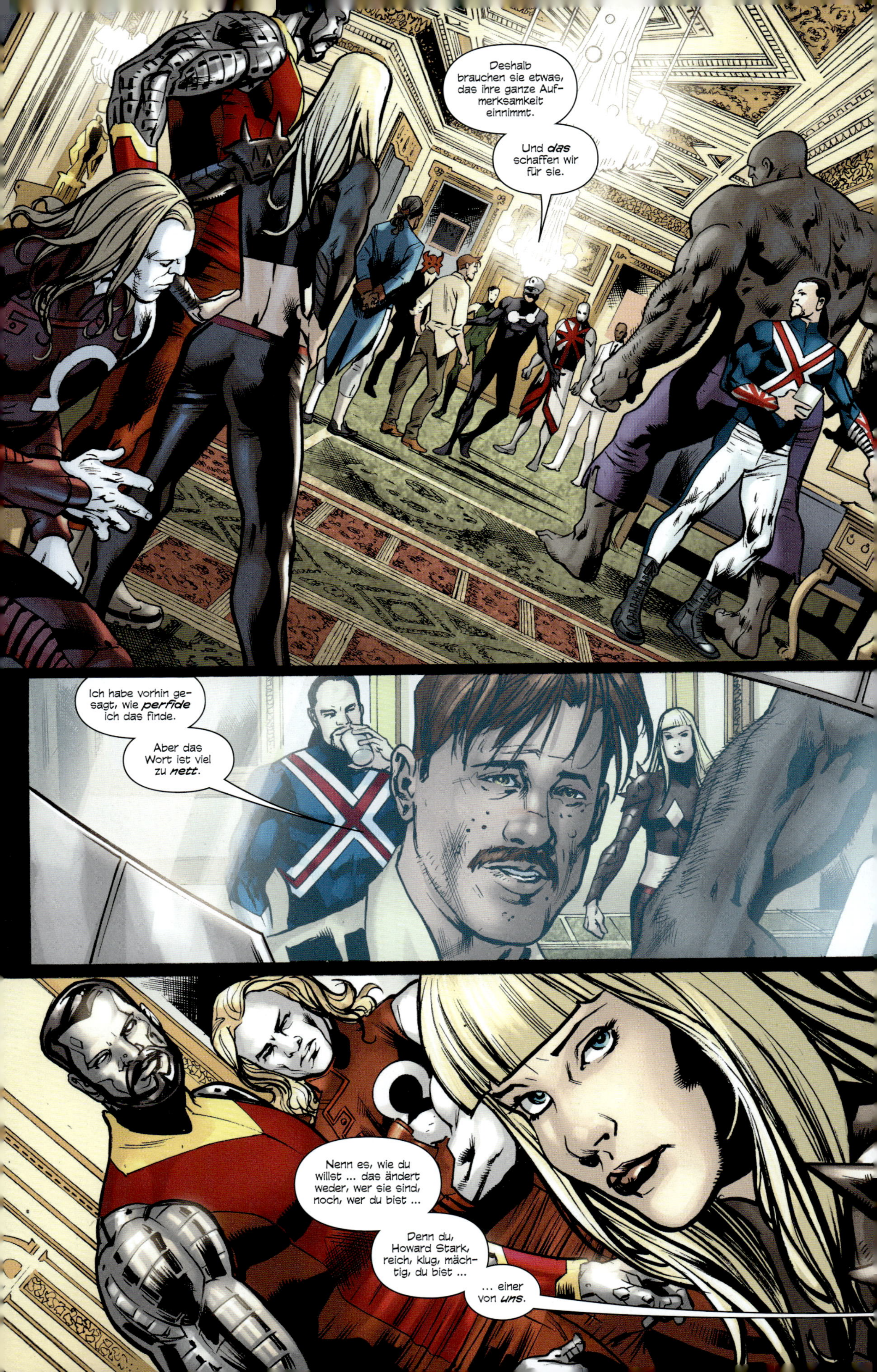
Deshalb brauchen sie etwas, das ihre ganze Aufmerksamkeit einnimmt.
Und *das* schaffen wir für sie.
Ich habe vorhin gesagt, wie *perfide* ich das finde.
Aber das Wort ist viel zu *nett*.
Nenn es, wie du willst ... das ändert weder, wer sie sind, noch, wer du bist ...
Denn du, Howard Stark, reich, klug, mächtig, du bist ...
... einer von *uns*.

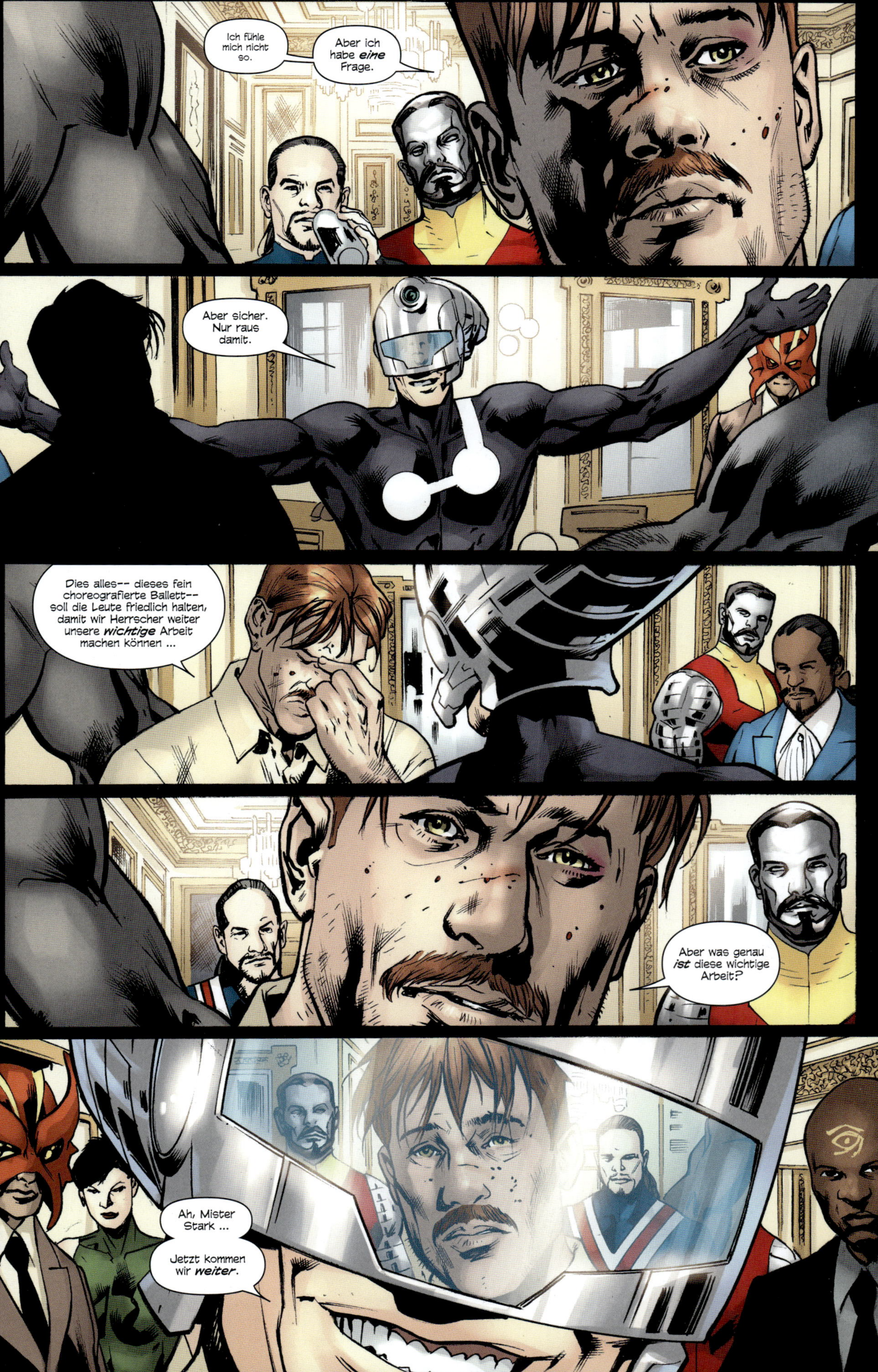
Ich fühle mich nicht so.
Aber ich habe *eine* Frage.
Aber sicher. Nur raus damit.
Dies alles-- dieses fein choreografierte Ballett-- soll die Leute friedlich halten, damit wir Herrscher weiter unsere *wichtige* Arbeit machen können ...
Aber was genau *ist* diese wichtige Arbeit?
Ah, Mister Stark ...
Jetzt kommen wir *weiter*.

DIE WELT

MACHTZENTREN
UNWICHTIGERE GEBIETE

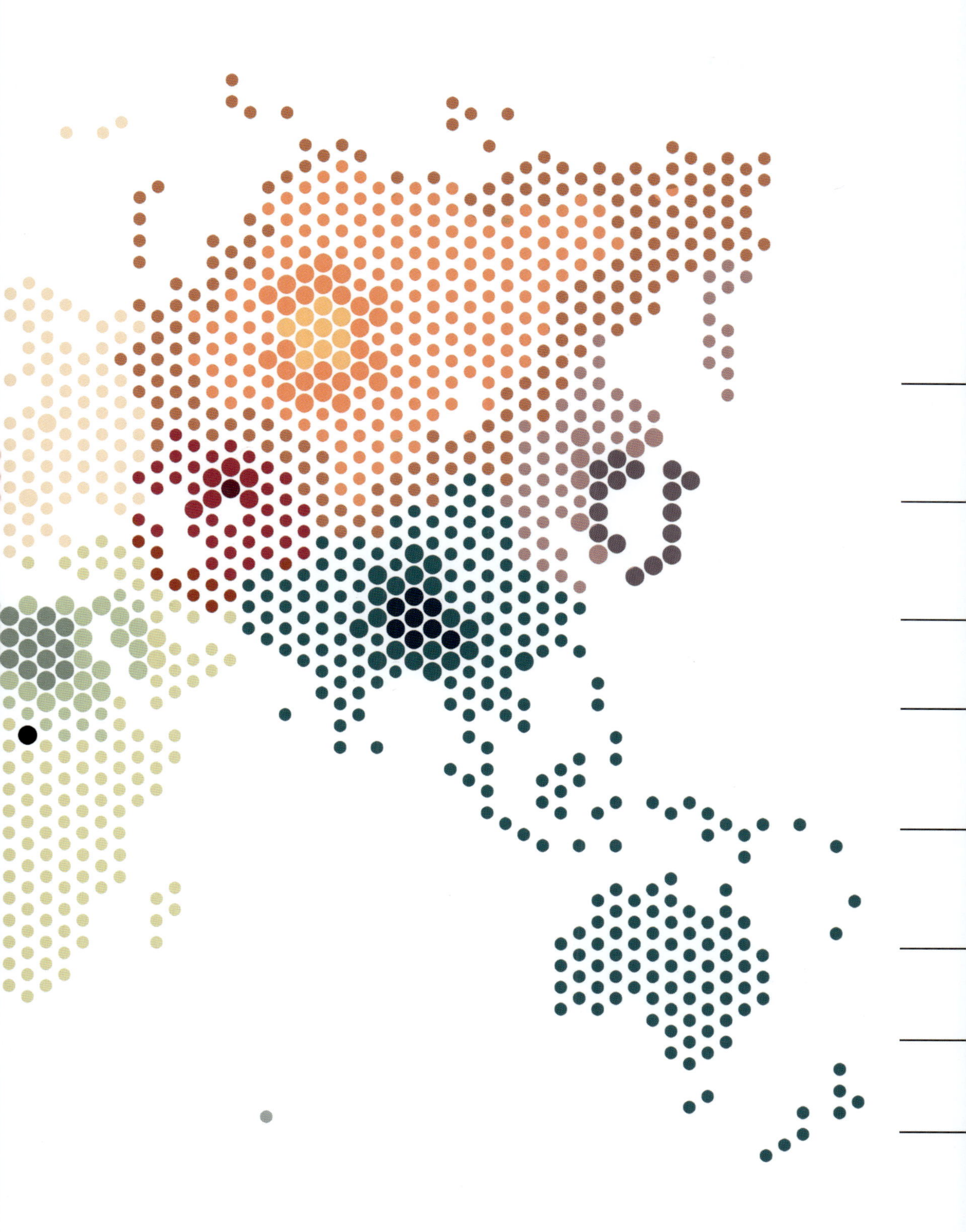

DIE WELT

NEU ERSCHAFFEN VON MAKER

- NORDAMERIKANISCHE UNION
- REGIONALZENTREN

- SÜDAMERIKANISCHE GESELLSCHAFT
- REGIONALE SOZIETÄTEN
- KLEINKULTUREN

- EUROPÄISCHE KOALITION
- REGIONALGOUVERNEURE
- LEHENSGÜTER

- DIE STADT
- LATVERISCHE GEBIETE

- OBERE UND UNTERE KÖNIGREICHE
- REGIONALE DYNASTIEN
- LOKALE TEMPEL

- EURASISCHE REPUBLIK
- REGIONALDIREKTOREN
- LOKALE SCHULEN

- KINDER DES EWIGEN LICHTS
- SCHATTEN DER UNSTERBLICHEN HAND

- HI NO KUNI (LAND DES FEUERS)
- DAIMYOS

- UNERFORSCHTES LAND

1963-2023

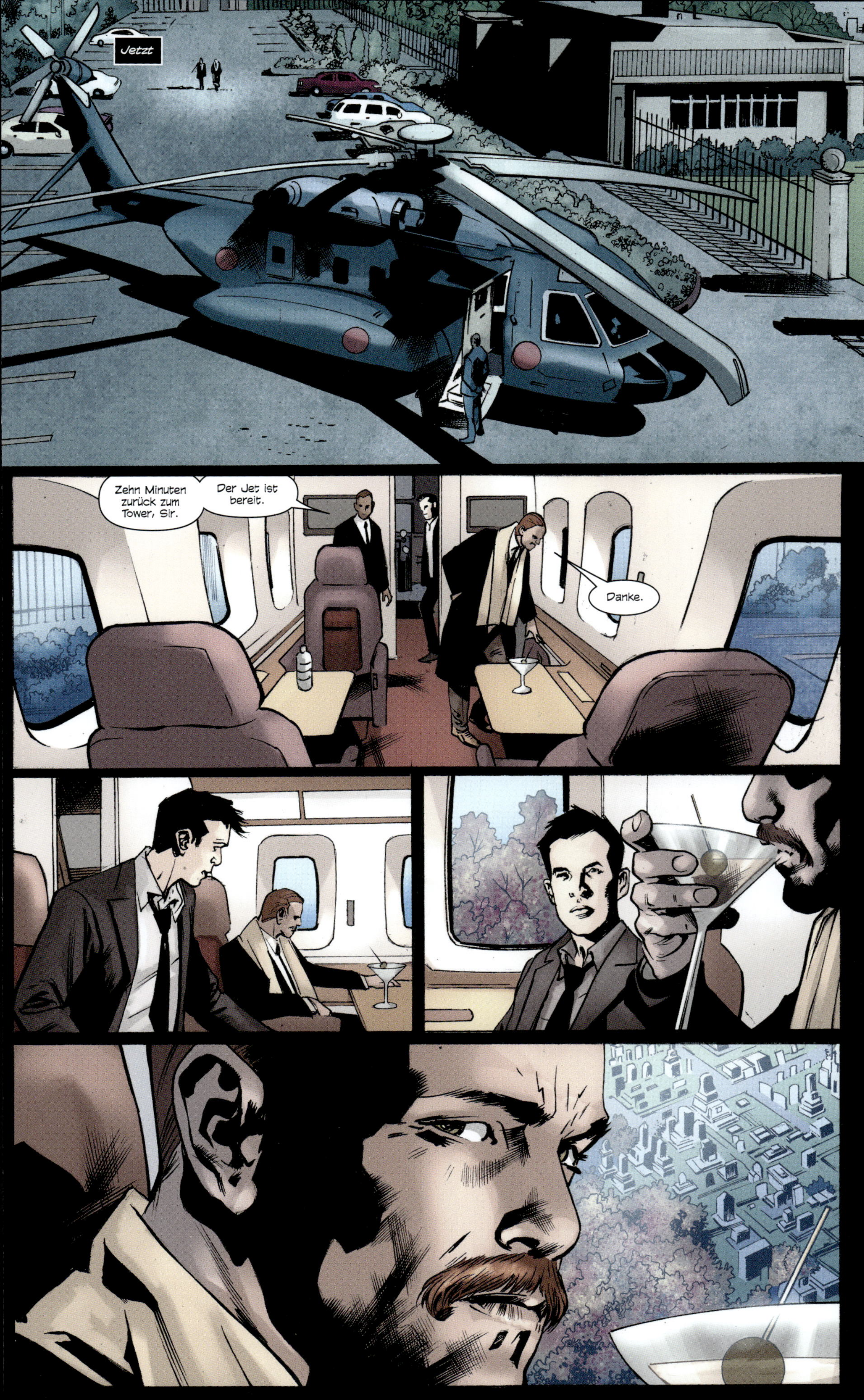
Jetzt
Zehn Minuten zurück zum Tower, Sir.
Der Jet ist bereit.
Danke.

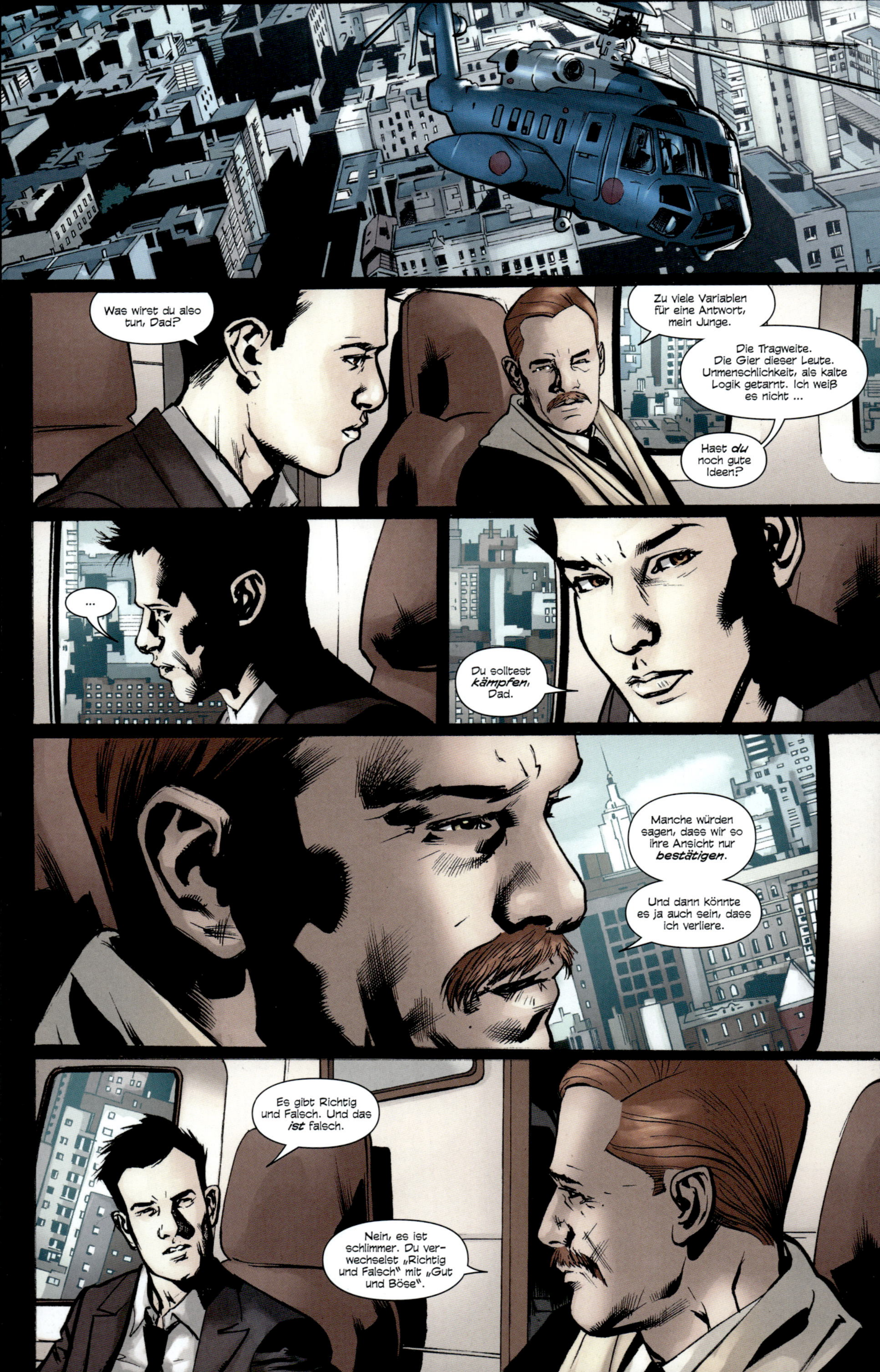

Was wirst du also tun, Dad?
Zu viele Variablen für eine Antwort, mein Junge.
Die Tragweite. Die Gier dieser Leute. Unmenschlichkeit, als kalte Logik getarnt. Ich weiß es nicht ...
Hast *du* noch gute Ideen?
...
Du solltest *kämpfen*, Dad.
Manche würden sagen, dass wir so ihre Ansicht nur *bestätigen*.
Und dann könnte es ja auch sein, dass ich verliere.
Es gibt Richtig und Falsch. Und das *ist* falsch.
Nein, es ist schlimmer. Du verwechselst „Richtig und Falsch" mit „Gut und Böse".

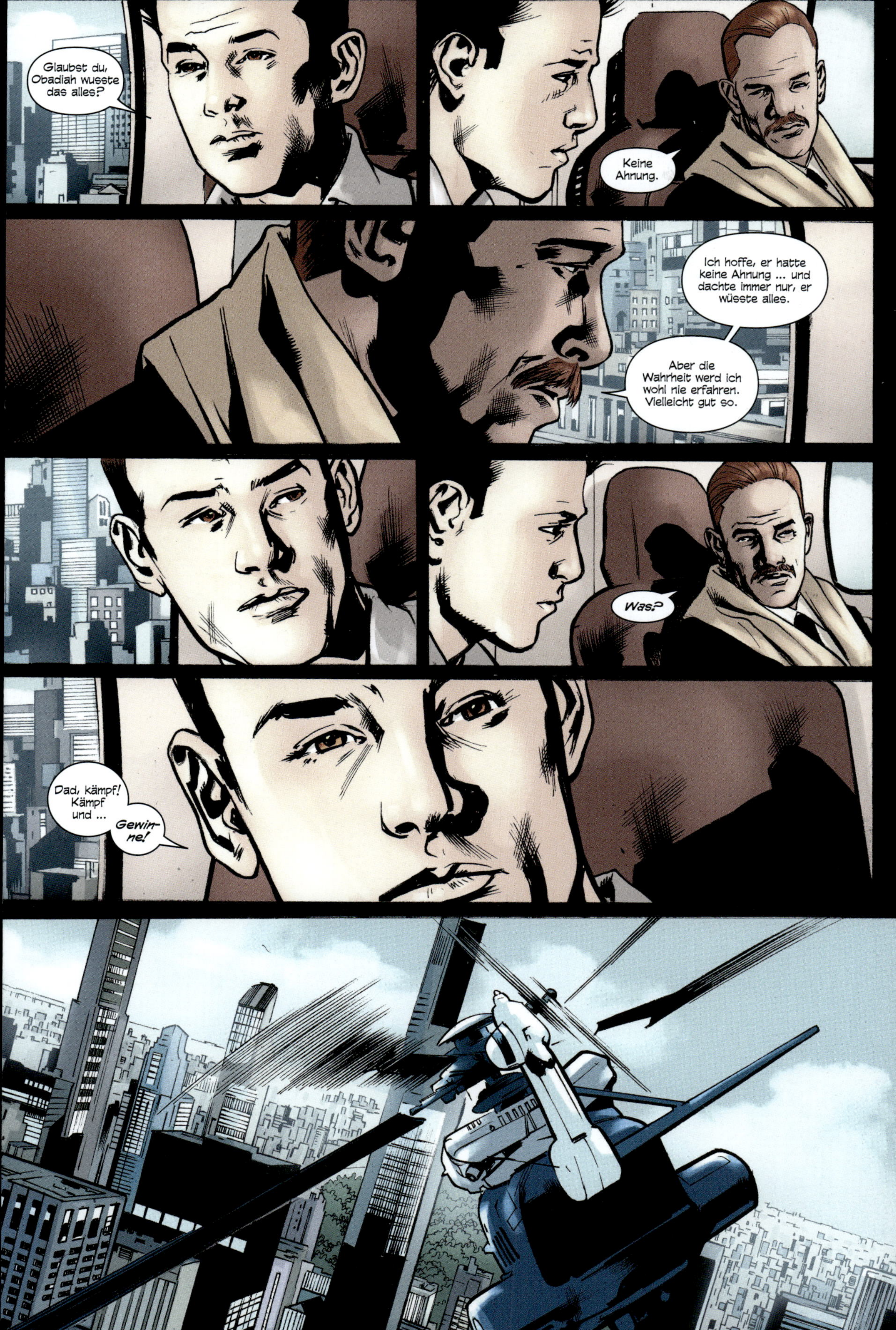
Glaubst du, Obadiah wusste das alles?
Keine Ahnung.
Ich hoffe, er hatte keine Ahnung ... und dachte immer nur, er wüsste alles.
Aber die Wahrheit werd ich wohl nie erfahren. Vielleicht gut so.
Was?
Dad, kämpf! Kämpf und ...
Gewinne!

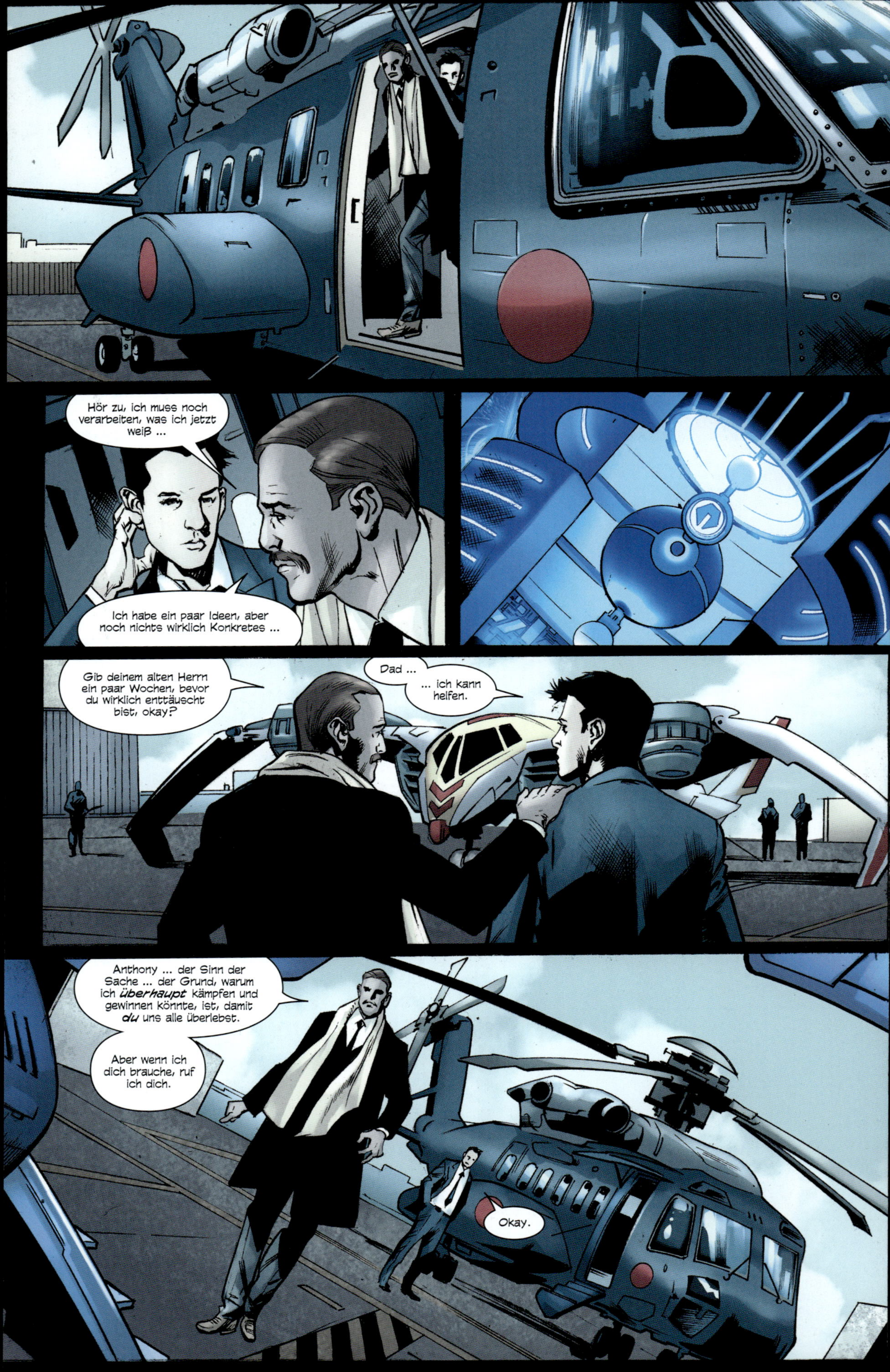
Hör zu, ich muss noch verarbeiten, was ich jetzt weiß ...
Ich habe ein paar Ideen, aber noch nichts wirklich Konkretes ...
Gib deinem alten Herrn ein paar Wochen, bevor du wirklich enttäuscht bist, okay?
Dad ...
... ich kann helfen.
Anthony ... der Sinn der Sache ... der Grund, warum ich *überhaupt* kämpfen und gewinnen könnte, ist, damit *du* uns alle überlebst.
Aber wenn ich dich brauche, ruf ich dich.
Okay.

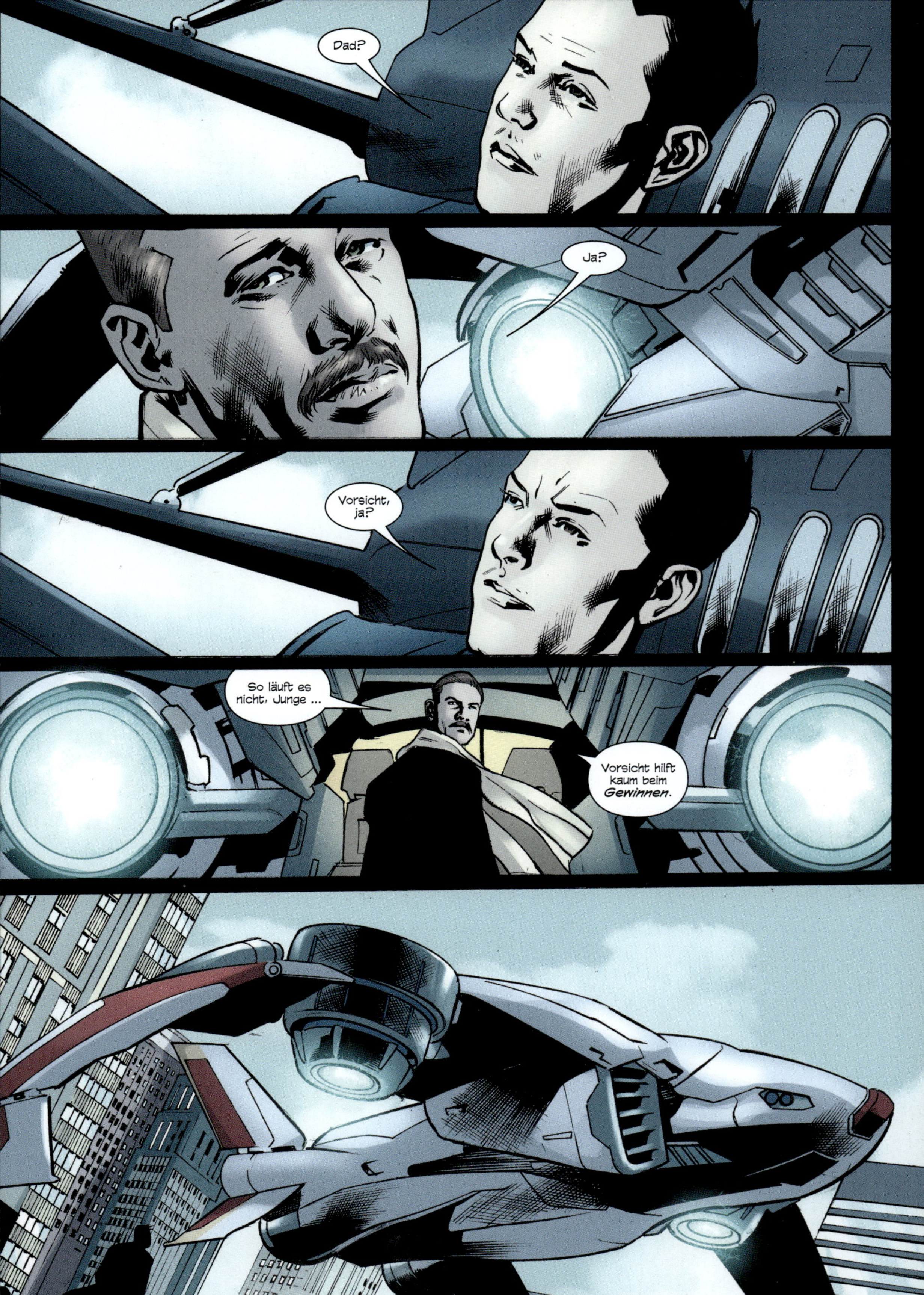
Dad?
Ja?
Vorsicht, ja?
So läuft es nicht, Junge ...
Vorsicht hilft kaum beim *Gewinnen*.

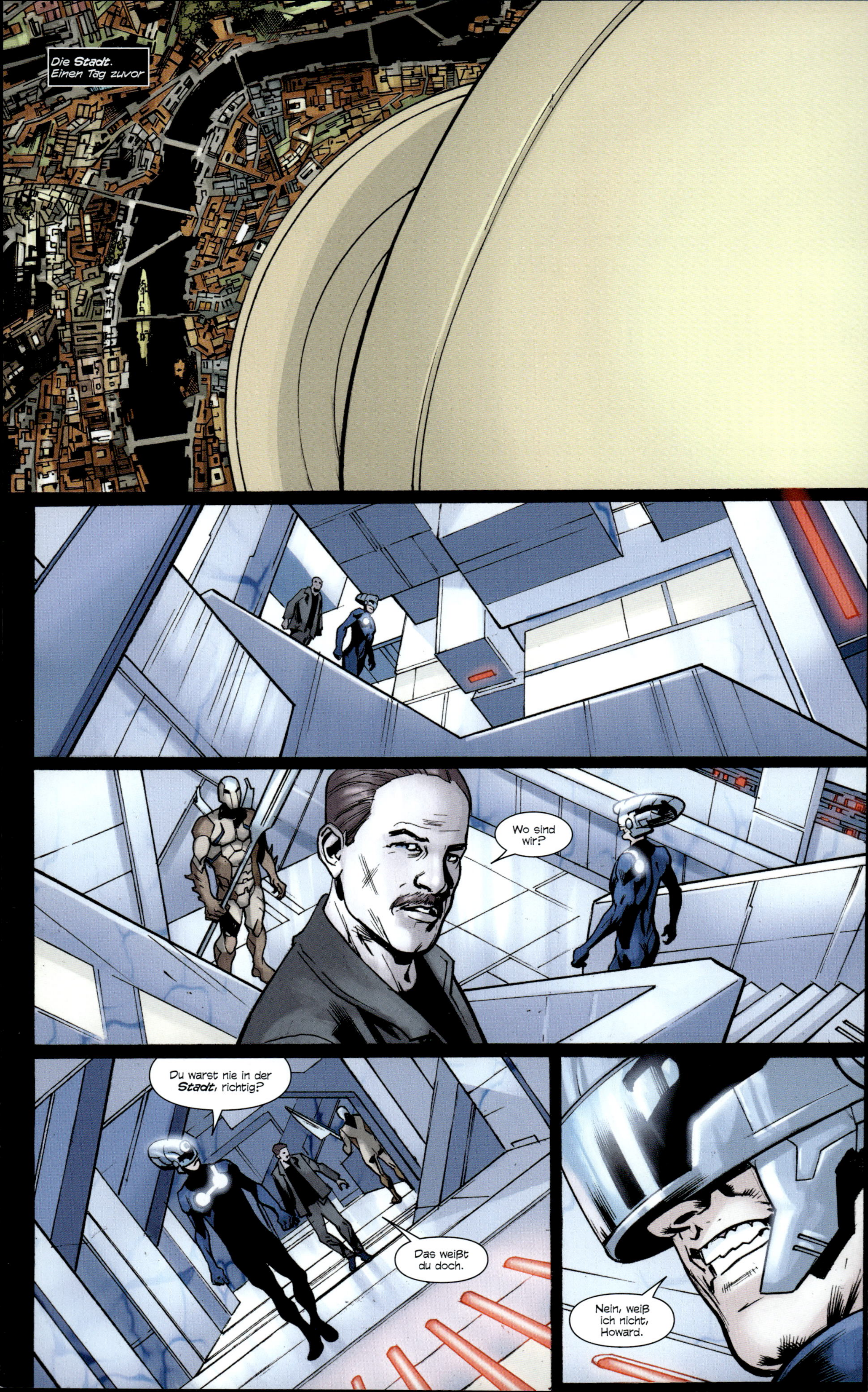
Die Stadt.
Einen Tag zuvor
Wo sind wir?
Du warst nie in der Stadt, richtig?
Das weißt du doch.
Nein, weiß ich nicht, Howard.

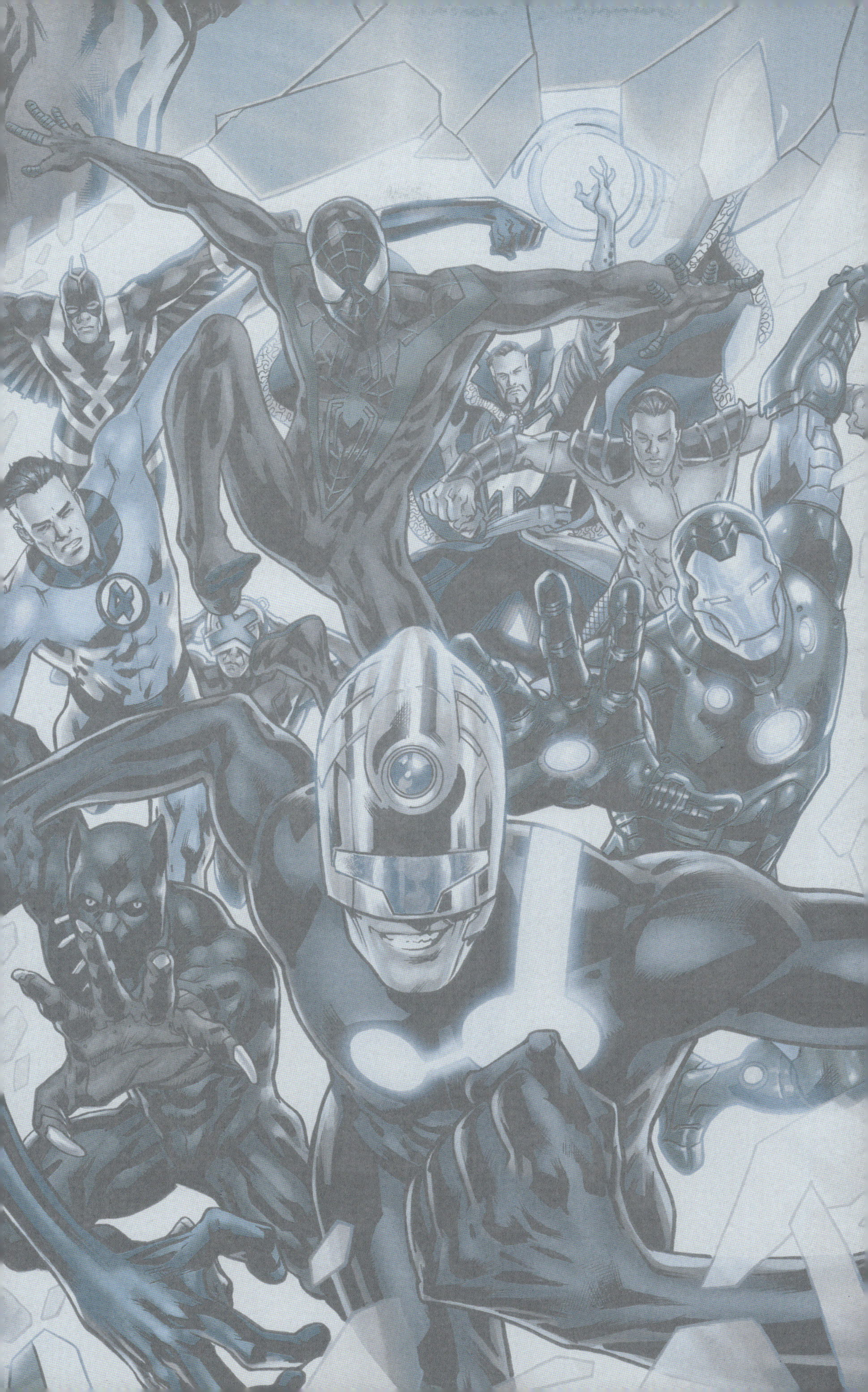

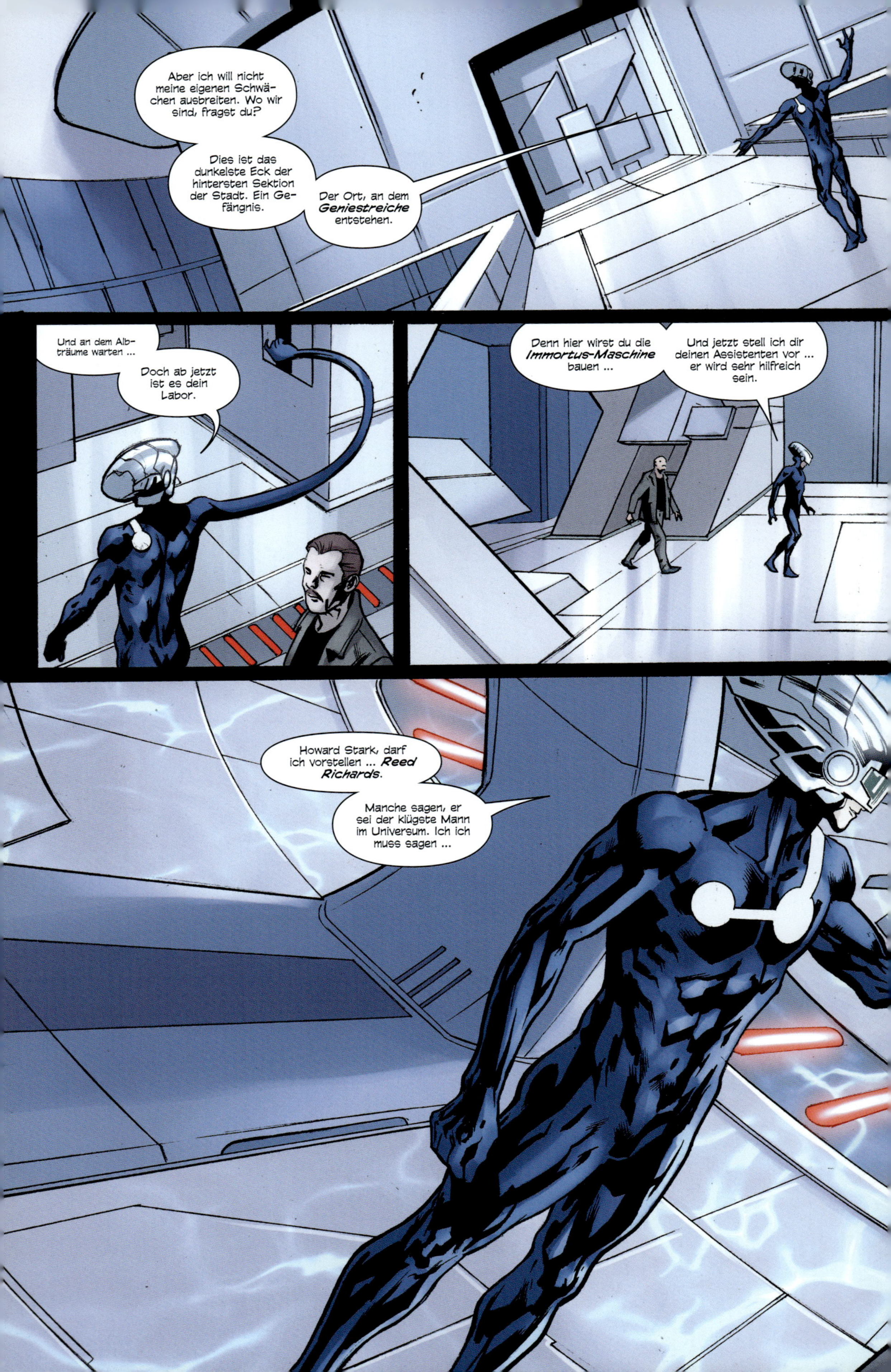
Aber ich will nicht meine eigenen Schwächen ausbreiten. Wo wir sind, fragst du?
Dies ist das dunkelste Eck der hintersten Sektion der Stadt. Ein Gefängnis.
Der Ort, an dem *Geniestreiche* entstehen.
Und an dem Albträume warten ...
Doch ab jetzt ist es dein Labor.
Denn hier wirst du die *Immortus-Maschine* bauen ...
Und jetzt stell ich dir deinen Assistenten vor ... er wird sehr hilfreich sein.
Howard Stark, darf ich vorstellen ... *Reed Richards*.
Manche sagen, er sei der klügste Mann im Universum. Ich ich muss sagen ...

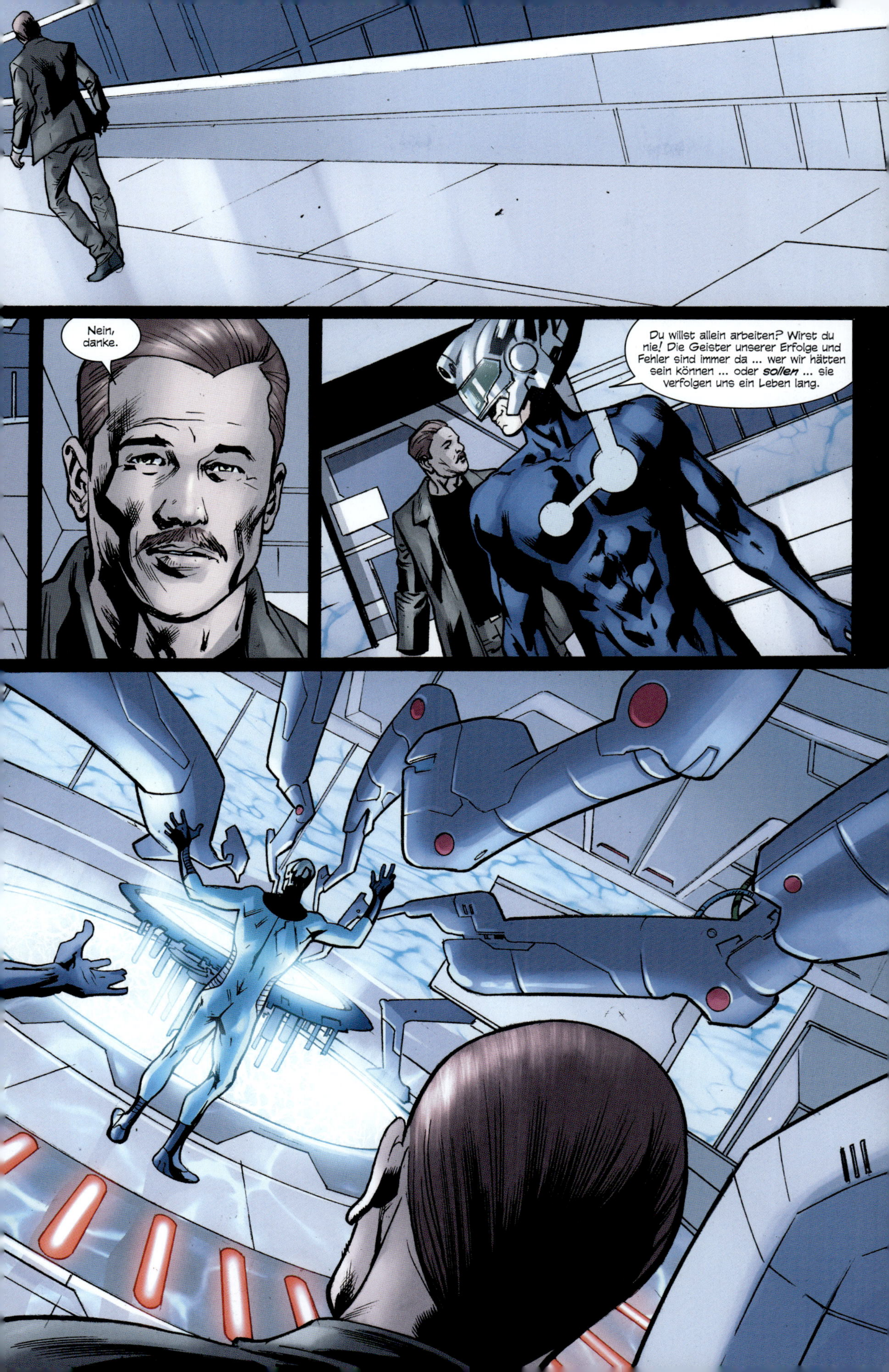

Nein, danke.
Du willst allein arbeiten? Wirst du nie! Die Geister unserer Erfolge und Fehler sind immer da ... wer wir hätten sein können ... oder *sollen* ... sie verfolgen uns ein Leben lang.

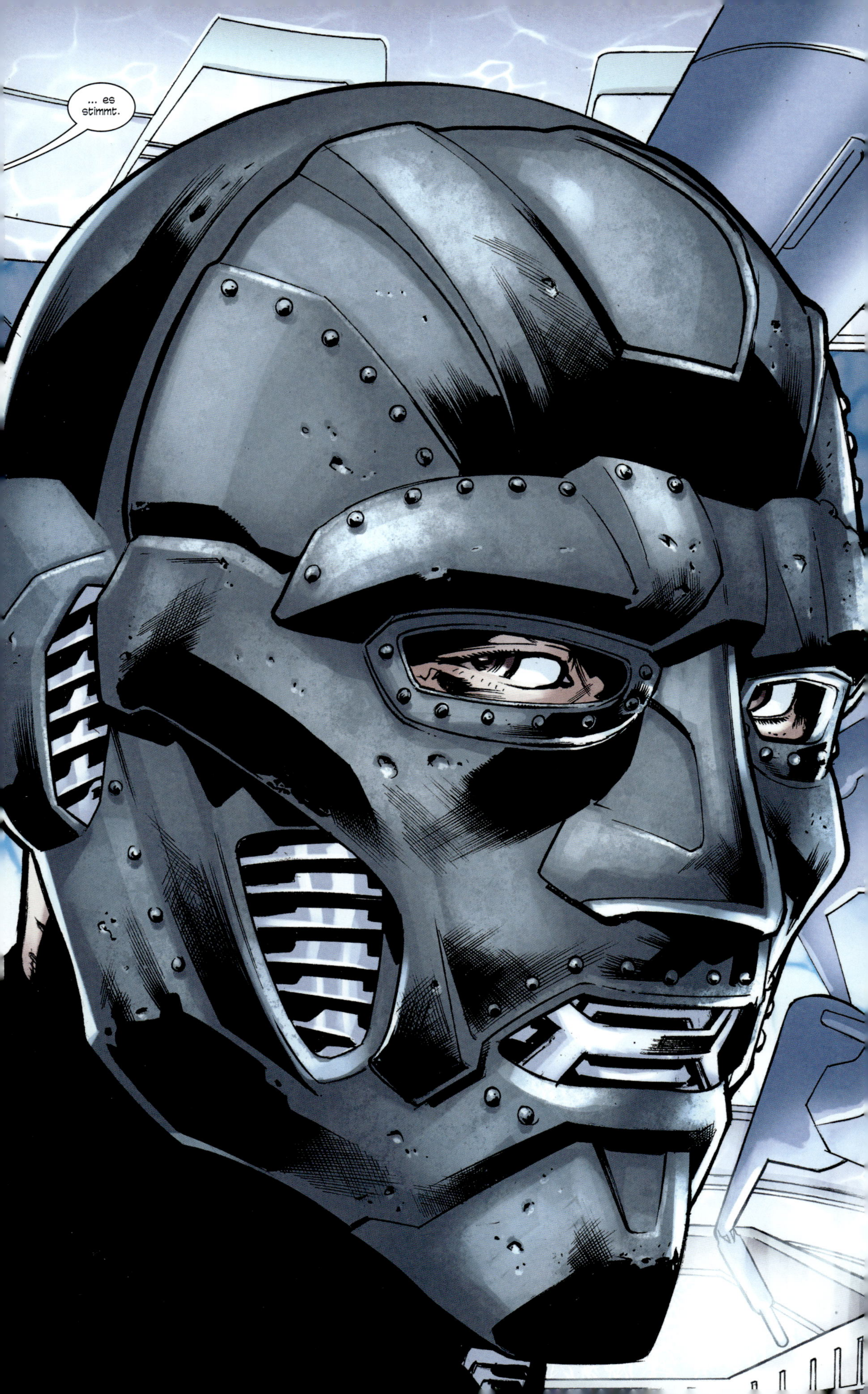
... es stimmt.

EPILOG: „ALLE ARMEEN DER ZUKUNFT“

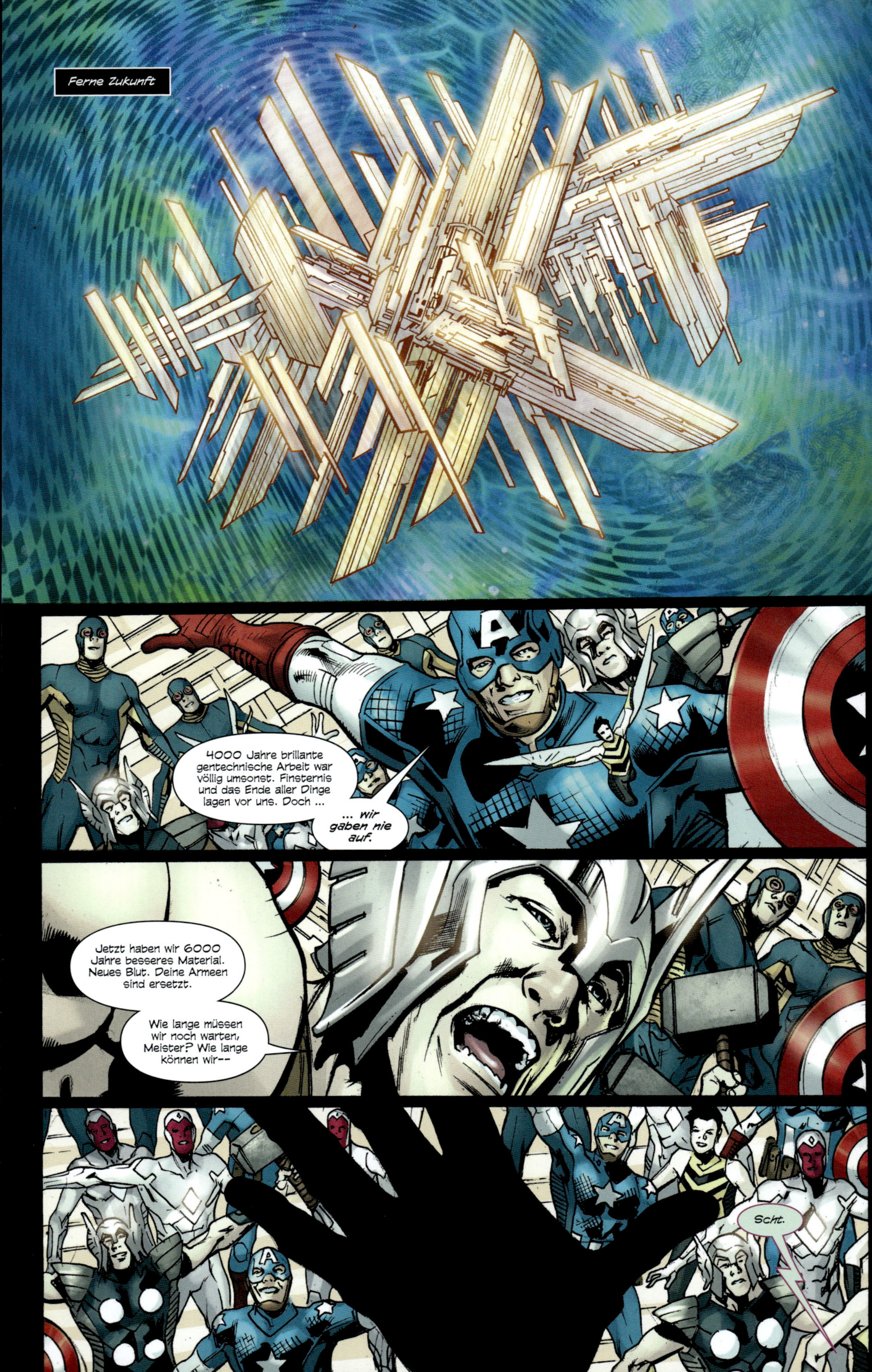
Ferne Zukunft
4000 Jahre brillante gentechnische Arbeit war völlig umsonst. Finsternis und das Ende aller Dinge lagen vor uns. Doch ...
... wir gaben nie auf.
Jetzt haben wir 6000 Jahre besseres Material. Neues Blut. Deine Armeen sind ersetzt.
Wie lange müssen wir noch warten, Meister? Wie lange können wir--
Scht.

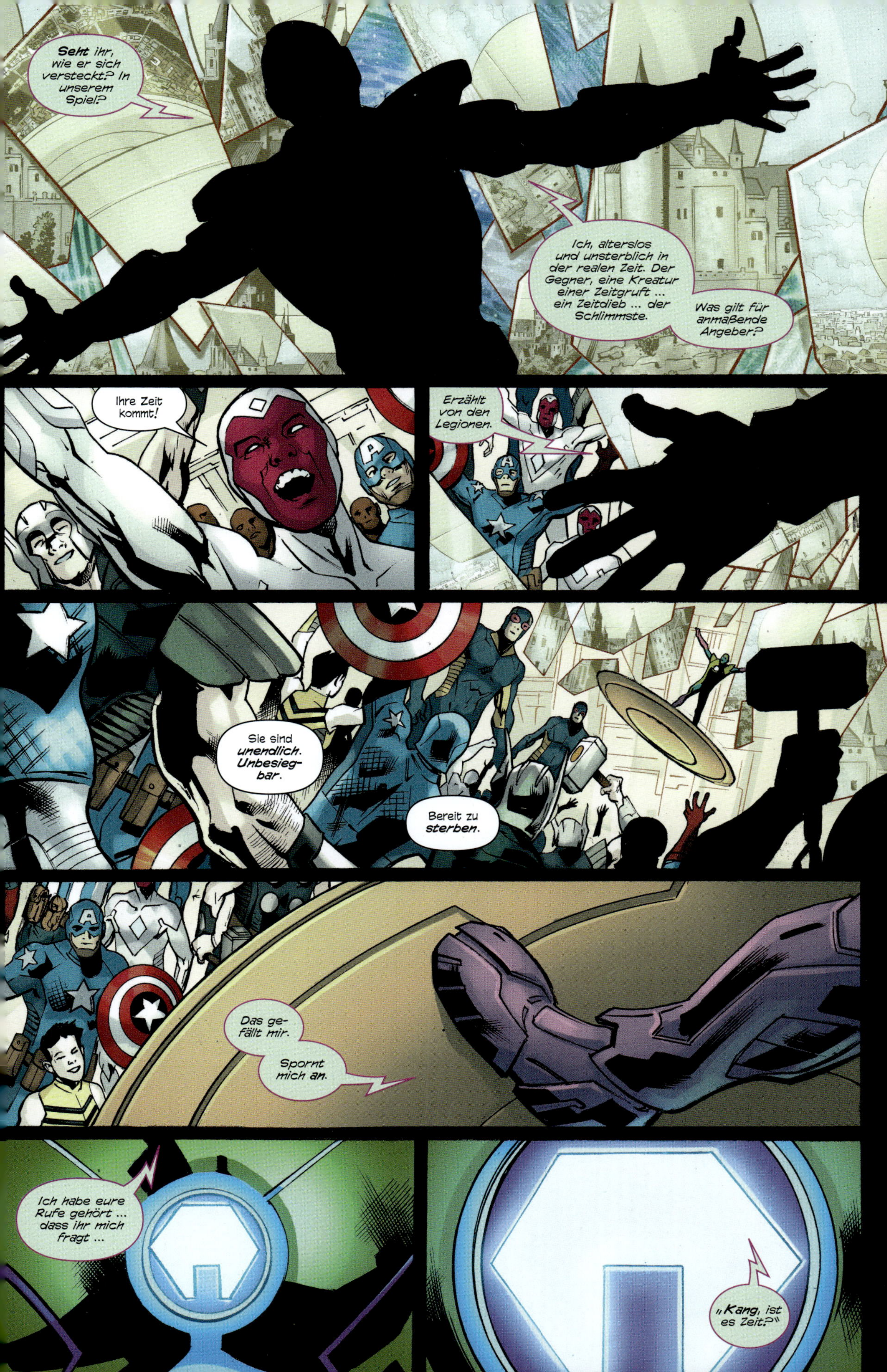
Seht ihr, wie er sich versteckt? In unserem Spiel?
Ich, alterslos und unsterblich in der realen Zeit. Der Gegner, eine Kreatur einer Zeitgruft ... ein Zeitdieb ... der Schlimmste.
Was gilt für anmaßende Angeber?
Ihre Zeit kommt!
Erzählt von den Legionen.
Sie sind unendlich. Unbesiegbar.
Bereit zu sterben.
Das gefällt mir.
Spornt mich an.
Ich habe eure Rufe gehört ... dass ihr mich fragt ...
„Kang, ist es Zeit?"

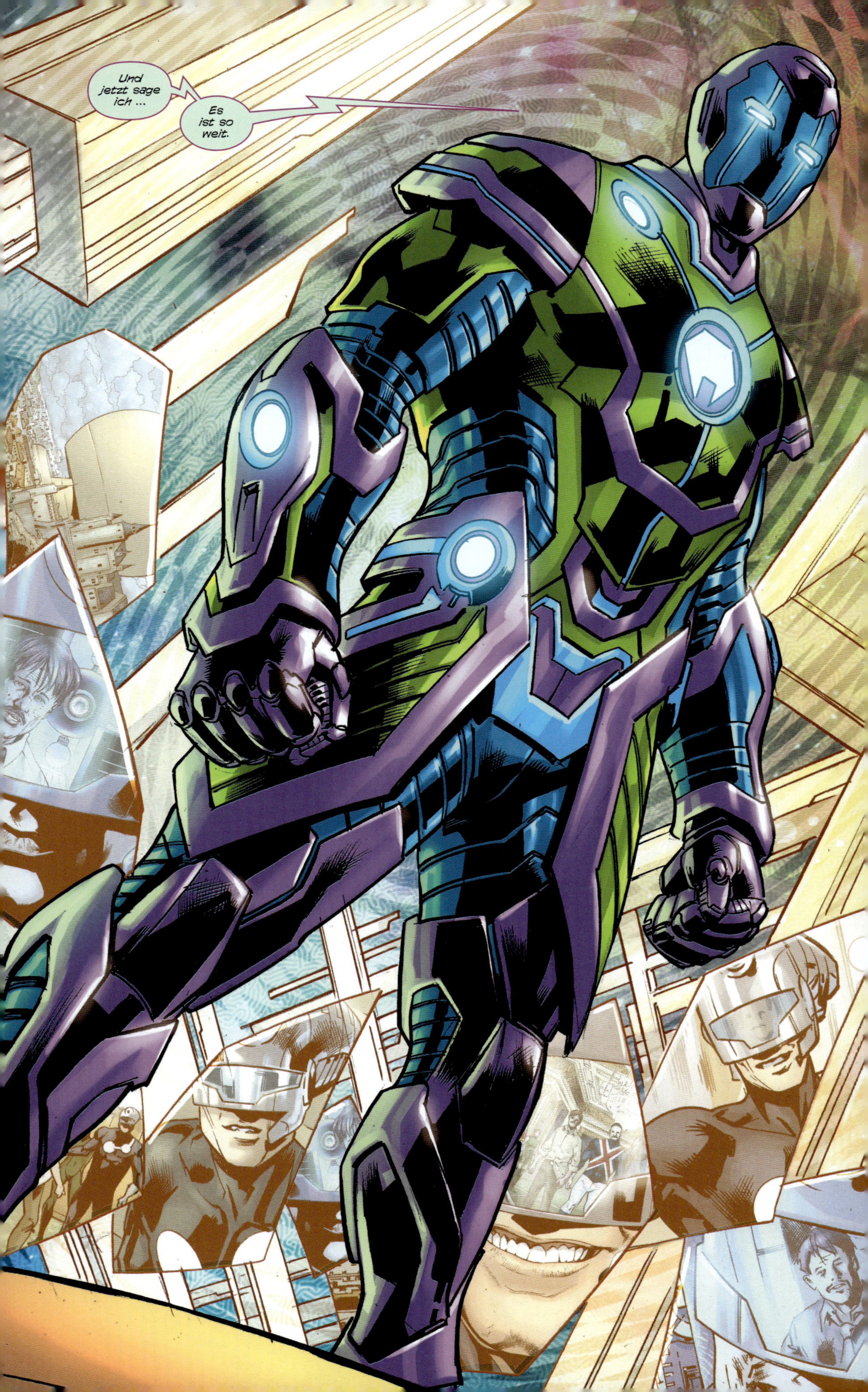
Und jetzt sage ich ...
Es ist so weit.

KAPITEL 4: GESTERN, HEUTE, MORGEN

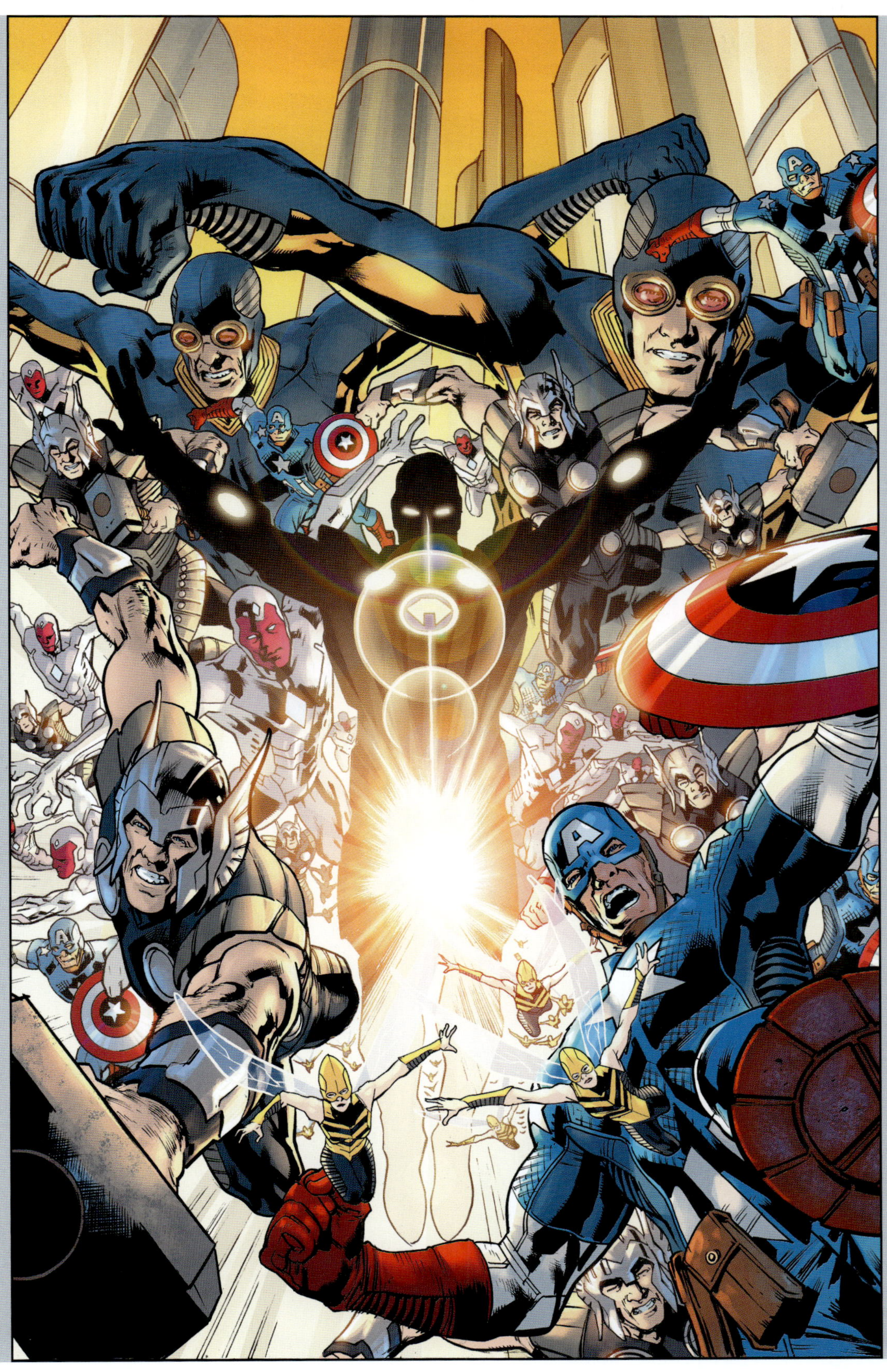

Ultimate Invasion (2023) 4
Cover von **BRYAN HITCH**

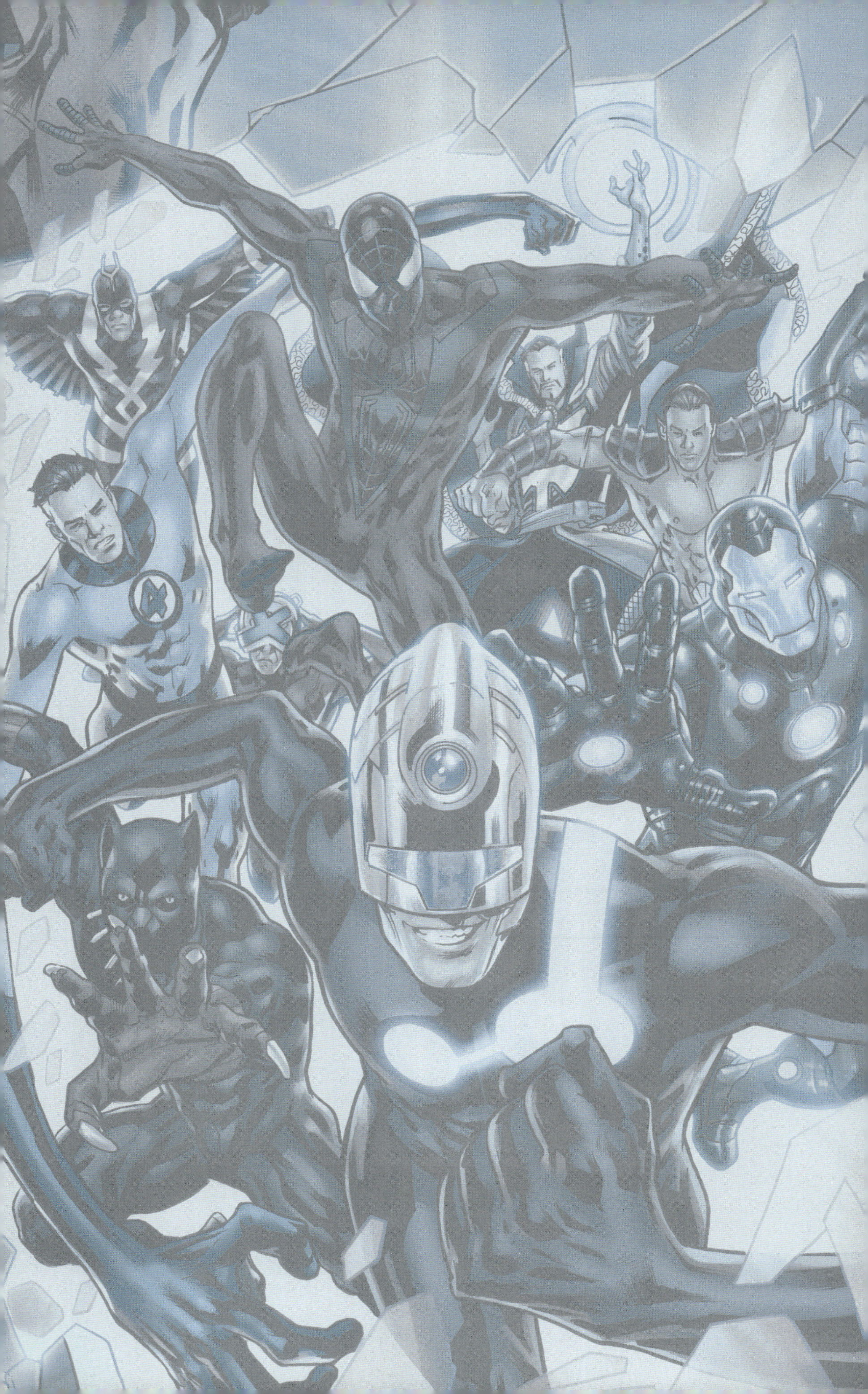

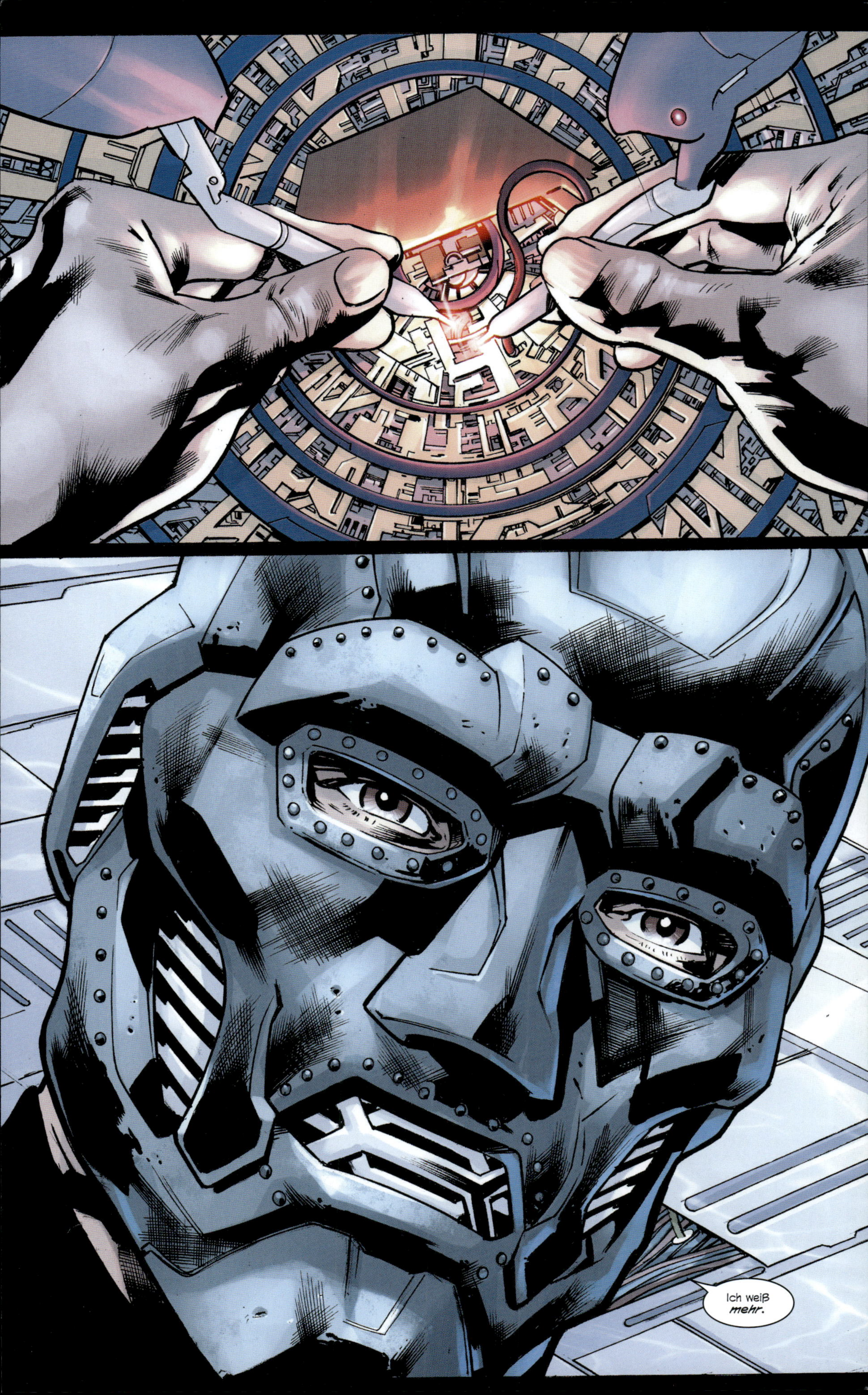
Ich weiß
mehr.

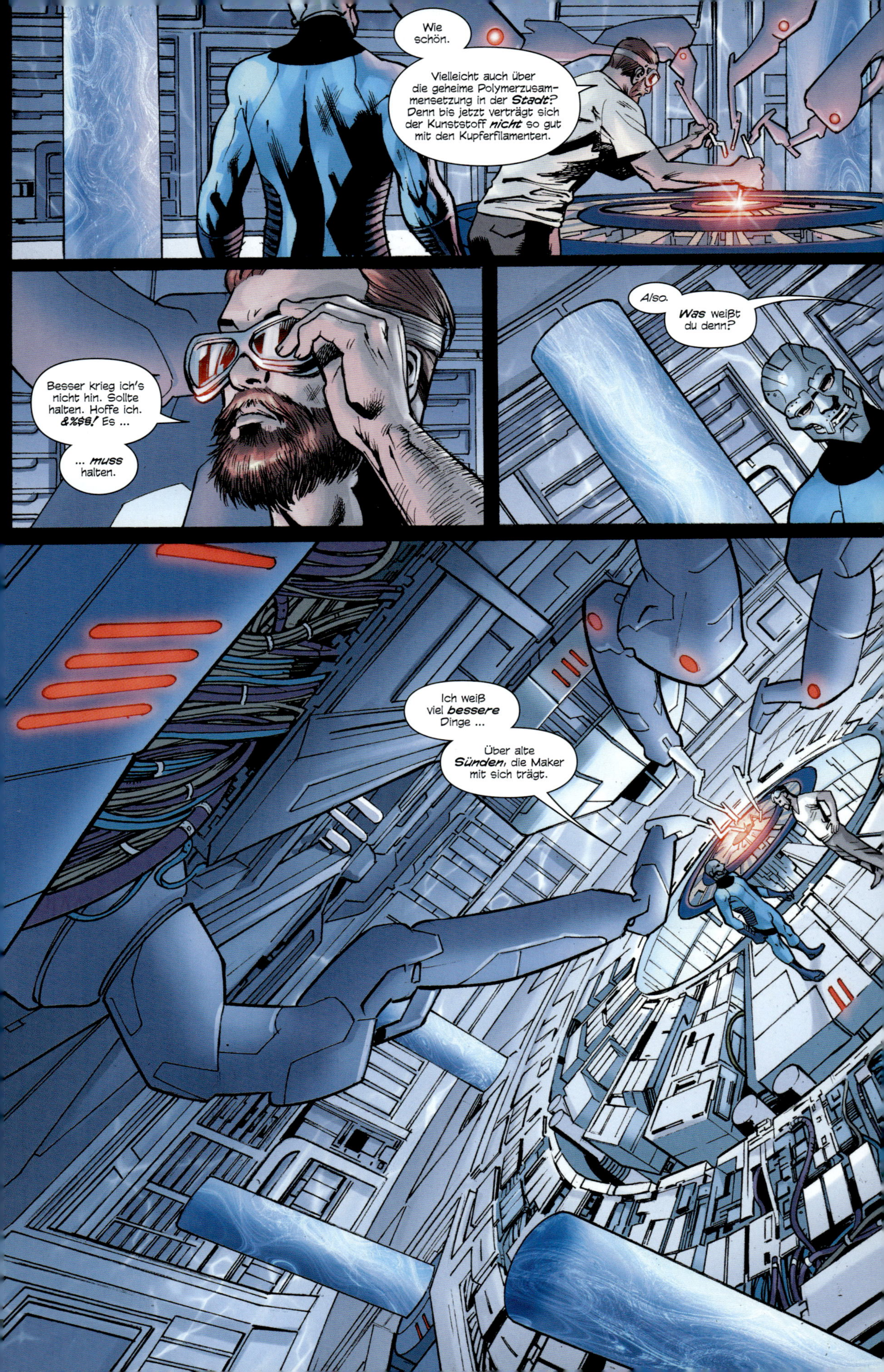
Wie schön.
Vielleicht auch über die geheime Polymerzusammensetzung in der Stadt? Denn bis jetzt verträgt sich der Kunststoff nicht so gut mit den Kupferfilamenten.
Besser krieg ich's nicht hin. Sollte halten. Hoffe ich. &%$$! Es ...
... muss halten.
Also. Was weißt du denn?
Ich weiß viel bessere Dinge ...
Über alte Sünden, die Maker mit sich trägt.

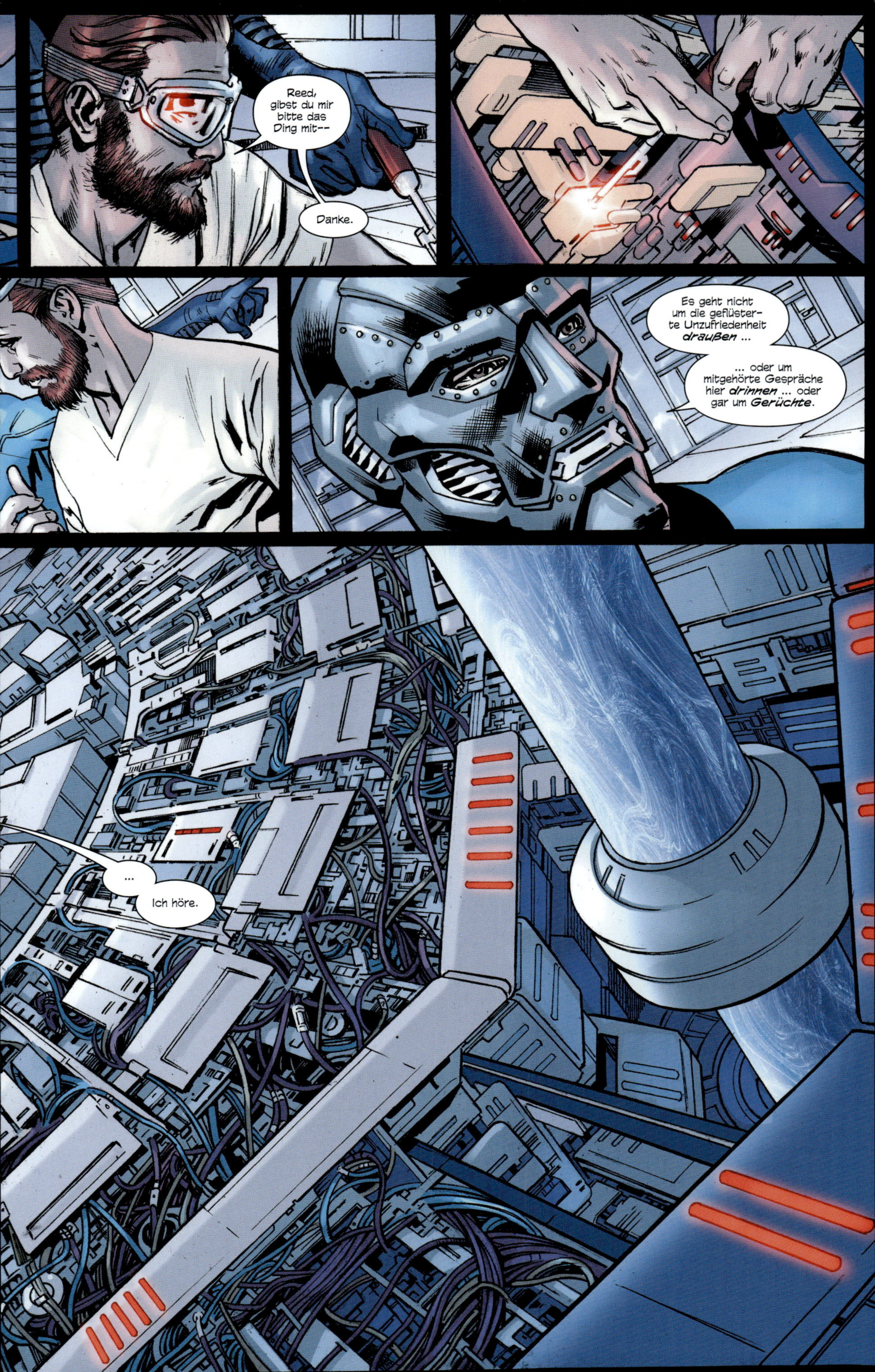
Reed, gibst du mir bitte das Ding mit--
Danke.
Es geht nicht um die geflüsterte Unzufriedenheit *draußen* ...
... oder um mitgehörte Gespräche hier *drinnen* ... oder gar um *Gerüchte*.
...
Ich höre.

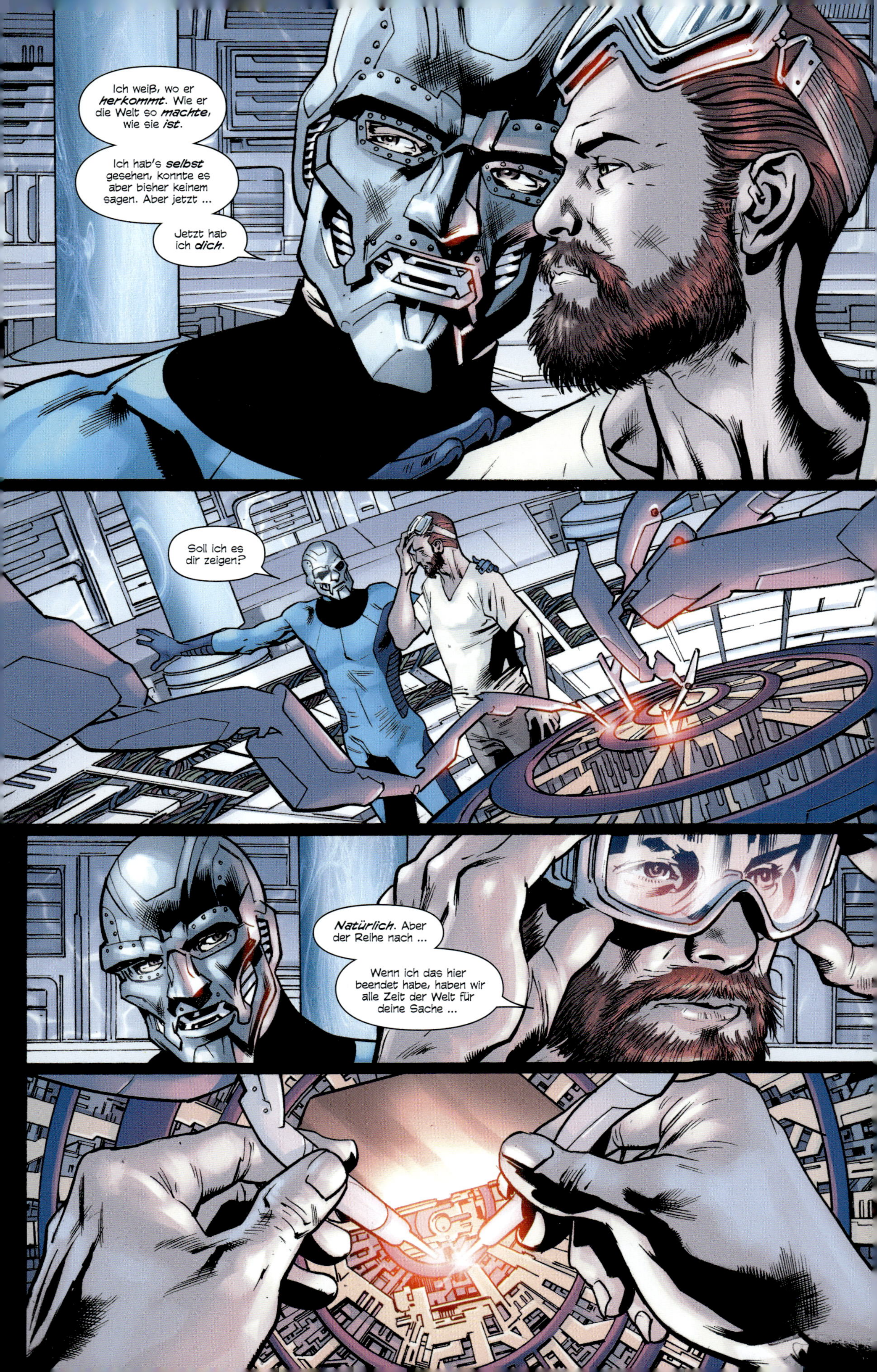
Ich weiß, wo er herkommt. Wie er die Welt so machte, wie sie ist.
Ich hab's selbst gesehen, konnte es aber bisher keinem sagen. Aber jetzt ...
Jetzt hab ich dich.
Soll ich es dir zeigen?
Natürlich. Aber der Reihe nach ...
Wenn ich das hier beendet habe, haben wir alle Zeit der Welt für deine Sache ...

UND DANN WAREN ES ZWEI IMMORTUS-MASCHINEN

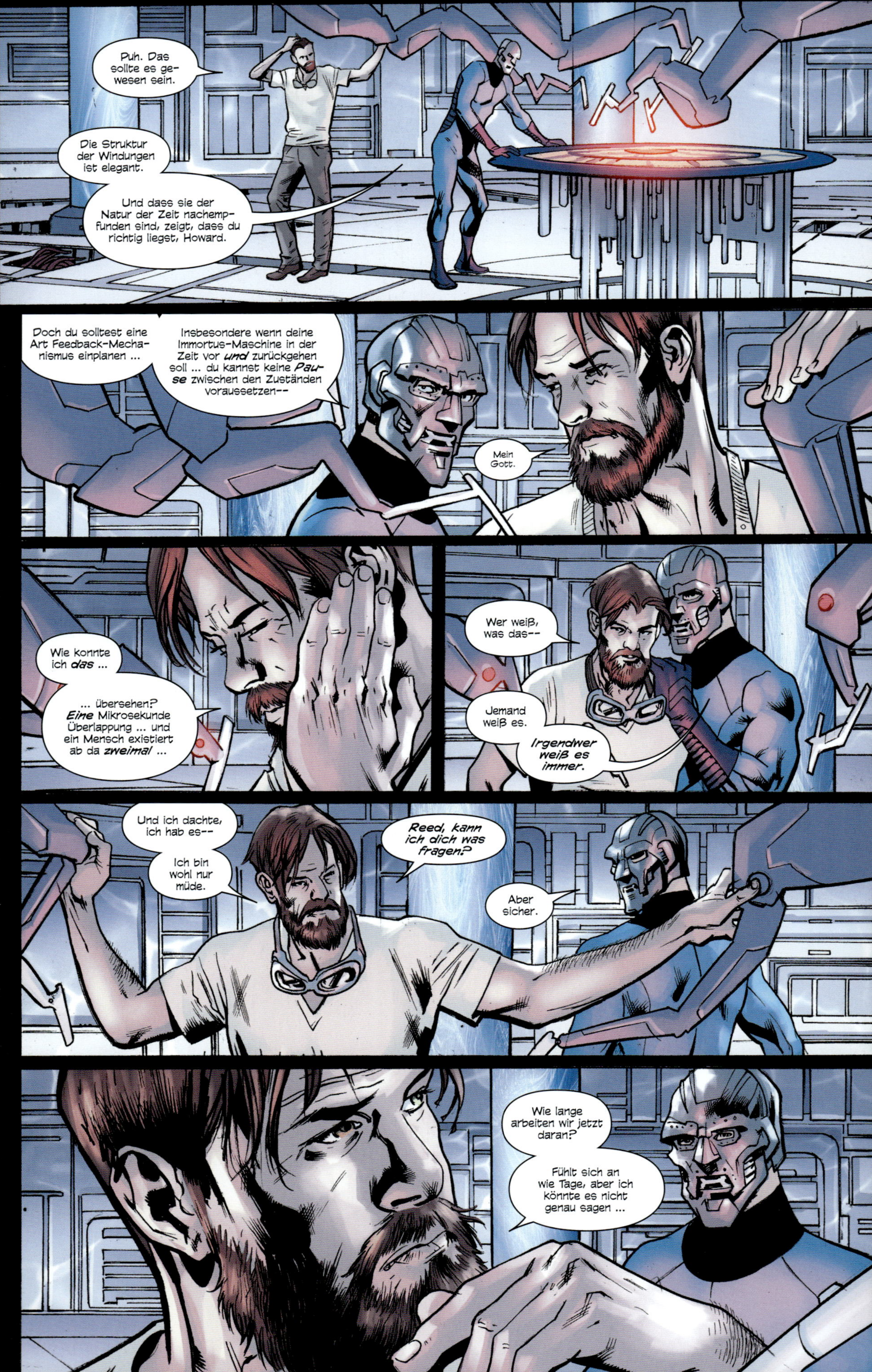
Puh. Das sollte es gewesen sein.
Die Struktur der Windungen ist elegant.
Und dass sie der Natur der Zeit nachempfunden sind, zeigt, dass du richtig liegst, Howard.
Doch du solltest eine Art Feedback-Mechanismus einplanen ...
Insbesondere wenn deine Immortus-Maschine in der Zeit vor *und* zurückgehen soll ... du kannst keine *Pause* zwischen den Zuständen voraussetzen--
Mein Gott.
Wie konnte ich *das* ...
... übersehen? *Eine* Mikrosekunde Überlappung ... und ein Mensch existiert ab da *zweimal* ...
Wer weiß, was das--
Jemand weiß es.
Irgendwer weiß es immer.
Und ich dachte, ich hab es--
Ich bin wohl nur müde.
Reed, kann ich dich was fragen?
Aber sicher.
Wie lange arbeiten wir jetzt daran?
Fühlt sich an wie Tage, aber ich könnte es nicht genau sagen ...

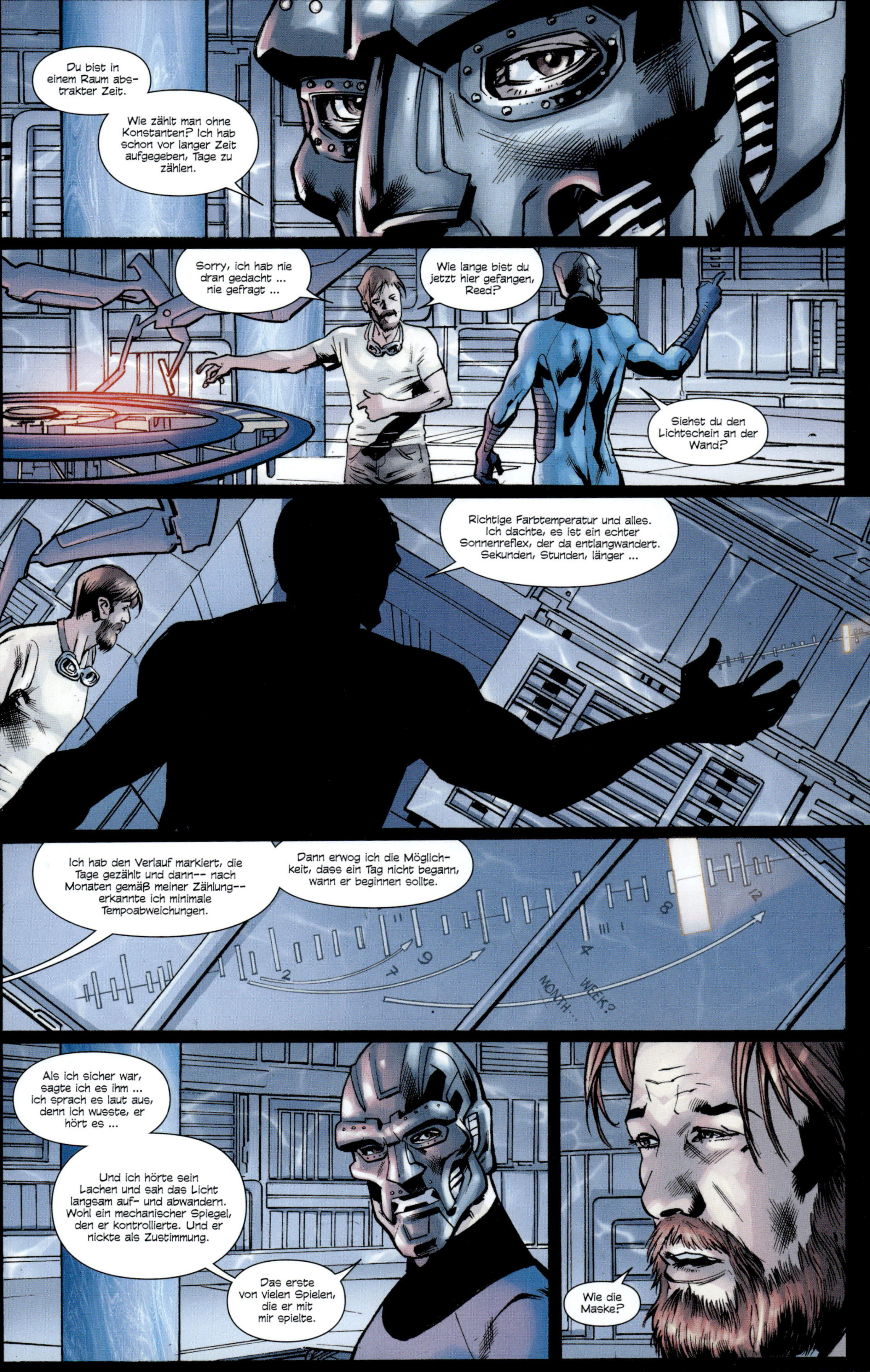

Du bist in einem Raum abstrakter Zeit.
Wie zählt man ohne Konstanten? Ich hab schon vor langer Zeit aufgegeben, Tage zu zählen.
Sorry, ich hab nie dran gedacht ... nie gefragt ...
Wie lange bist du jetzt hier gefangen, Reed?
Siehst du den Lichtschein an der Wand?
Richtige Farbtemperatur und alles. Ich dachte, es ist ein echter Sonnenreflex, der da entlangwandert. Sekunden, Stunden, länger ...
Ich hab den Verlauf markiert, die Tage gezählt und dann-- nach Monaten gemäß meiner Zählung-- erkannte ich minimale Tempoabweichungen.
Dann erwog ich die Möglichkeit, dass ein Tag nicht begann, wann er beginnen sollte.
MONTH…
WEEK?
Als ich sicher war, sagte ich es ihm ... ich sprach es laut aus, denn ich wusste, er hört es ...
Und ich hörte sein Lachen und sah das Licht langsam auf- und abwandern. Wohl ein mechanischer Spiegel, den er kontrollierte. Und er nickte als Zustimmung.
Das erste von vielen Spielen, die er mit mir spielte.
Wie die Maske?

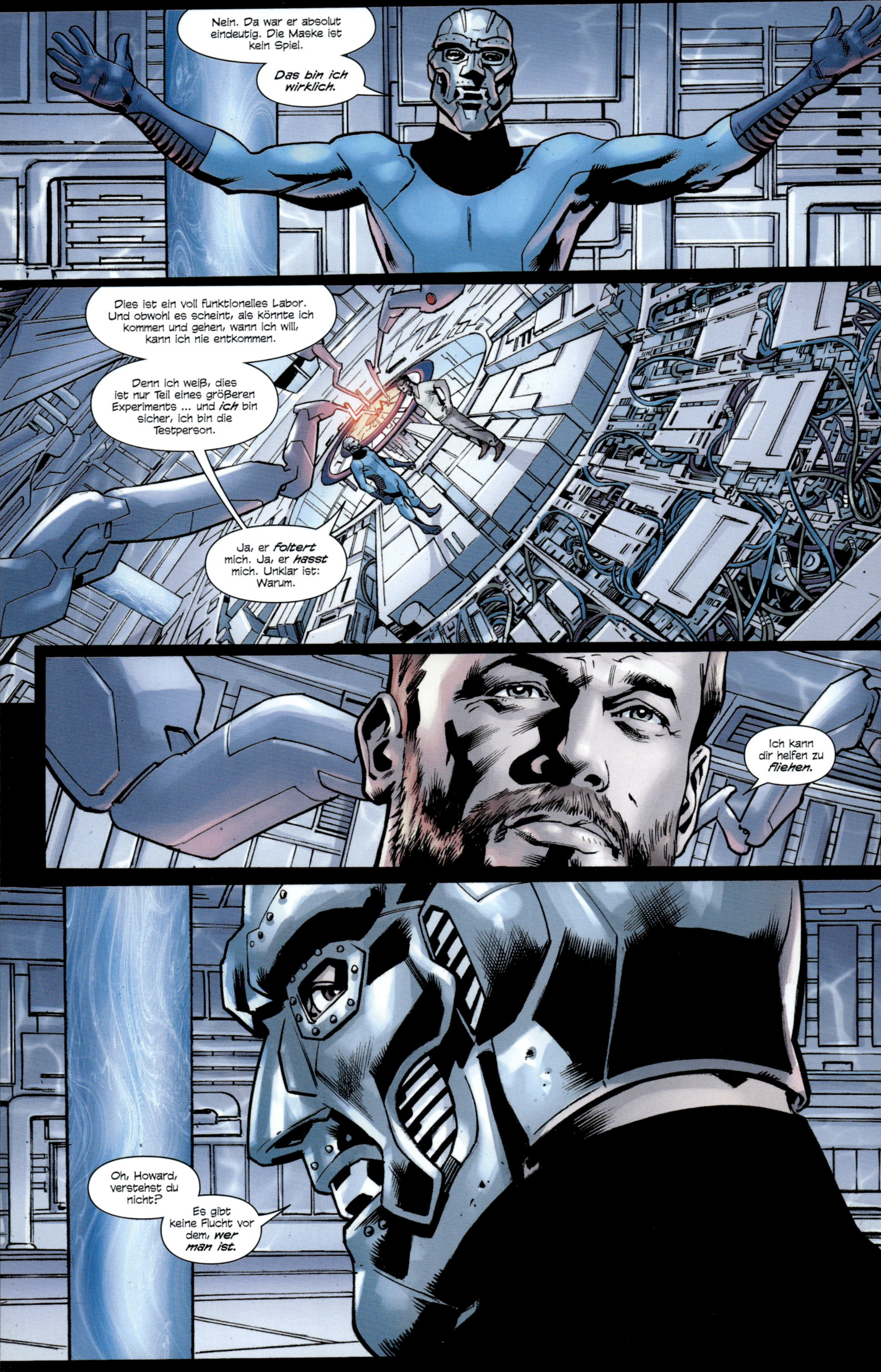
Nein. Da war er absolut eindeutig. Die Maske ist kein Spiel.
Das bin ich wirklich.
Dies ist ein voll funktionelles Labor. Und obwohl es scheint, als könnte ich kommen und gehen, wann ich will, kann ich nie entkommen.
Denn ich weiß, dies ist nur Teil eines größeren Experiments ... und *ich* bin sicher, ich bin die Testperson.
Ja, er *foltert* mich. Ja, er *hasst* mich. Unklar ist: Warum.
Ich kann dir helfen zu *fliehen*.
Oh, Howard, verstehst du nicht?
Es gibt keine Flucht vor dem, *wer man ist.*

KAPITEL VIER:
„GESTERN, HEUTE, MORGEN“

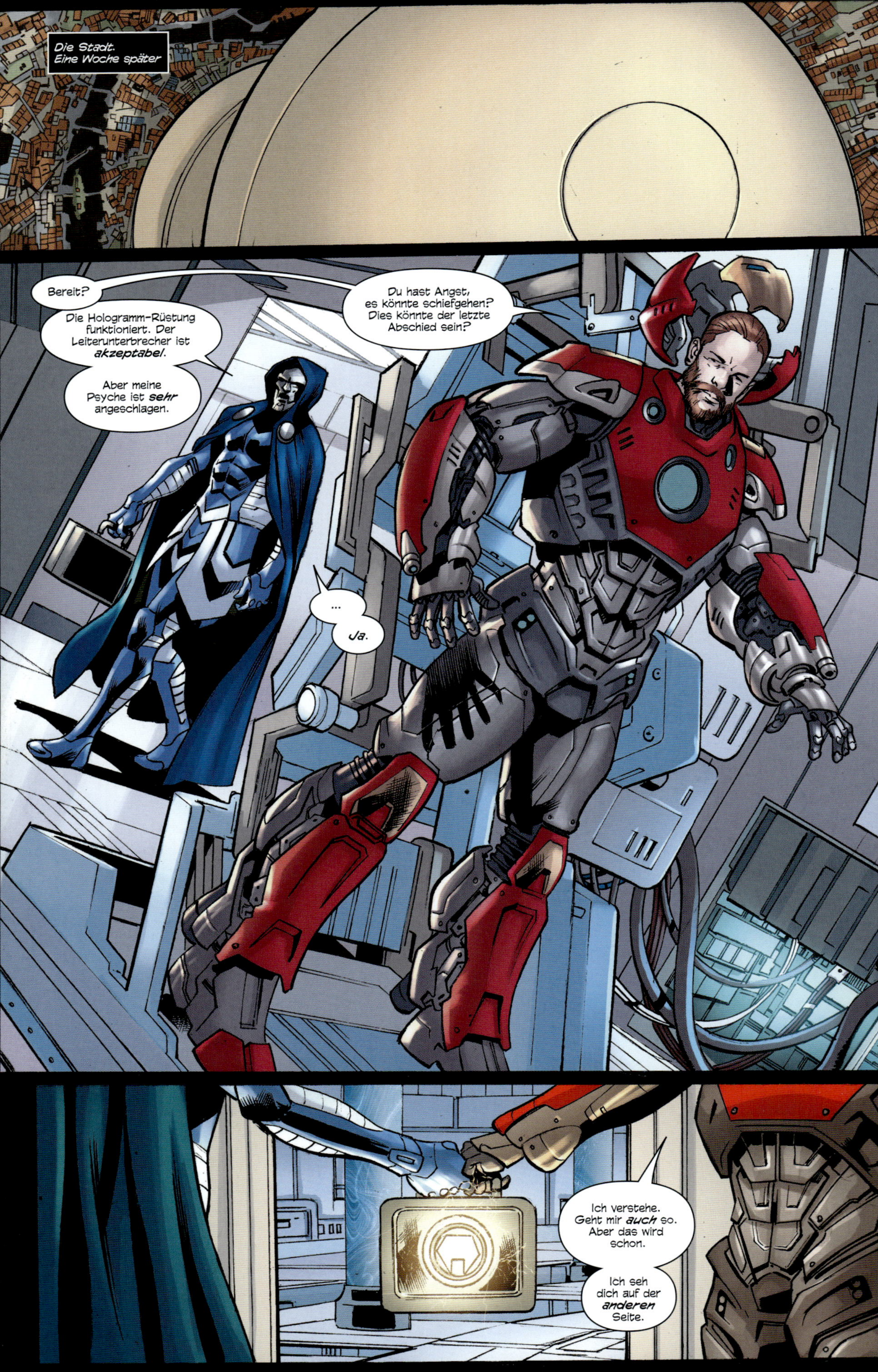

Die Stadt.
Eine Woche später
Bereit?
Du hast Angst, es könnte schiefgehen? Dies könnte der letzte Abschied sein?
Die Hologramm-Rüstung funktioniert. Der Leiterunterbrecher ist *akzeptabel*.
Aber meine Psyche ist *sehr* angeschlagen.
...
Ja.
Ich verstehe. Geht mir *auch* so. Aber das wird schon.
Ich seh dich auf der *anderen* Seite.

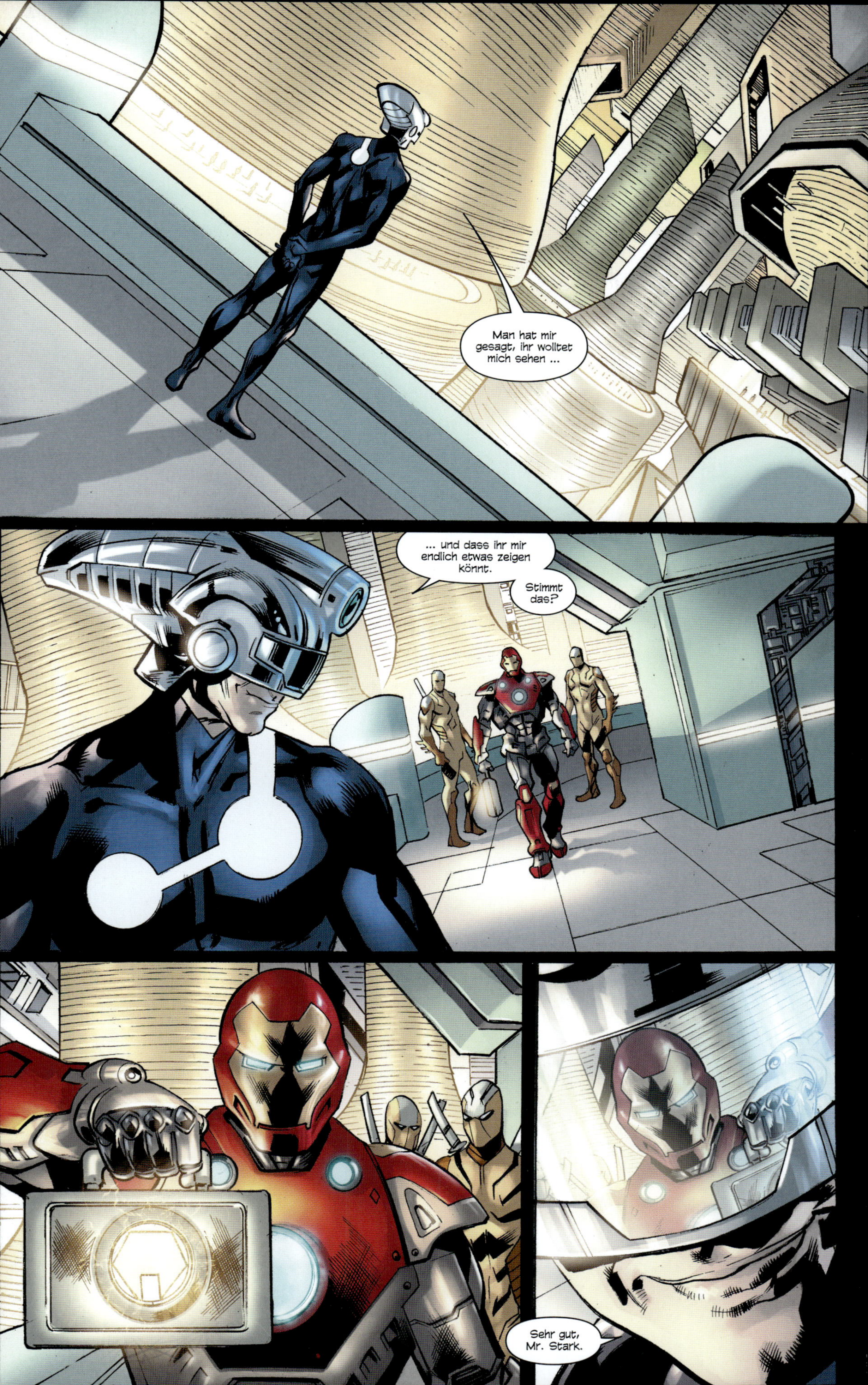
Man hat mir gesagt, ihr wolltet mich sehen ...
... und dass ihr mir endlich etwas zeigen könnt.
Stimmt das?
Sehr gut, Mr. Stark.

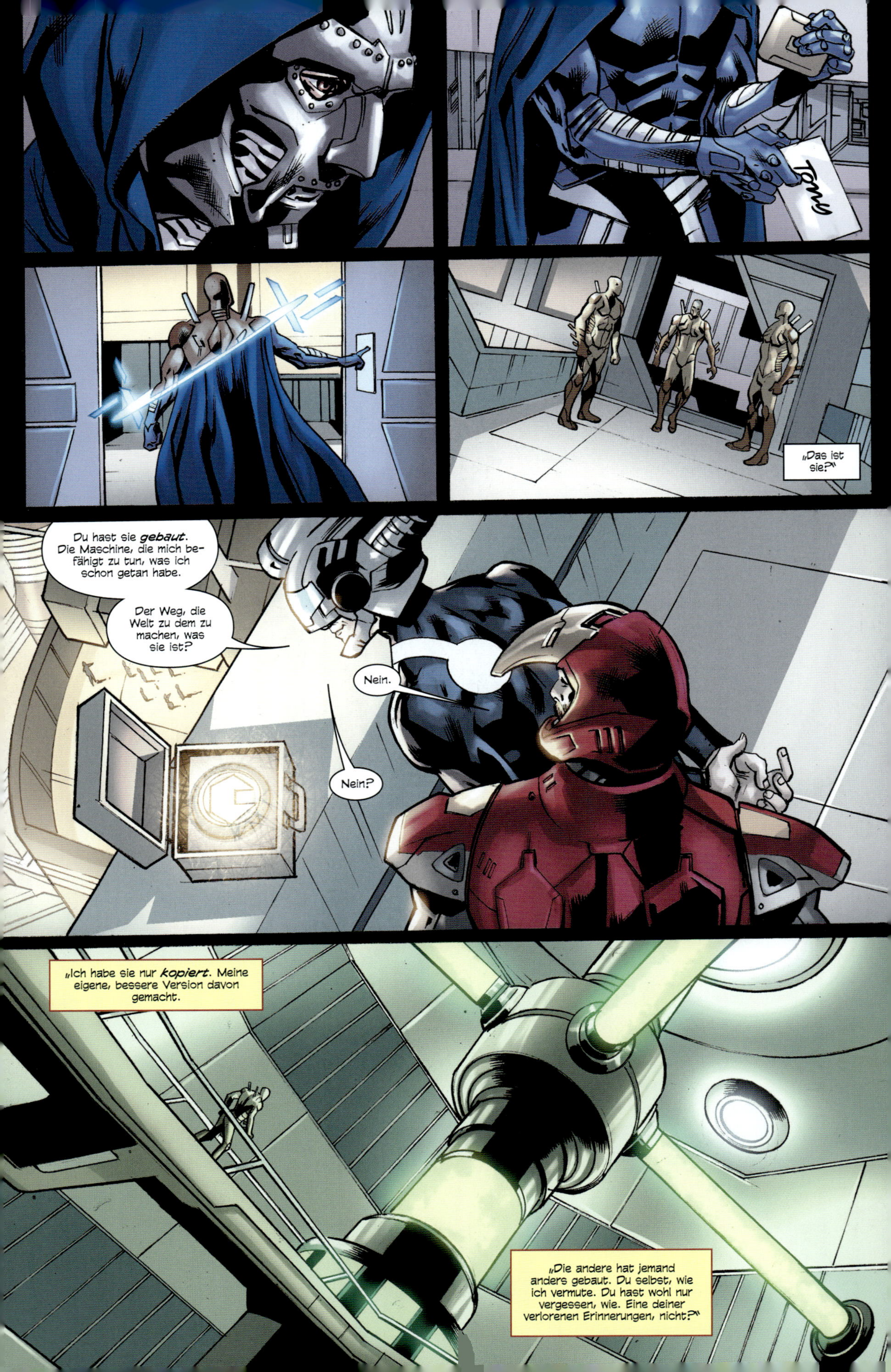
Tony
„Das ist sie?“
Du hast sie *gebaut*. Die Maschine, die mich befähigt zu tun, was ich schon getan habe.
Der Weg, die Welt zu dem zu machen, was sie ist?
Nein.
Nein?
„Ich habe sie nur *kopiert*. Meine eigene, bessere Version davon gemacht.
„Die andere hat jemand anders gebaut. Du selbst, wie ich vermute. Du hast wohl nur vergessen, wie. Eine deiner verlorenen Erinnerungen, nicht?“

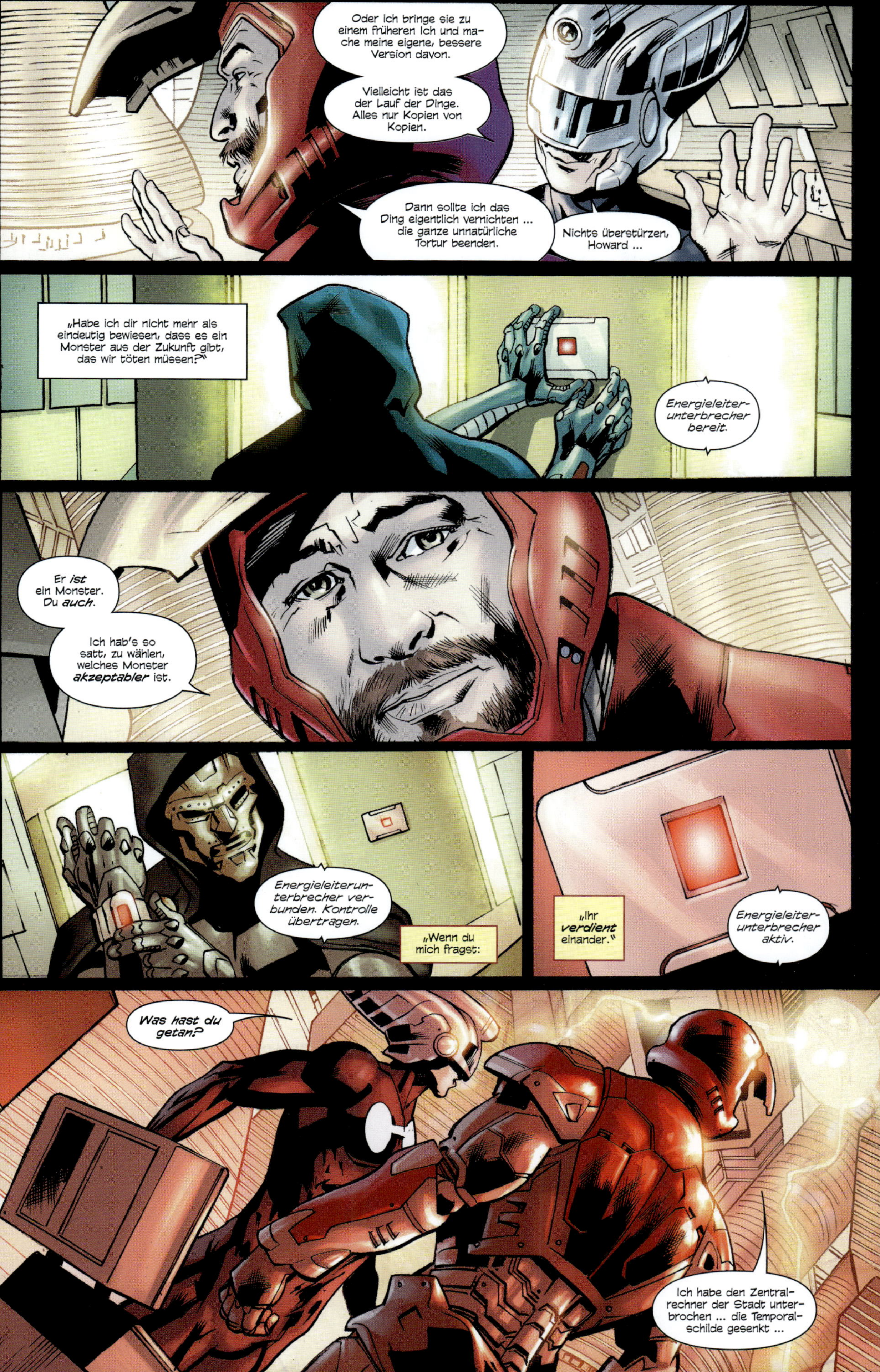
Oder ich bringe sie zu einem früheren Ich und mache meine eigene, bessere Version davon.
Vielleicht ist das der Lauf der Dinge. Alles nur Kopien von Kopien.
Dann sollte ich das Ding eigentlich vernichten ... die ganze unnatürliche Tortur beenden.
Nichts überstürzen, Howard ...
„Habe ich dir nicht mehr als eindeutig bewiesen, dass es ein Monster aus der Zukunft gibt, das wir töten müssen?"
Energieleiter-unterbrecher bereit.
Er *ist* ein Monster. Du *auch*.
Ich hab's so satt, zu wählen, welches Monster ***akzeptabler*** ist.
Energieleiterunterbrecher verbunden. Kontrolle übertragen.
„Wenn du mich fragst:
„Ihr ***verdient*** einander."
Energieleiter-unterbrecher aktiv.
Was hast du getan?
Ich habe den Zentralrechner der Stadt unterbrochen ... die Temporalschilde gesenkt ...

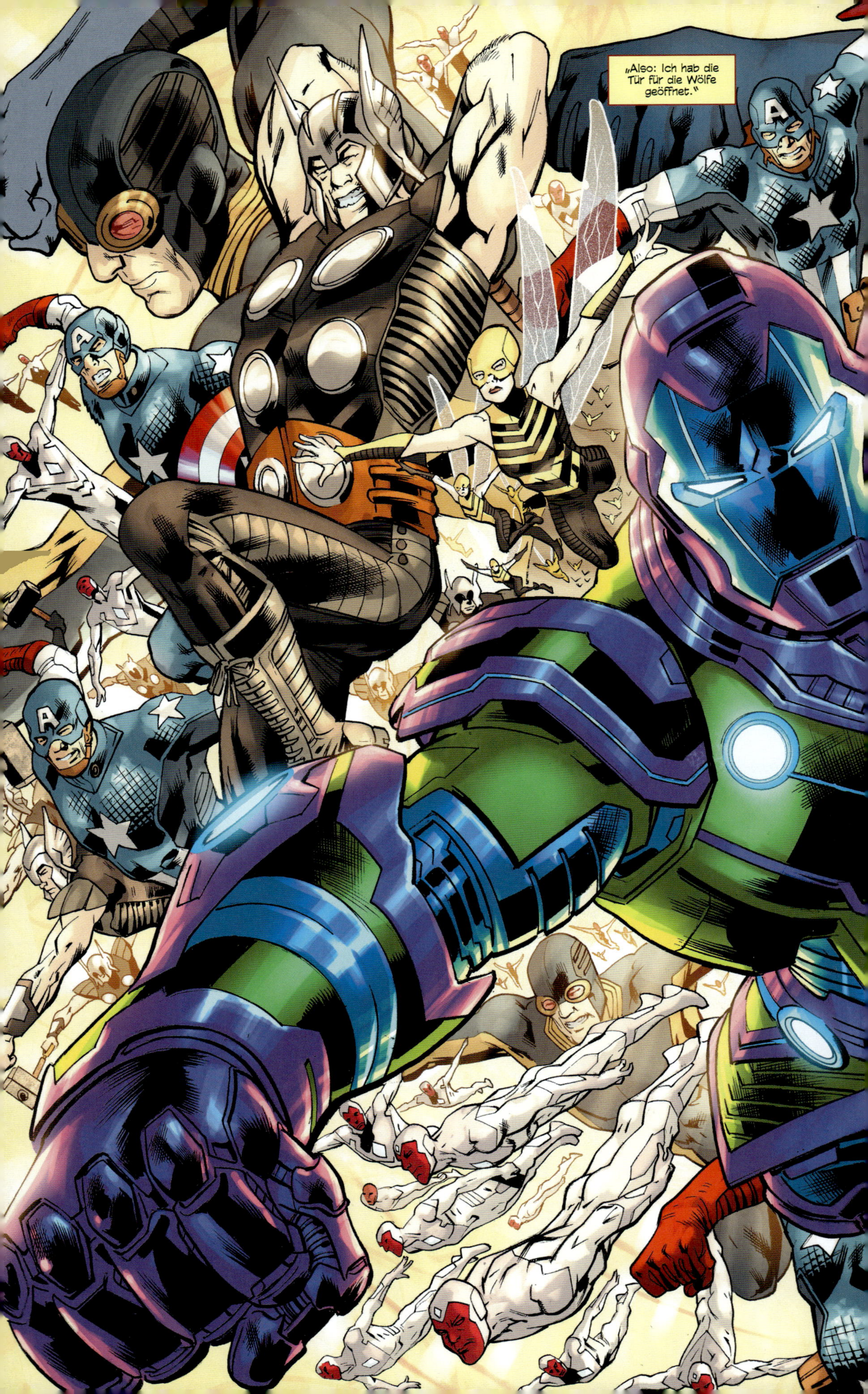
„Also: Ich hab die Tür für die Wölfe geöffnet."

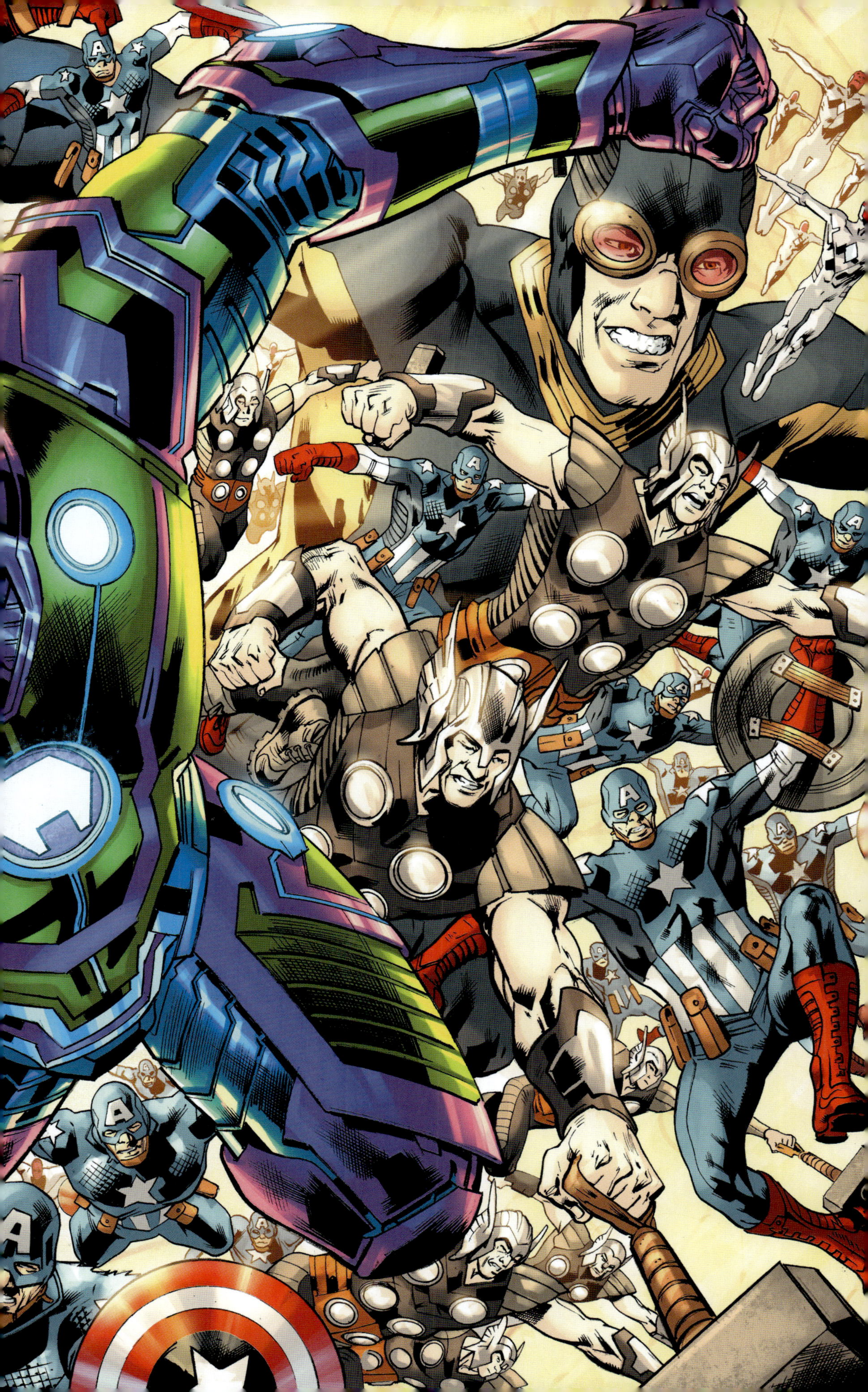

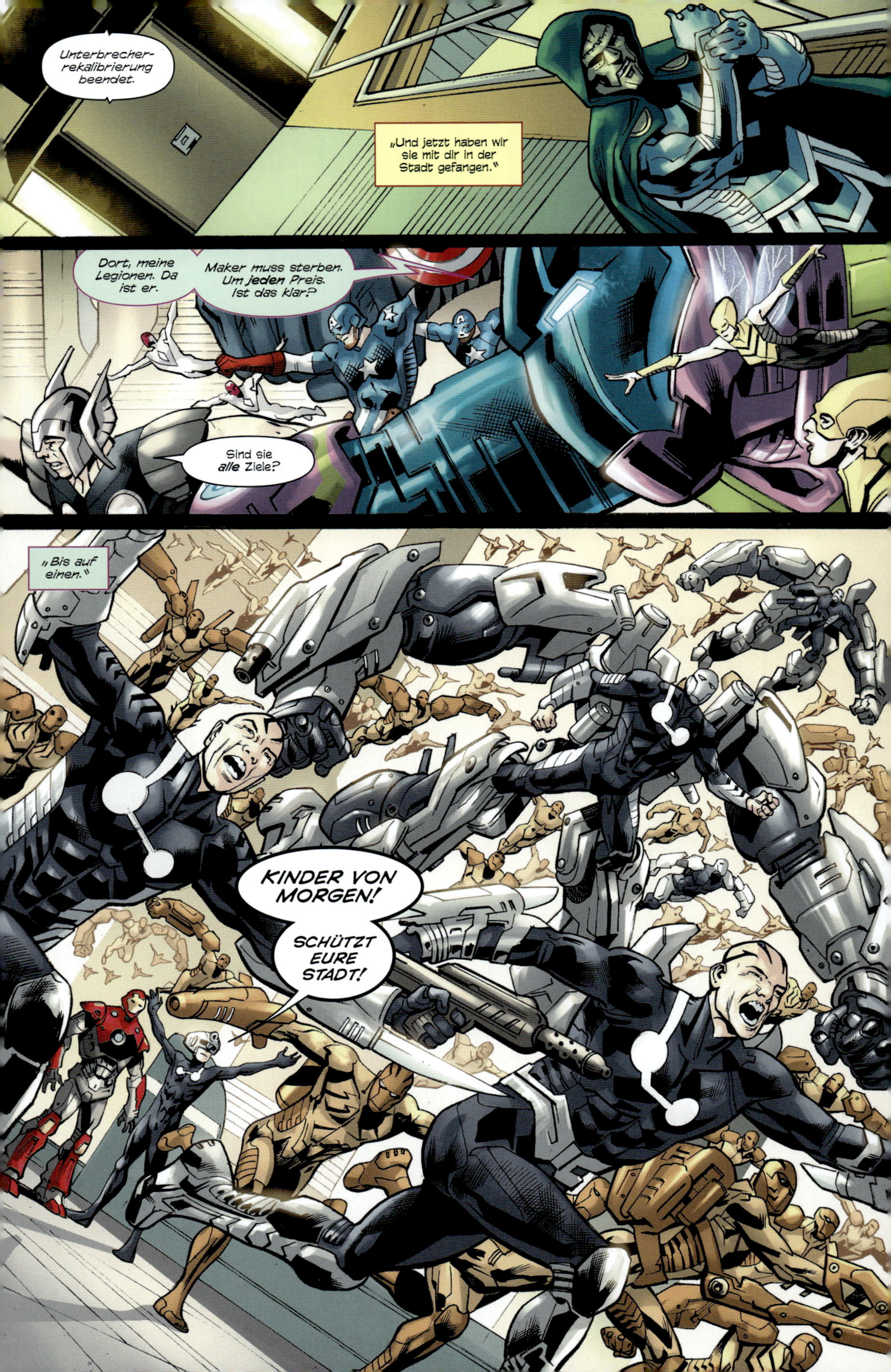
Unterbrecher-rekalibrierung beendet.
„Und jetzt haben wir sie mit dir in der Stadt gefangen."
Dort, meine Legionen. Da ist er.
Maker muss sterben. Um jeden Preis. Ist das klar?
Sind sie alle Ziele?
„Bis auf einen."
KINDER VON MORGEN!
SCHÜTZT EURE STADT!

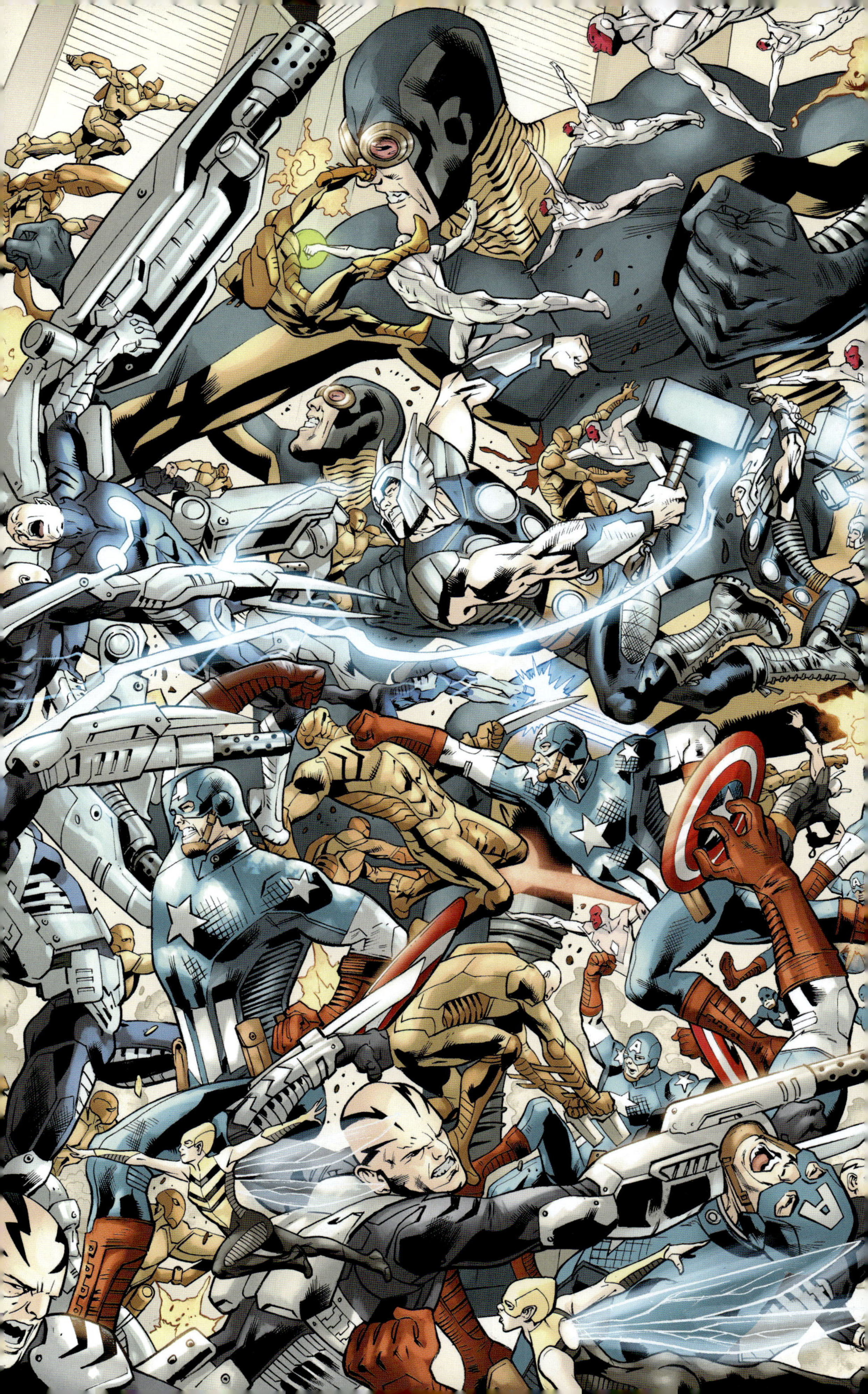

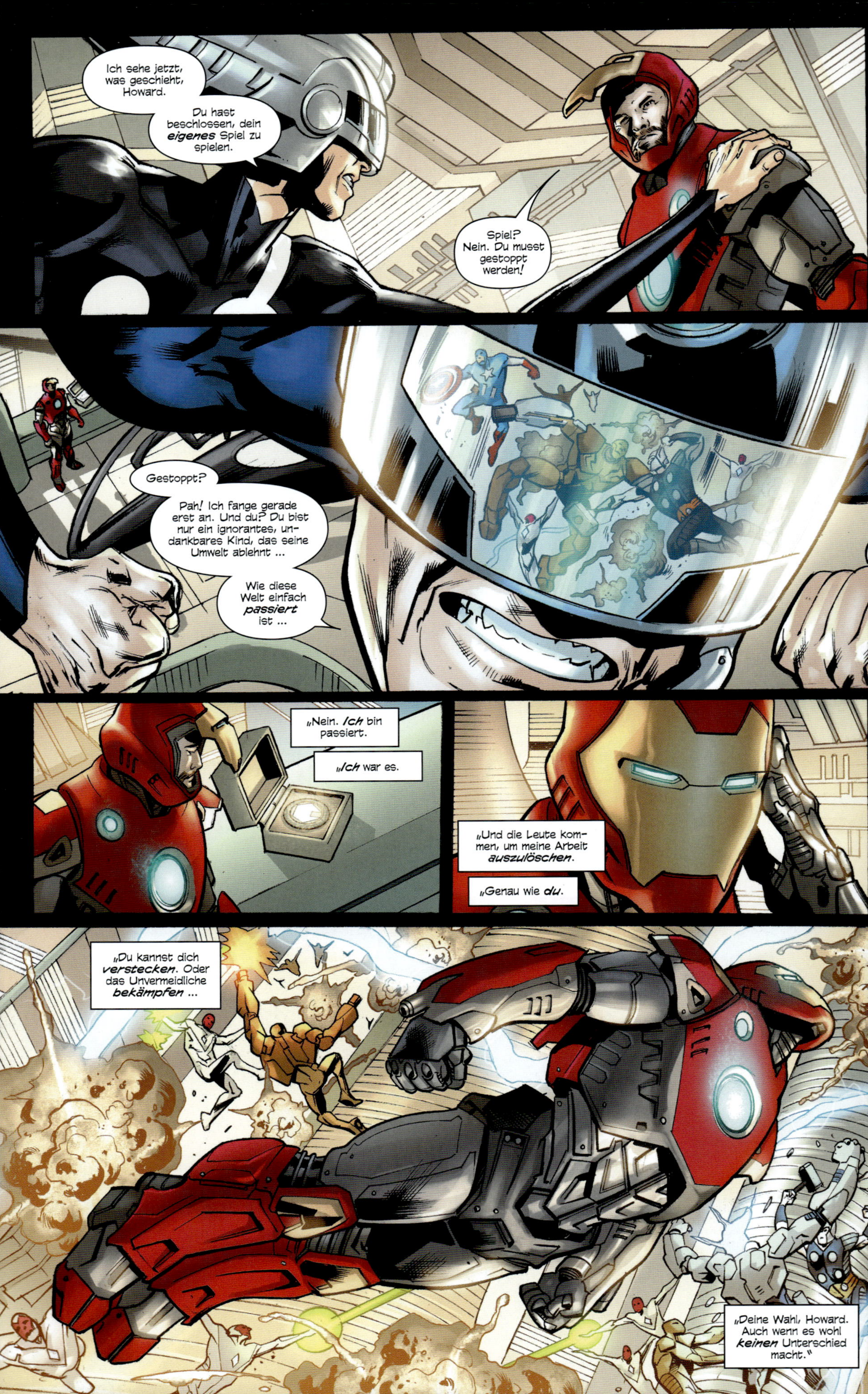
Ich sehe jetzt, was geschieht, Howard.
Du hast beschlossen, dein *eigenes* Spiel zu spielen.
Spiel? Nein. Du musst gestoppt werden!
Gestoppt?
Pah! Ich fange gerade erst an. Und du? Du bist nur ein ignorantes, undankbares Kind, das seine Umwelt ablehnt ...
Wie diese Welt einfach *passiert* ist ...
„Nein. *Ich* bin passiert.
„*Ich* war es.
„Und die Leute kommen, um meine Arbeit *auszulöschen*.
„Genau wie *du*.
„Du kannst dich *verstecken*. Oder das Unvermeidliche *bekämpfen* ...
„Deine Wahl, Howard. Auch wenn es wohl *keinen* Unterschied macht."

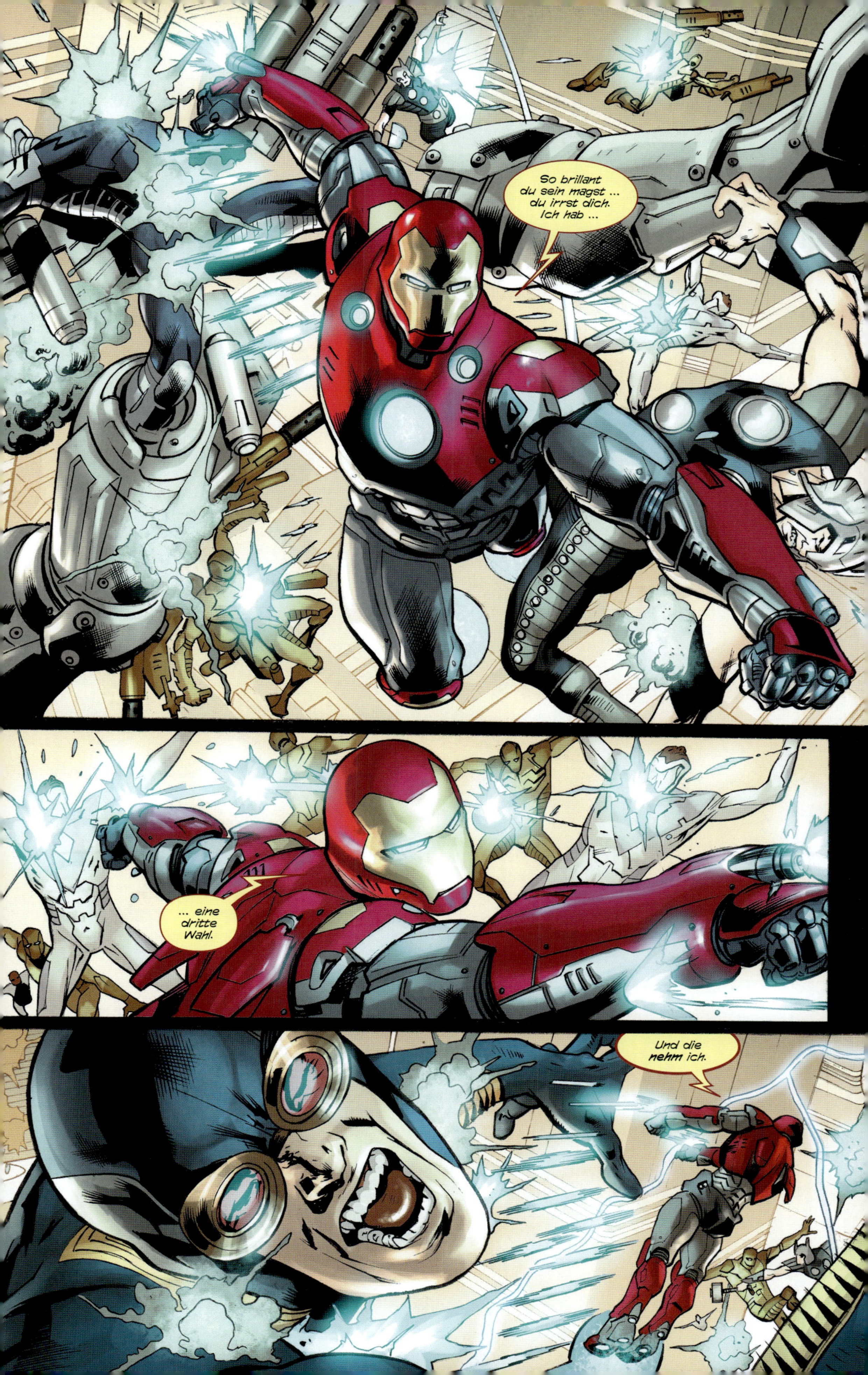
So brillant du sein magst ... du irrst dich. Ich hab ...
... eine dritte Wahl.
Und die **nehm** ich.

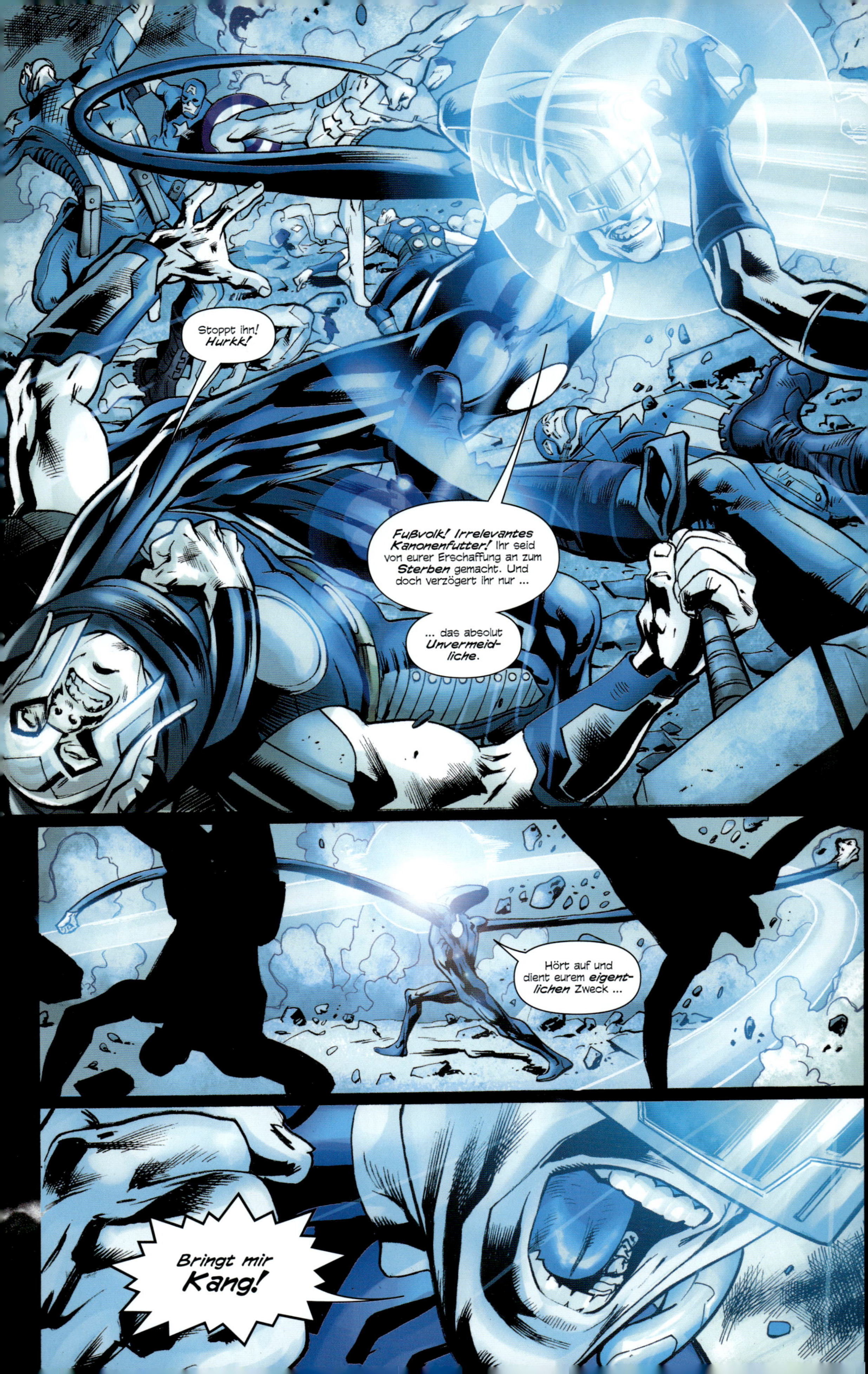
Stoppt ihn! Hurkk!
Fußvolk! Irrelevantes Kanonenfutter! Ihr seid von eurer Erschaffung an zum Sterben gemacht. Und doch verzögert ihr nur ...
... das absolut Unvermeidliche.
Hört auf und dient eurem eigentlichen Zweck ...
Bringt mir Kang!

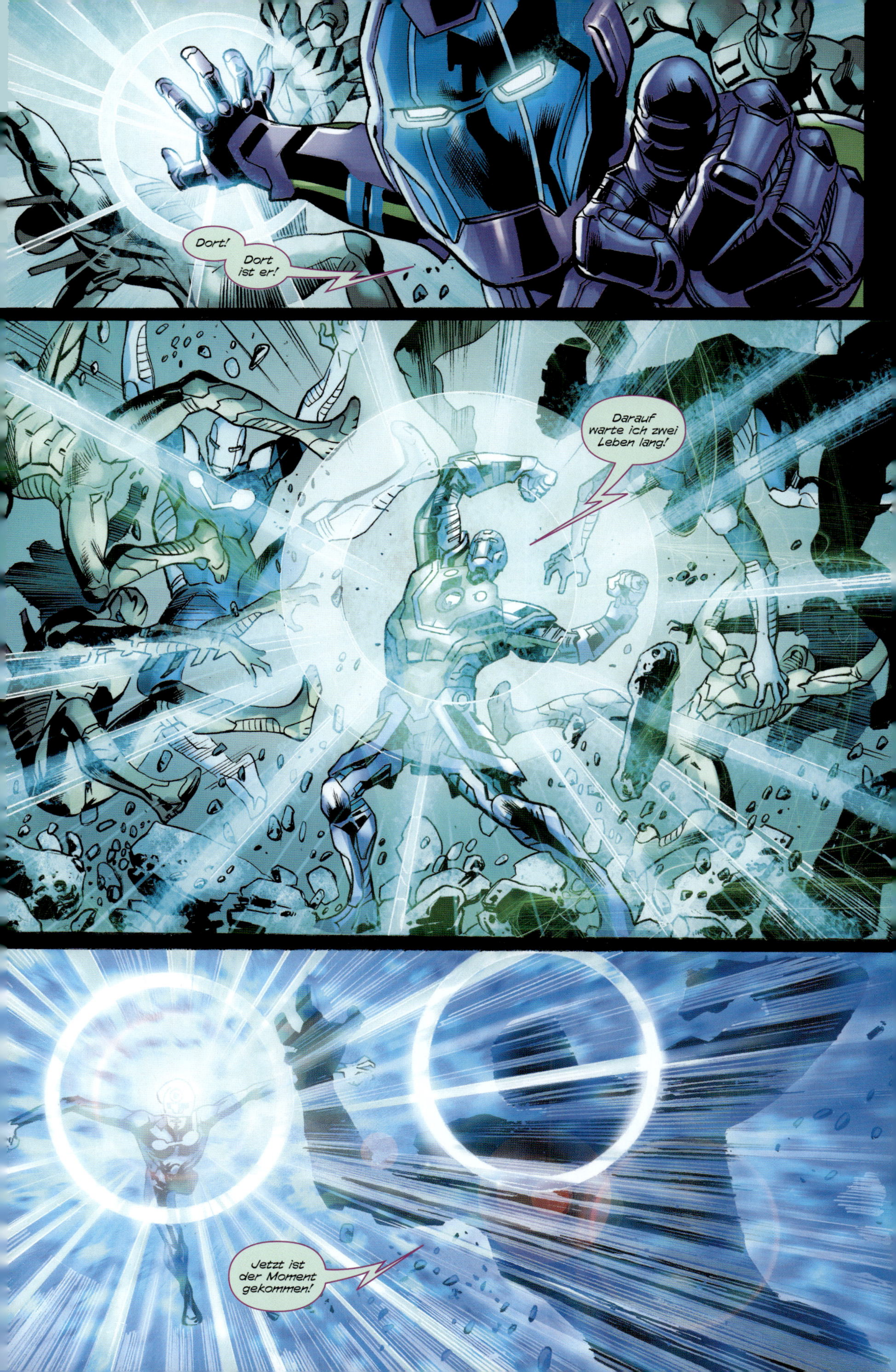
Dort!
Dort ist er!
Darauf warte ich zwei Leben lang!
Jetzt ist der Moment gekommen!

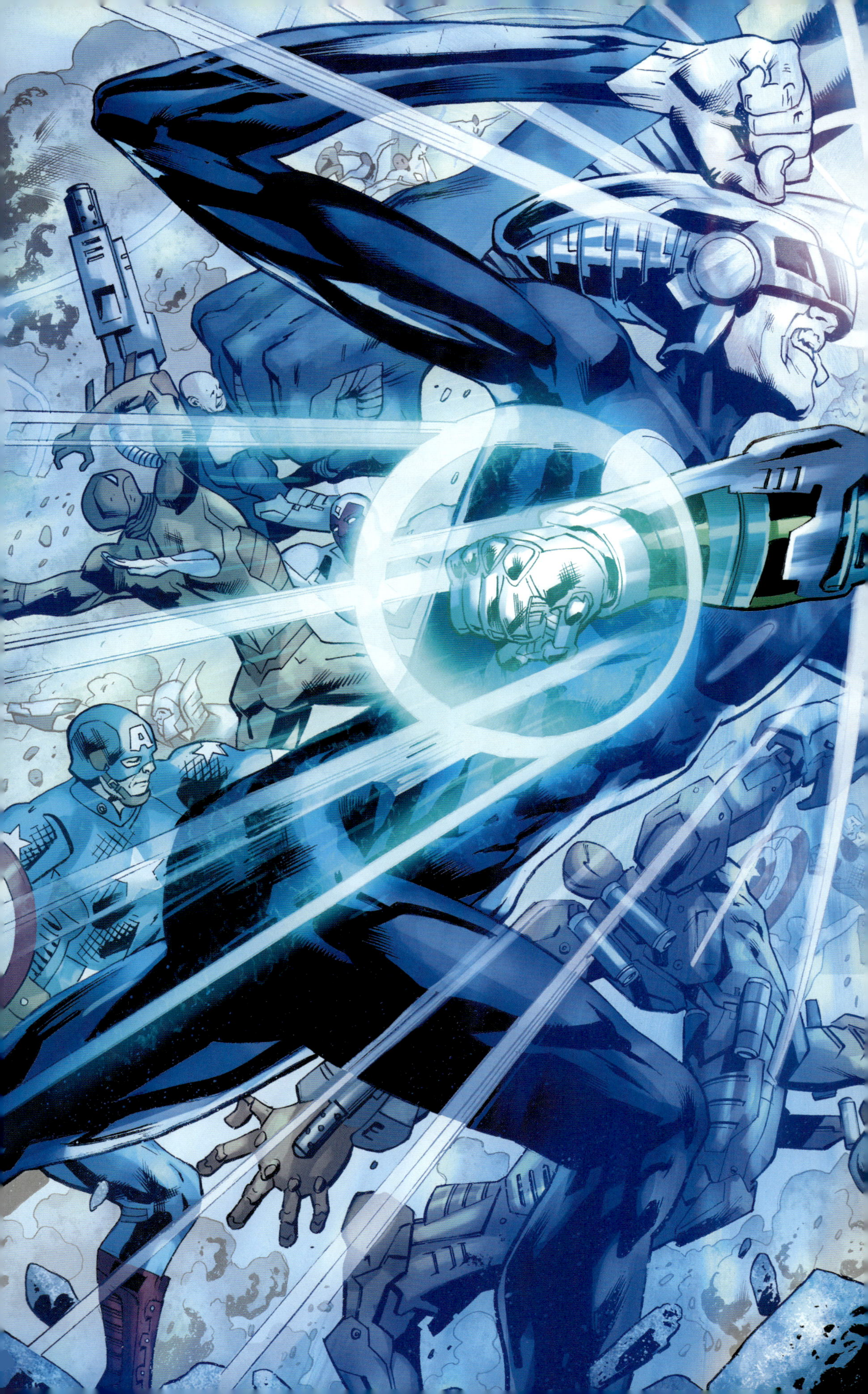

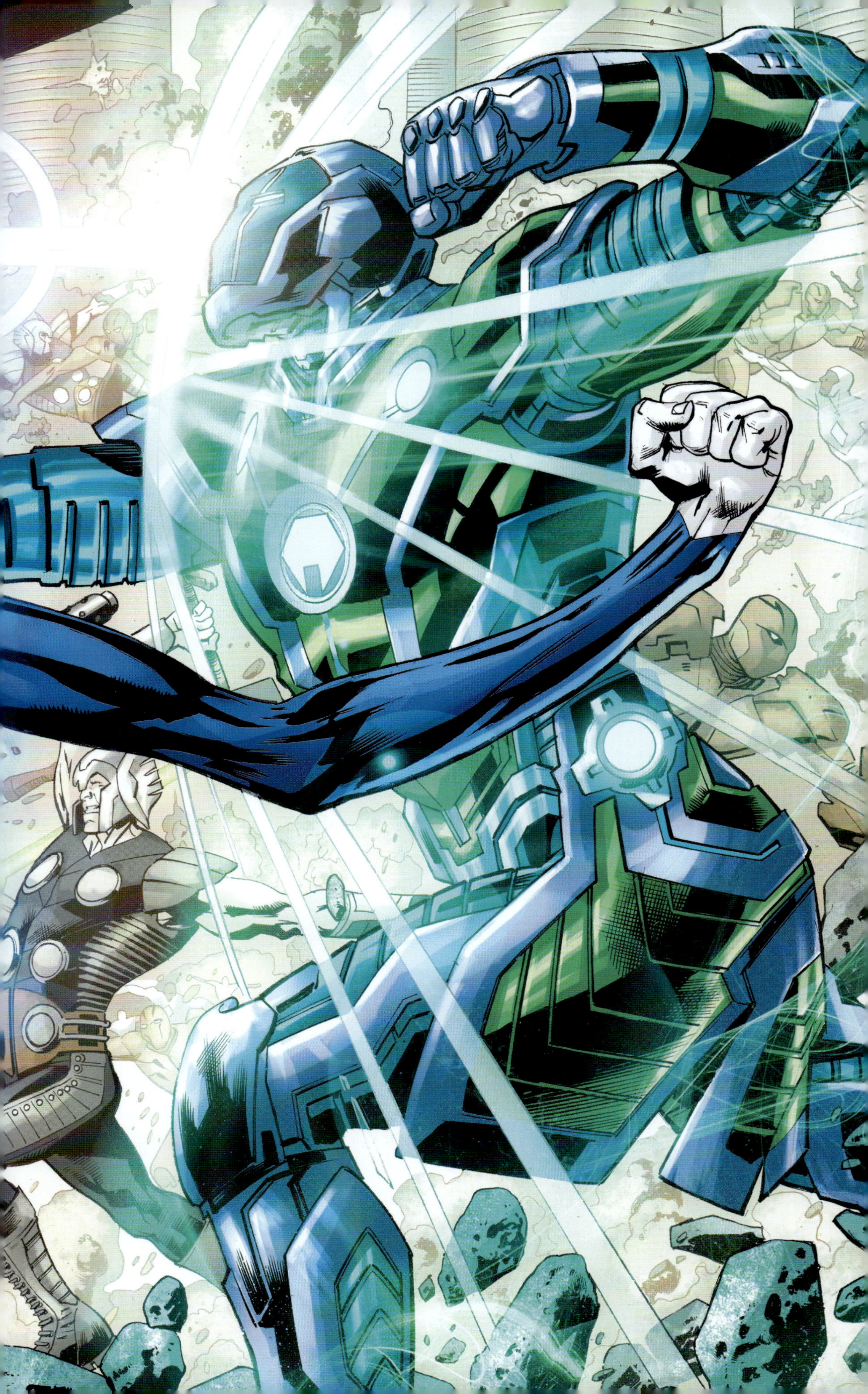

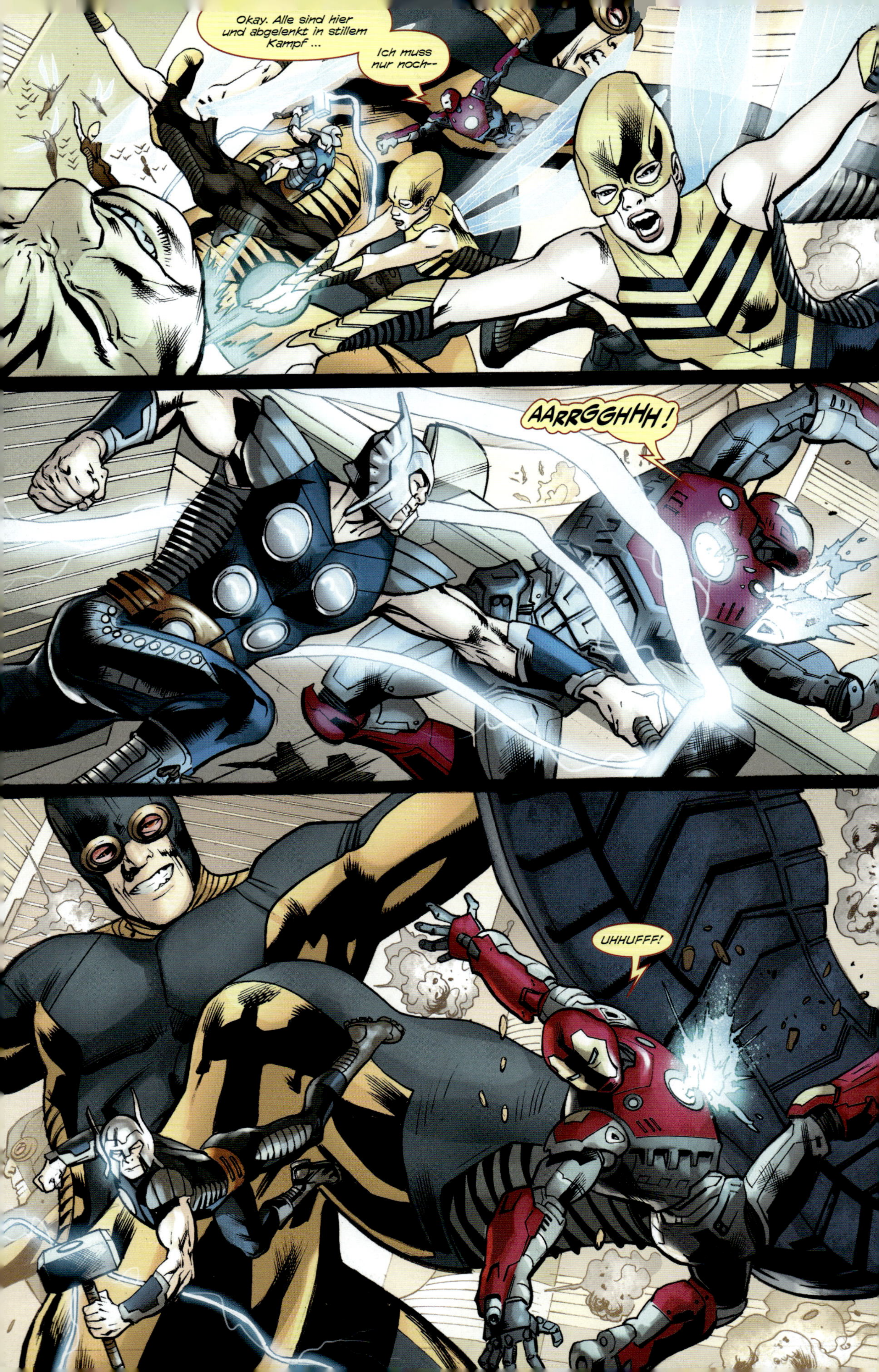
Okay. Alle sind hier und abgelenkt in stillem Kampf ...
Ich muss nur noch--
AARRGGHHH!
UHHUFFF!

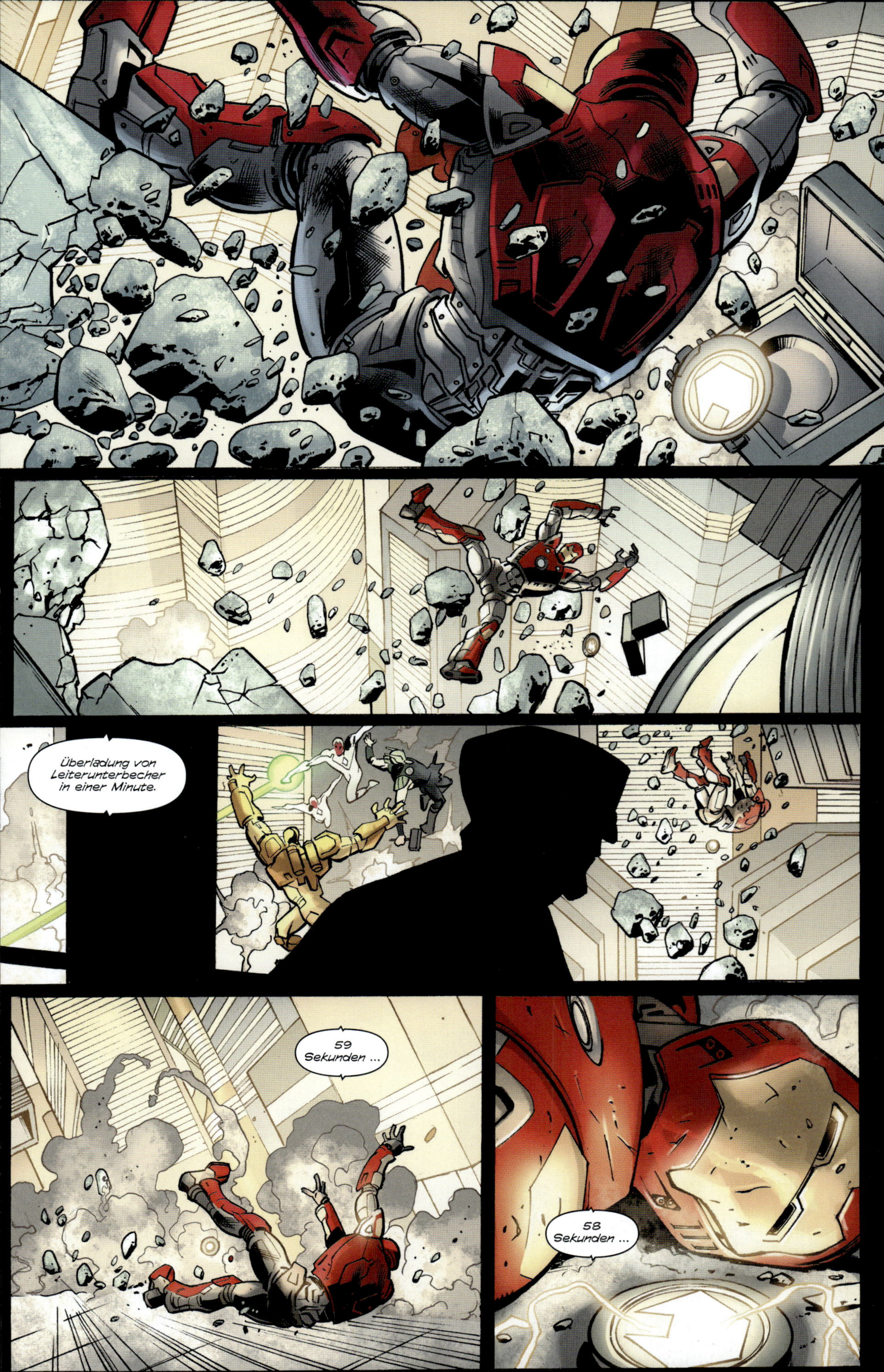
Überladung von Leiterunterbecher in einer Minute.
59 Sekunden ...
58 Sekunden ...

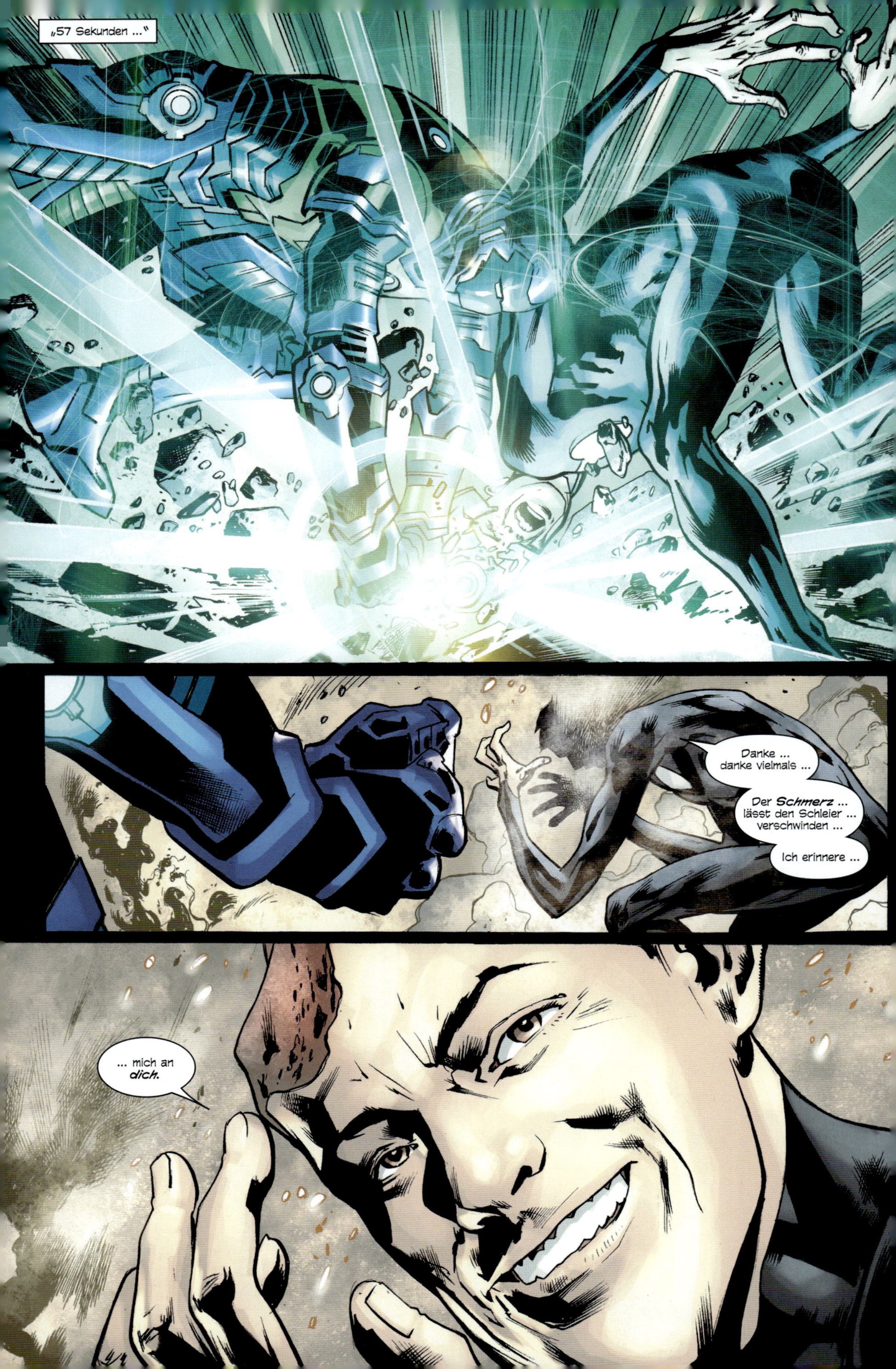
„57 Sekunden ..."
Danke ... danke vielmals ...
Der *Schmerz* ... lässt den Schleier ... verschwinden ...
Ich erinnere ...
... mich an *dich*.

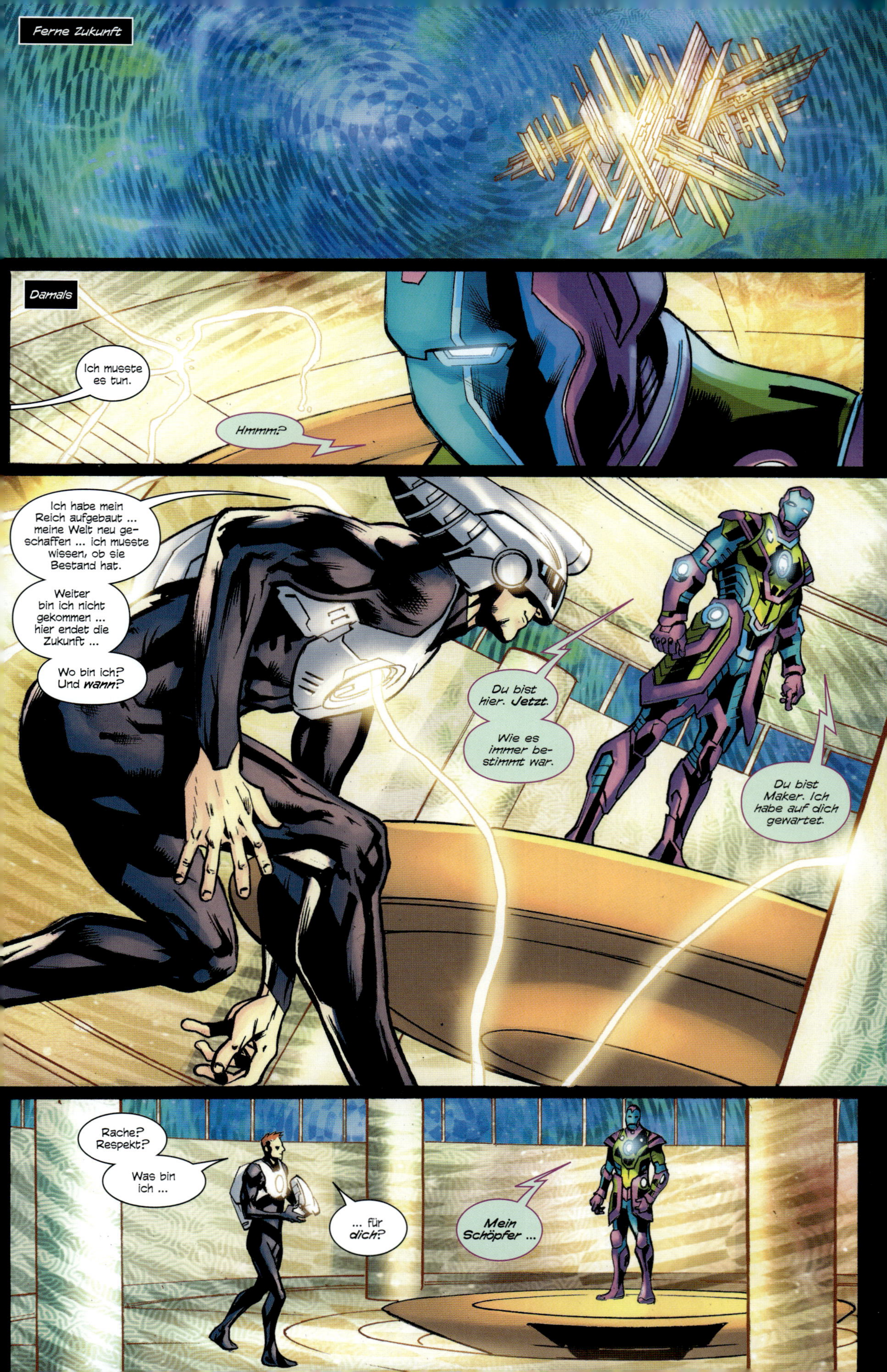
Ferne Zukunft
Damals
Ich musste es tun.
Hmmm?
Ich habe mein Reich aufgebaut ... meine Welt neu geschaffen ... ich musste wissen, ob sie Bestand hat.
Weiter bin ich nicht gekommen ... hier endet die Zukunft ...
Wo bin ich? Und *wann*?
Du bist hier. **Jetzt.**
Wie es immer bestimmt war.
Du bist Maker. Ich habe auf dich gewartet.
Rache? Respekt?
Was bin ich ...
... für *dich*?
Mein Schöpfer ...

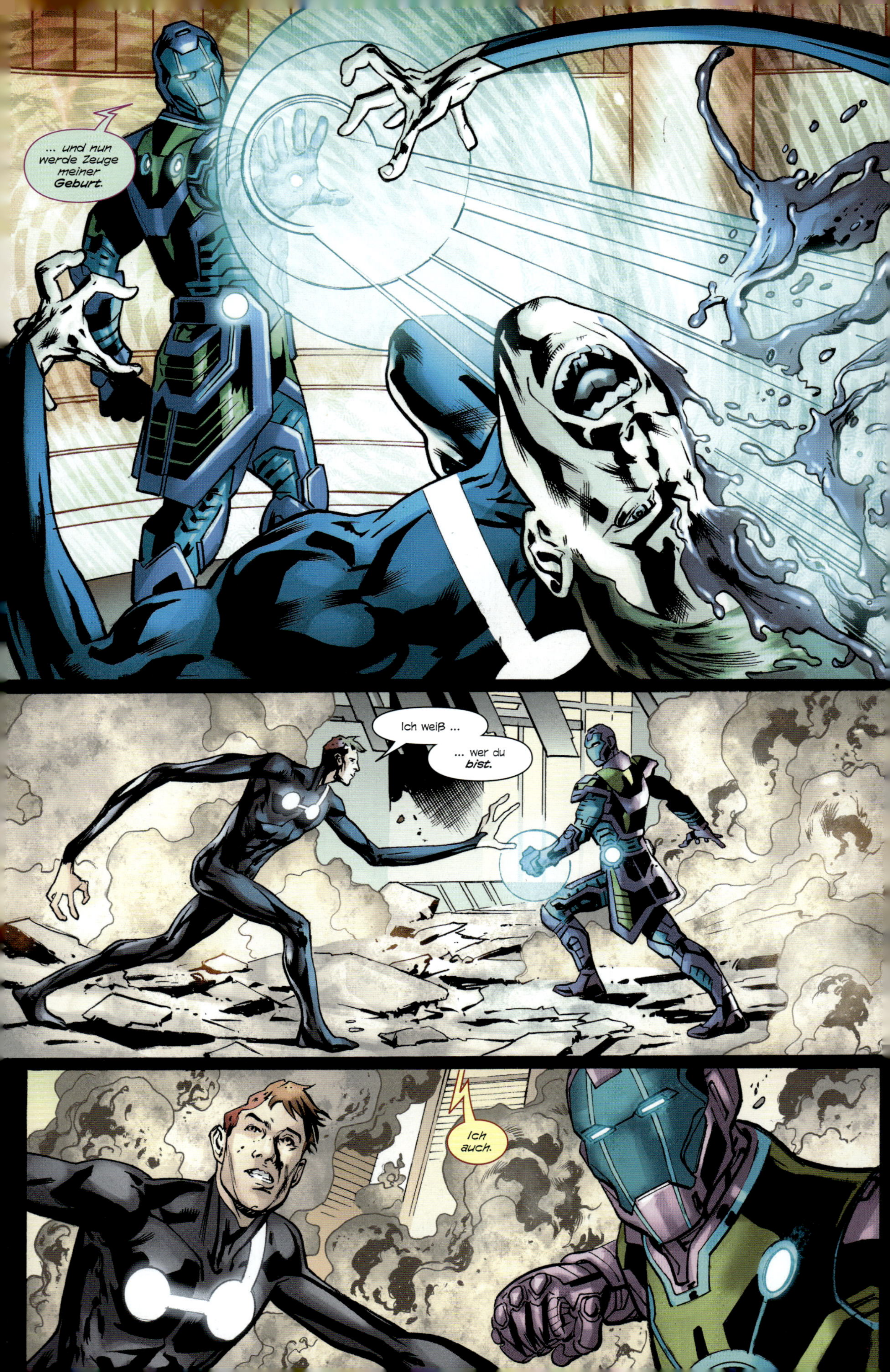
... und nun werde Zeuge meiner Geburt.
Ich weiß ...
... wer du bist.
Ich auch.

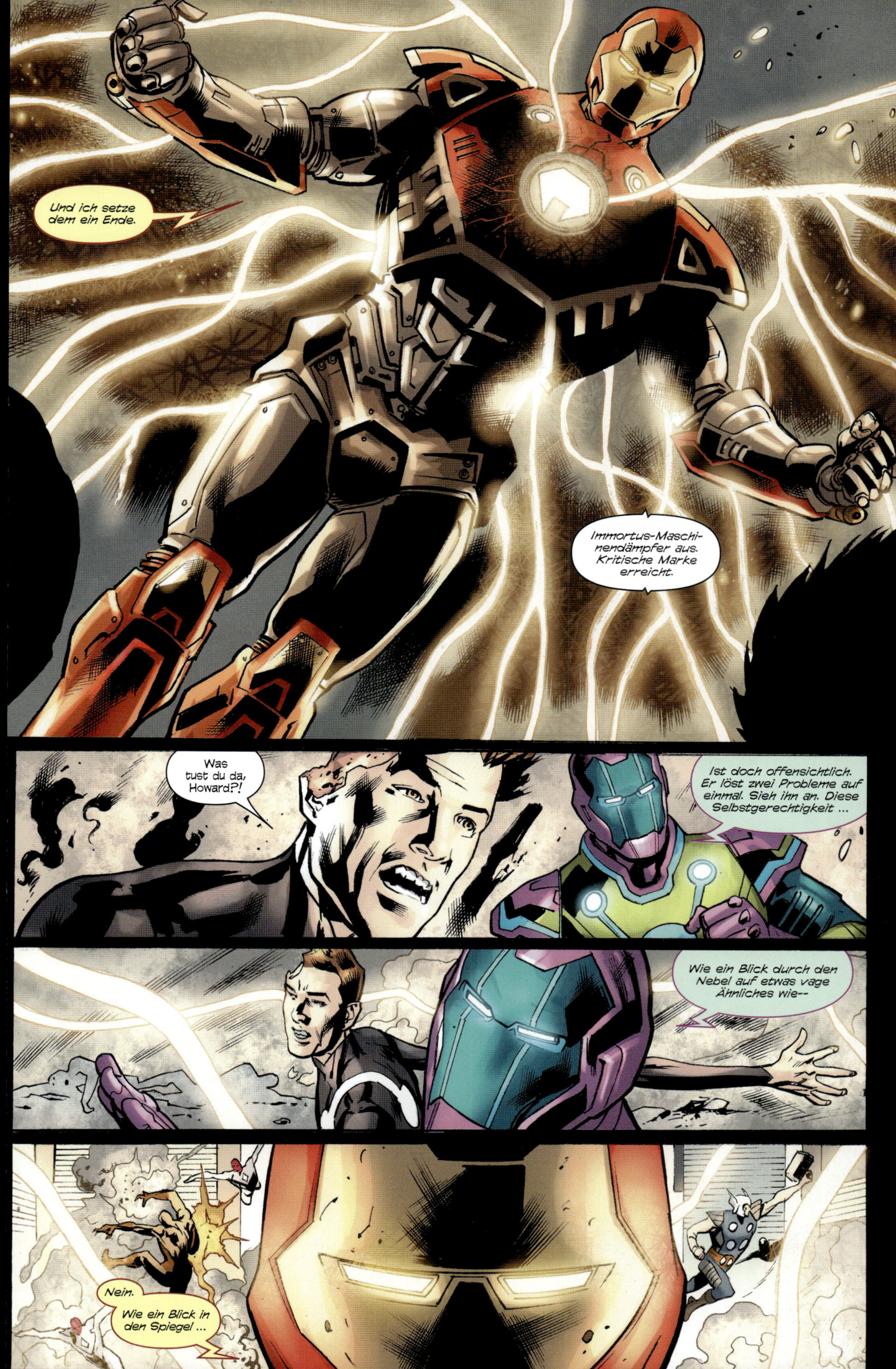
Und ich setze dem ein Ende.
Immortus-Maschinendämpfer aus. Kritische Marke erreicht.
Was tust du da, Howard?!
Ist doch offensichtlich. Er löst zwei Probleme auf einmal. Sieh ihn an. Diese Selbstgerechtigkeit ...
Wie ein Blick durch den Nebel auf etwas vage Ähnliches wie--
Nein.
Wie ein Blick in den Spiegel ...

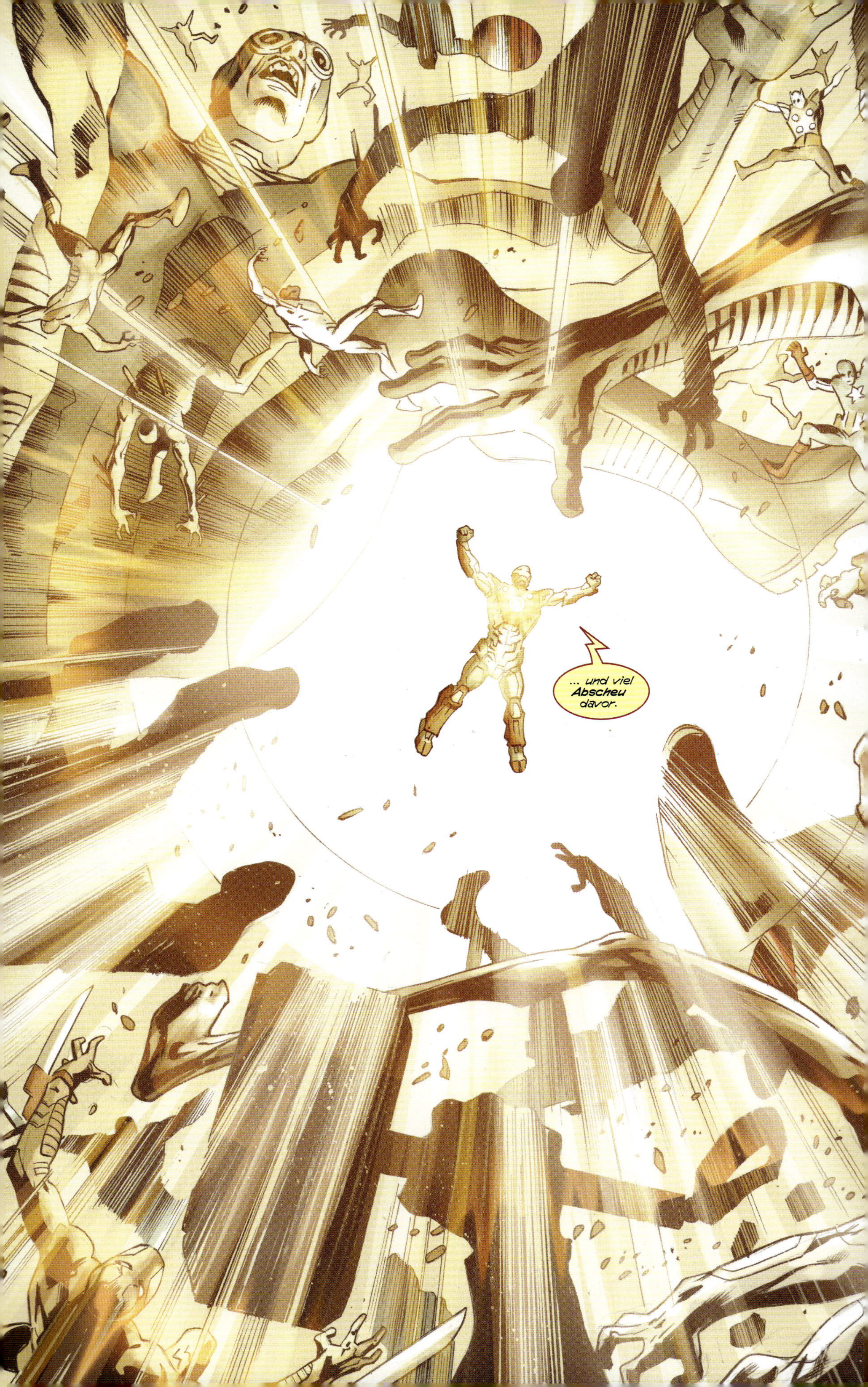
... und viel Abscheu davor.

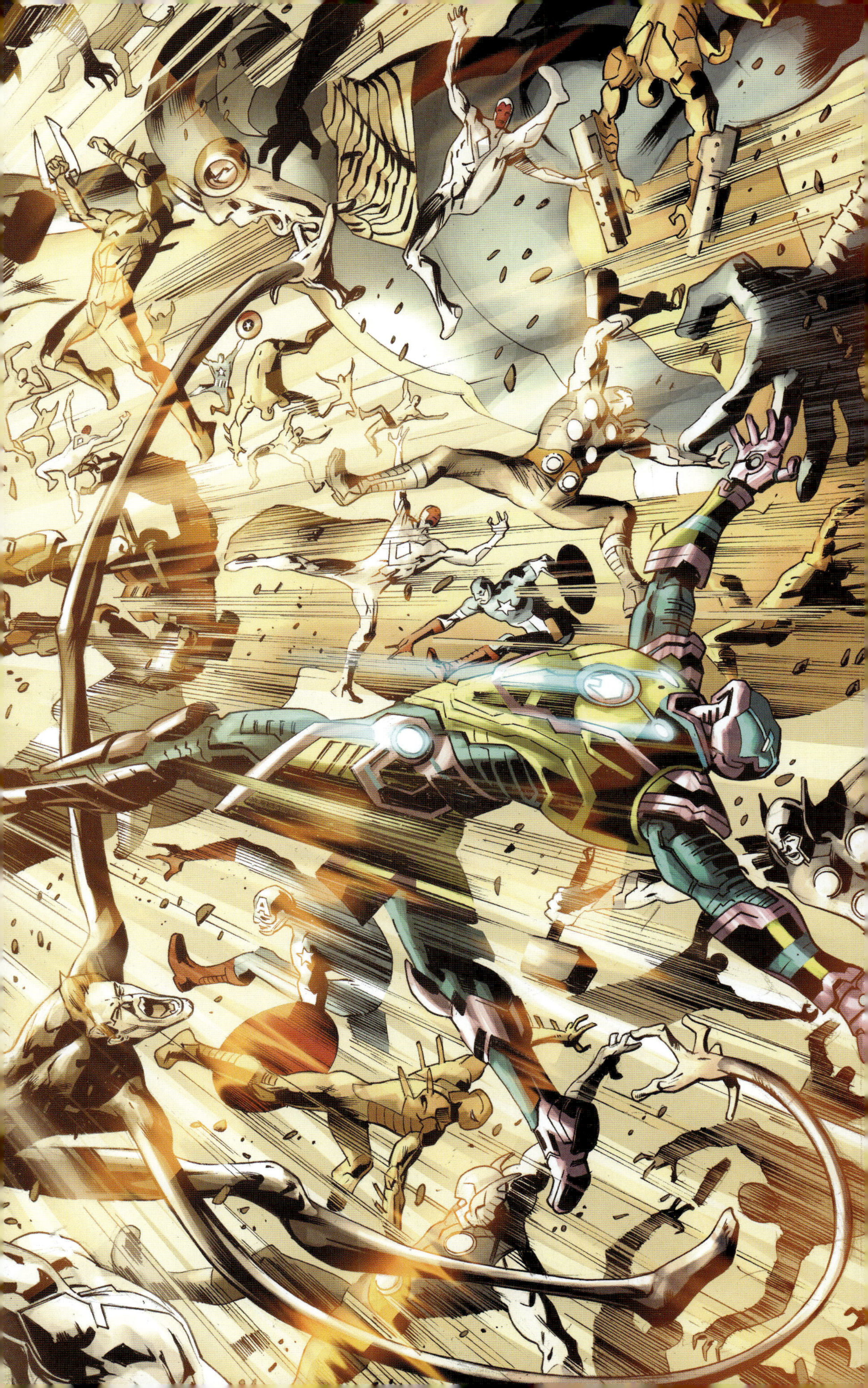

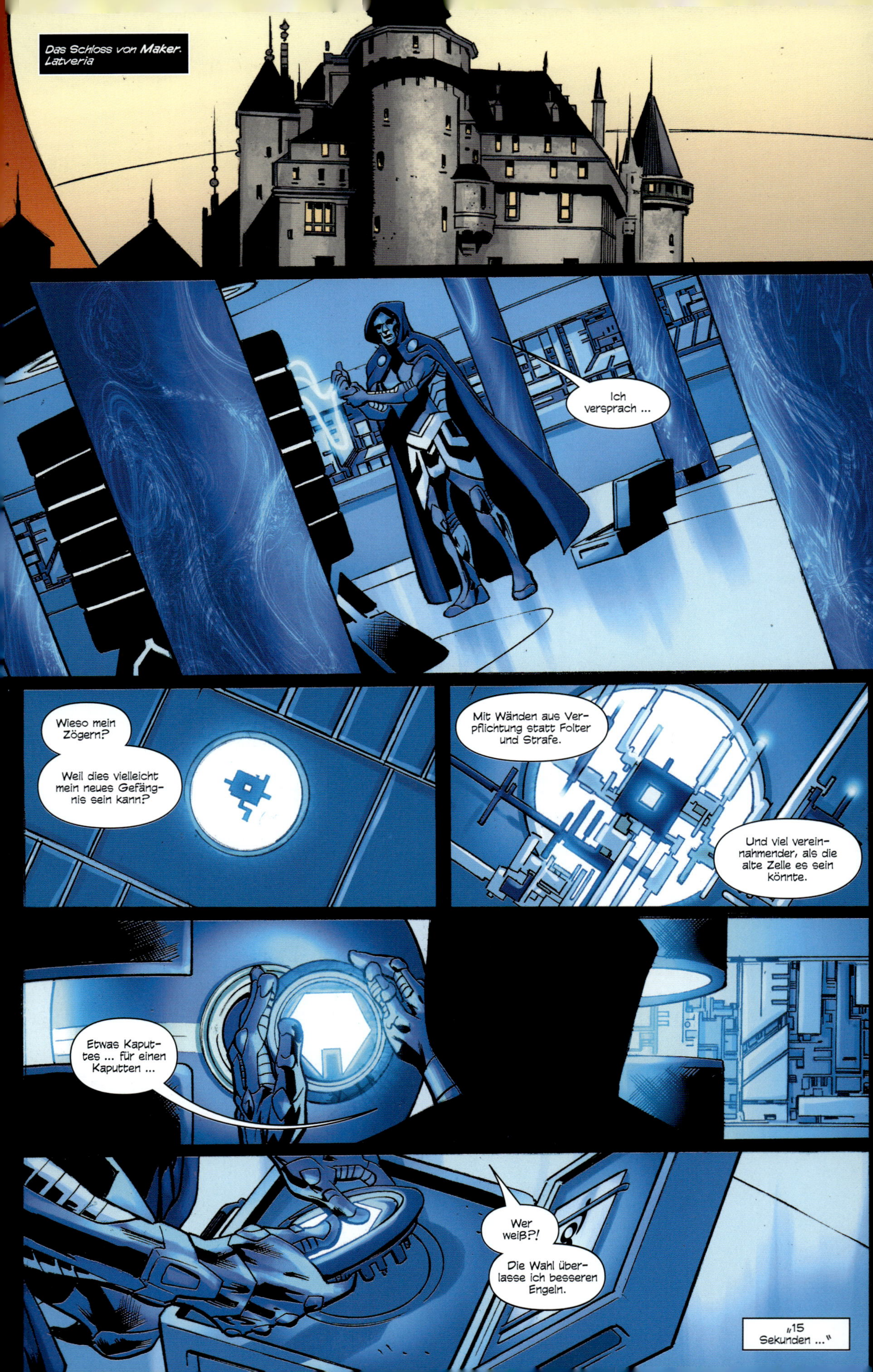
Das Schloss von Maker. Latveria
Ich versprach ...
Wieso mein Zögern?
Weil dies vielleicht mein neues Gefängnis sein kann?
Mit Wänden aus Verpflichtung statt Folter und Strafe.
Und viel vereinnahmender, als die alte Zelle es sein könnte.
Etwas Kaputtes ... für einen Kaputten ...
Wer weiß?!
Die Wahl überlasse ich besseren Engeln.
„15 Sekunden ..."

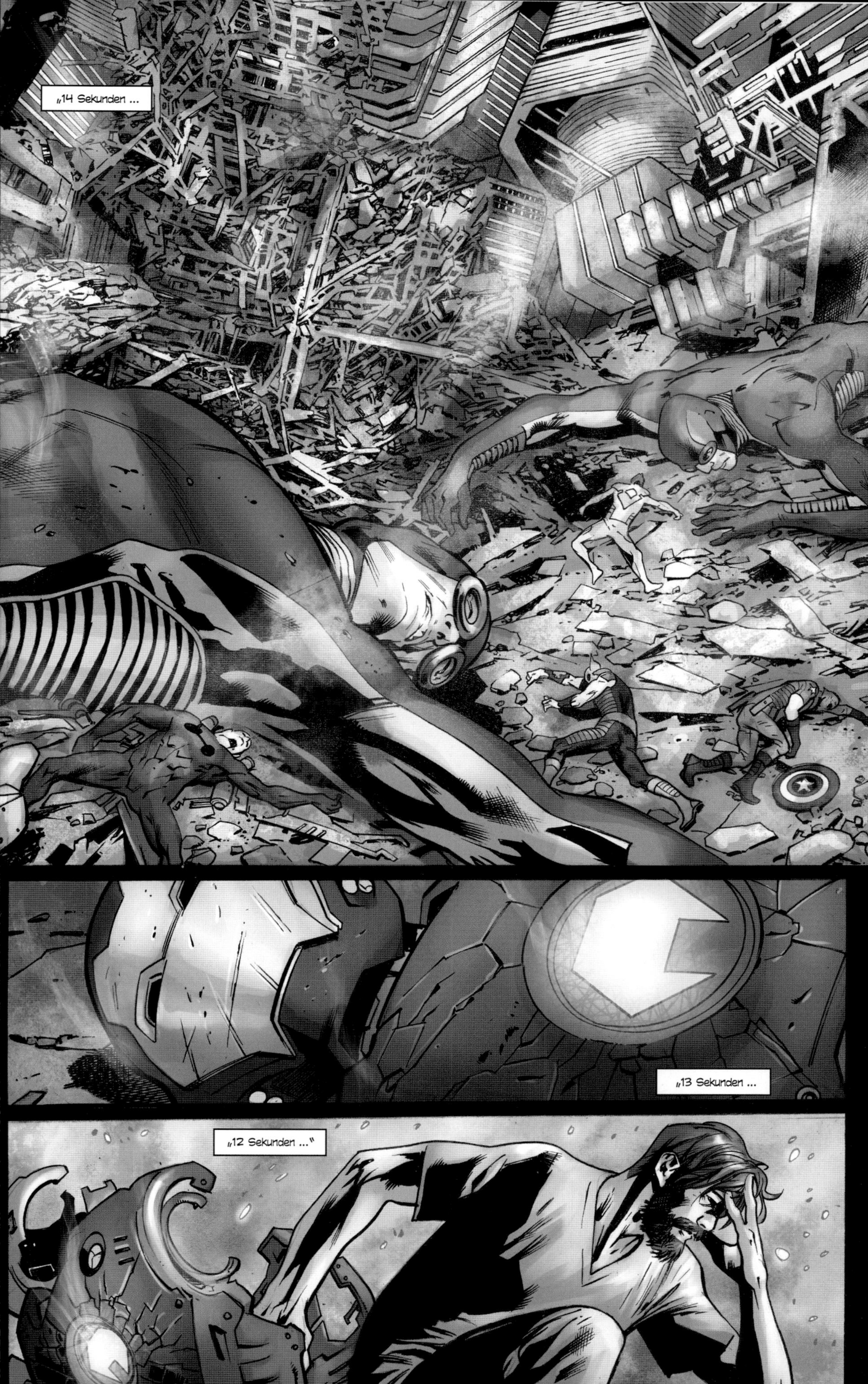
„14 Sekunden ...
„13 Sekunden ...
„12 Sekunden ..."

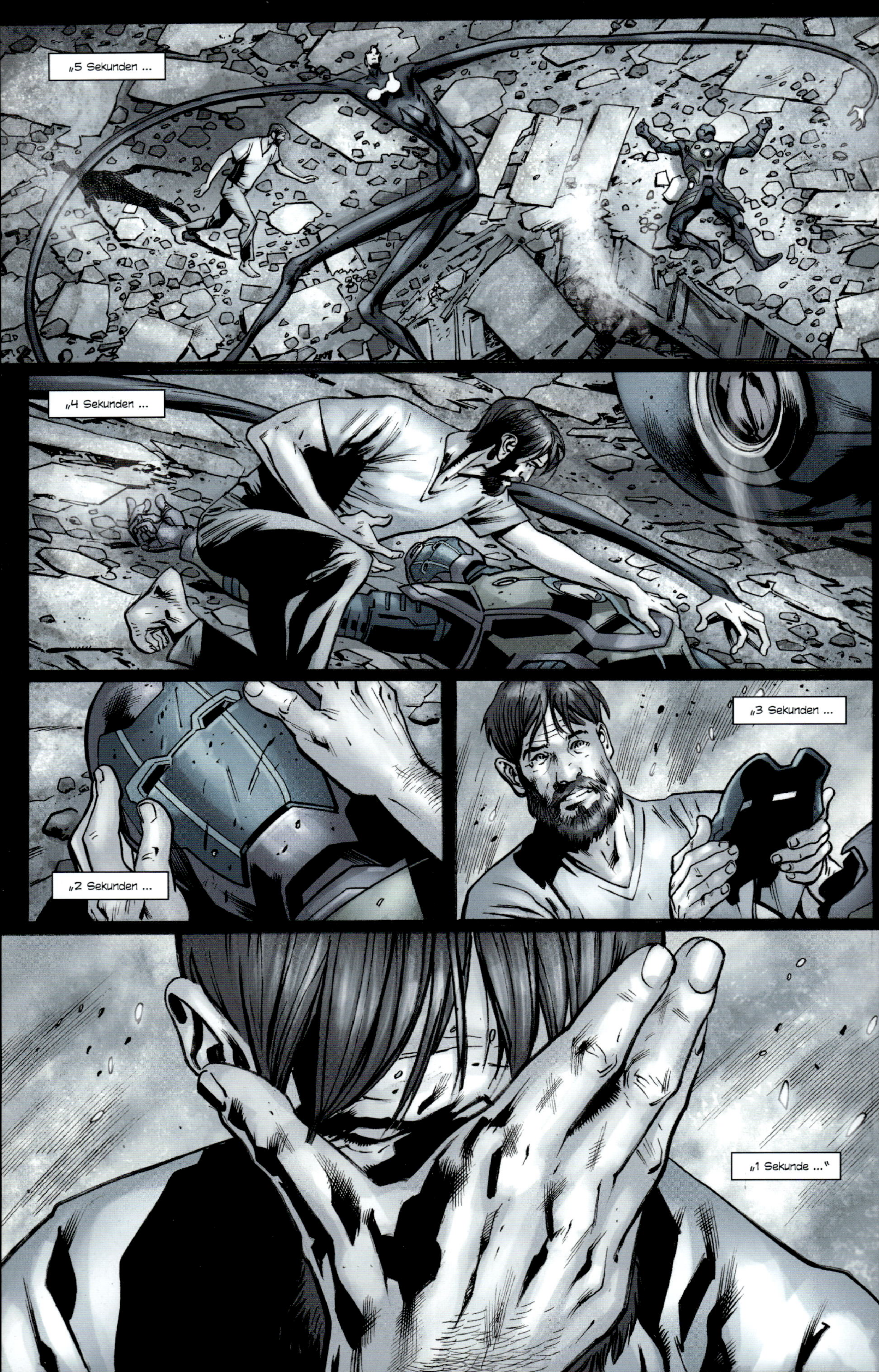
„5 Sekunden ...
„4 Sekunden ...
„2 Sekunden ...
„3 Sekunden ...
„1 Sekunde ...“

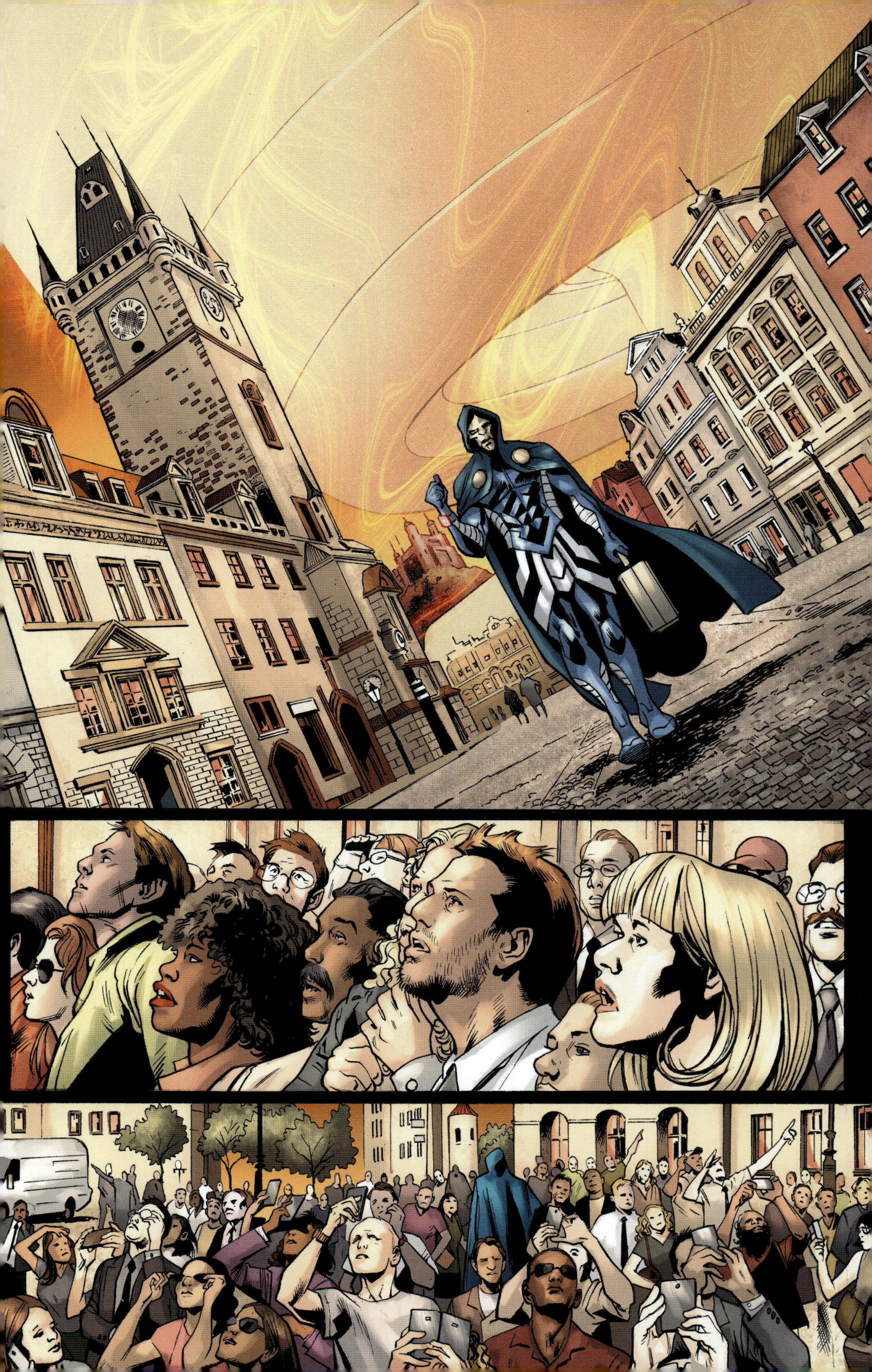

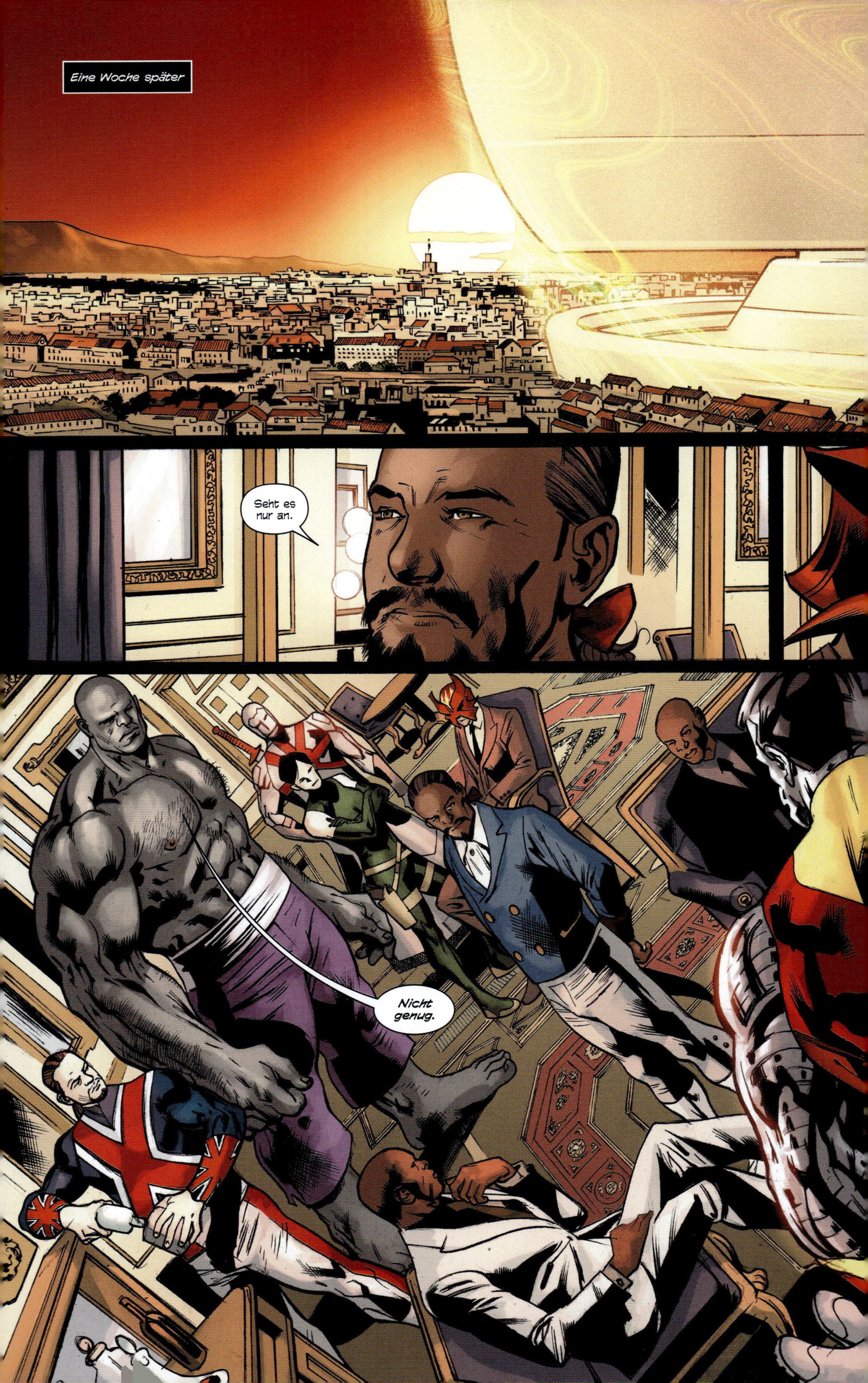
Eine Woche später
Seht es nur an.
Nicht genug.

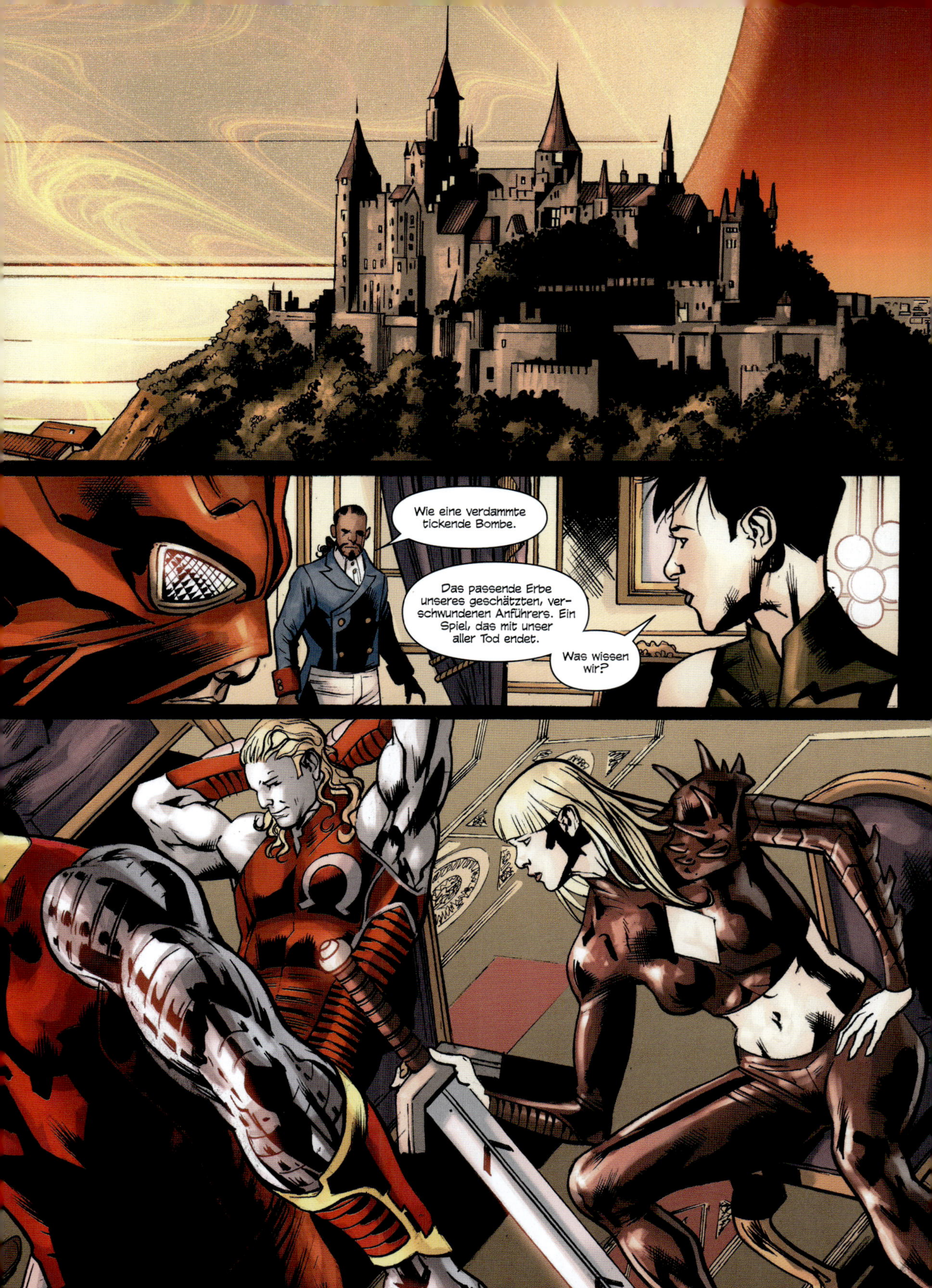
Wie eine verdammte tickende Bombe.
Das passende Erbe unseres geschätzten, verschwundenen Anführers. Ein Spiel, das mit unser aller Tod endet.
Was wissen wir?

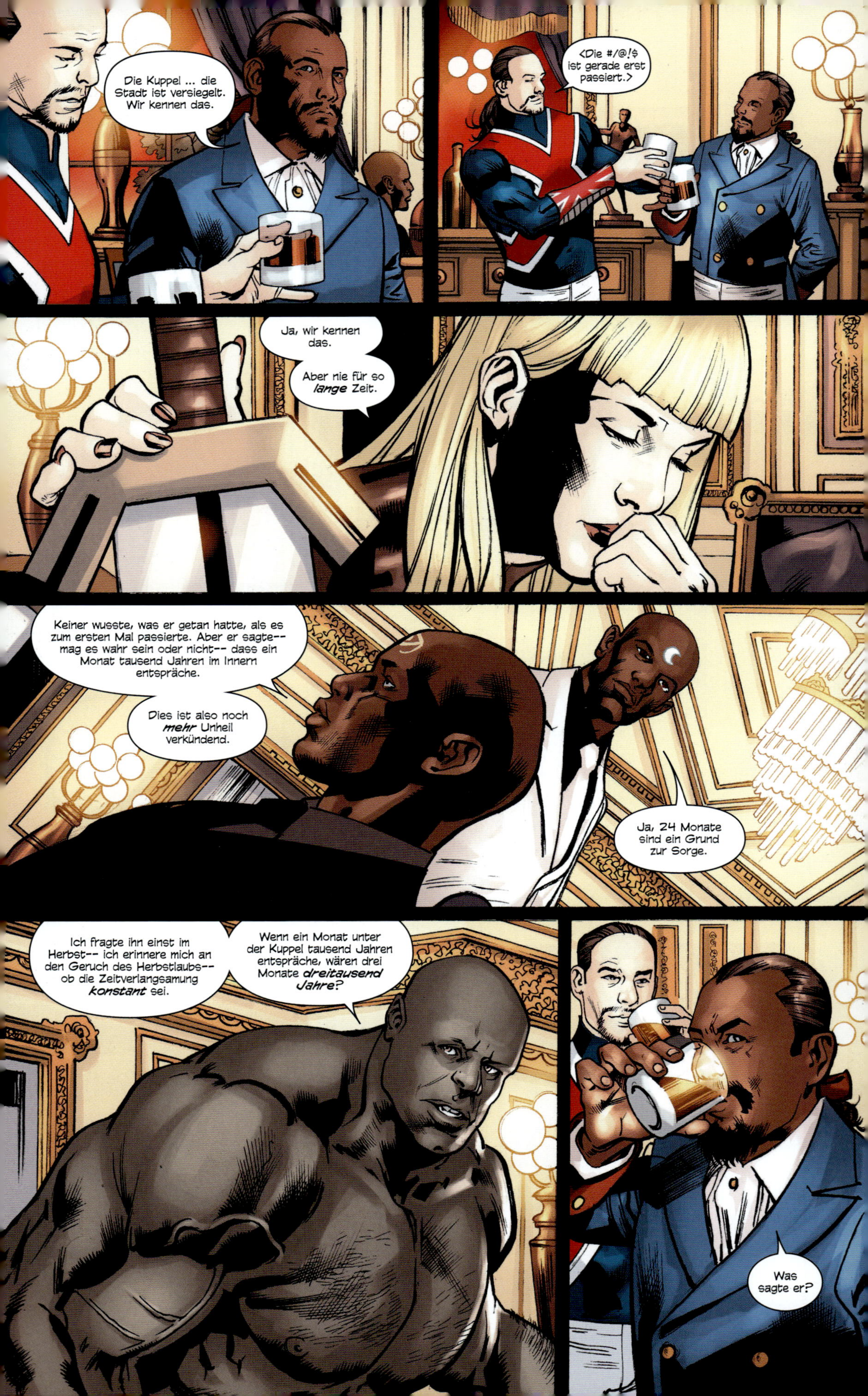

Die Kuppel ... die Stadt ist versiegelt. Wir kennen das.
<Die #/@!$ ist gerade erst passiert.>
Ja, wir kennen das.
Aber nie für so *lange* Zeit.
Keiner wusste, was er getan hatte, als es zum ersten Mal passierte. Aber er sagte-- mag es wahr sein oder nicht-- dass ein Monat tausend Jahren im Innern entspräche.
Dies ist also noch *mehr* Unheil verkündend.
Ja, 24 Monate sind ein Grund zur Sorge.
Ich fragte ihn einst im Herbst-- ich erinnere mich an den Geruch des Herbstlaubs-- ob die Zeitverlangsamung *konstant* sei.
Wenn ein Monat unter der Kuppel tausend Jahren entspräche, wären drei Monate *dreitausend Jahre*?
Was sagte er?

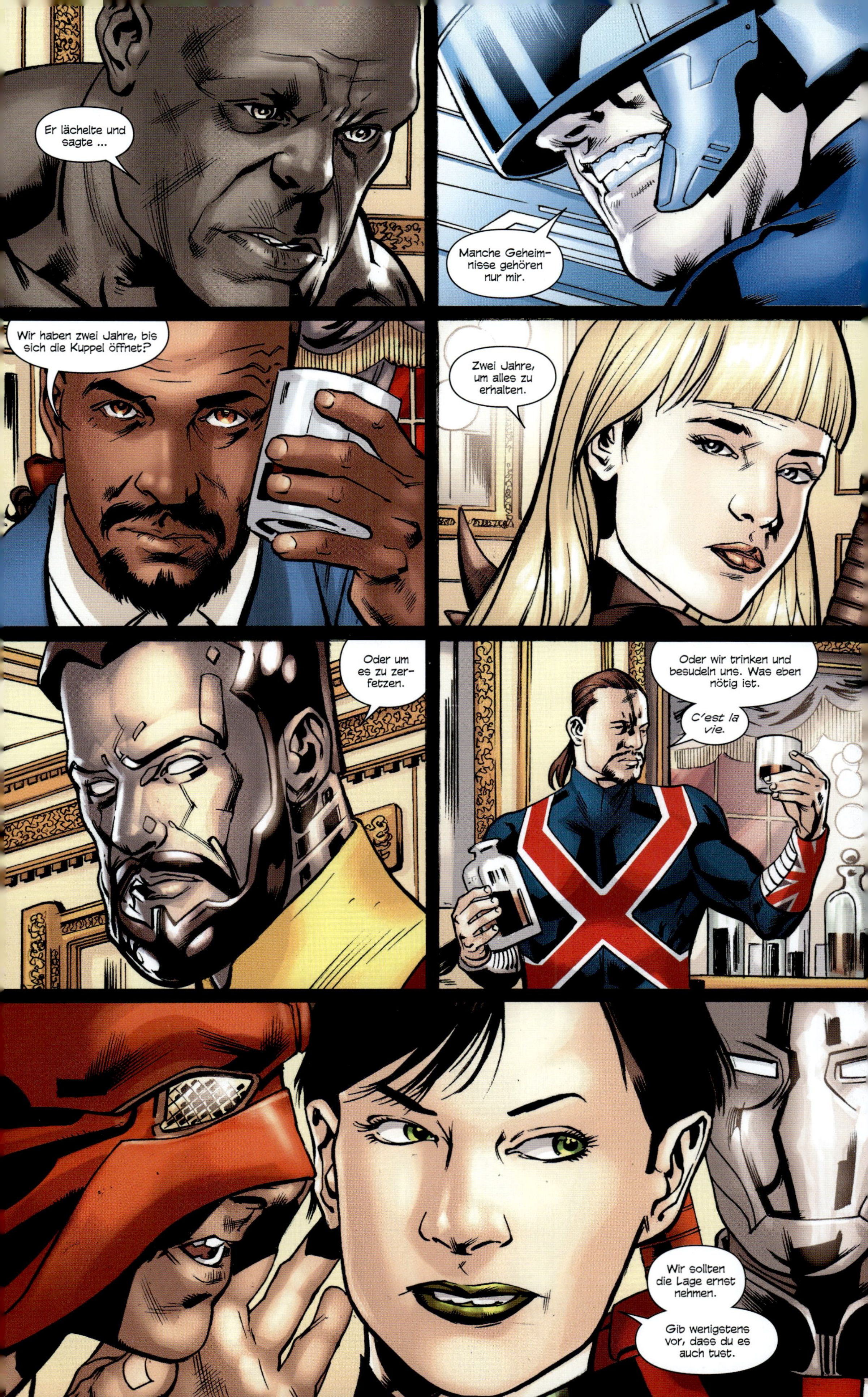
Er lächelte und sagte ...
Manche Geheimnisse gehören nur mir.
Wir haben zwei Jahre, bis sich die Kuppel öffnet?
Zwei Jahre, um alles zu erhalten.
Oder um es zu zerfetzen.
Oder wir trinken und besudeln uns. Was eben nötig ist.
C'est la vie.
Wir sollten die Lage ernst nehmen.
Gib wenigstens vor, dass du es auch tust.

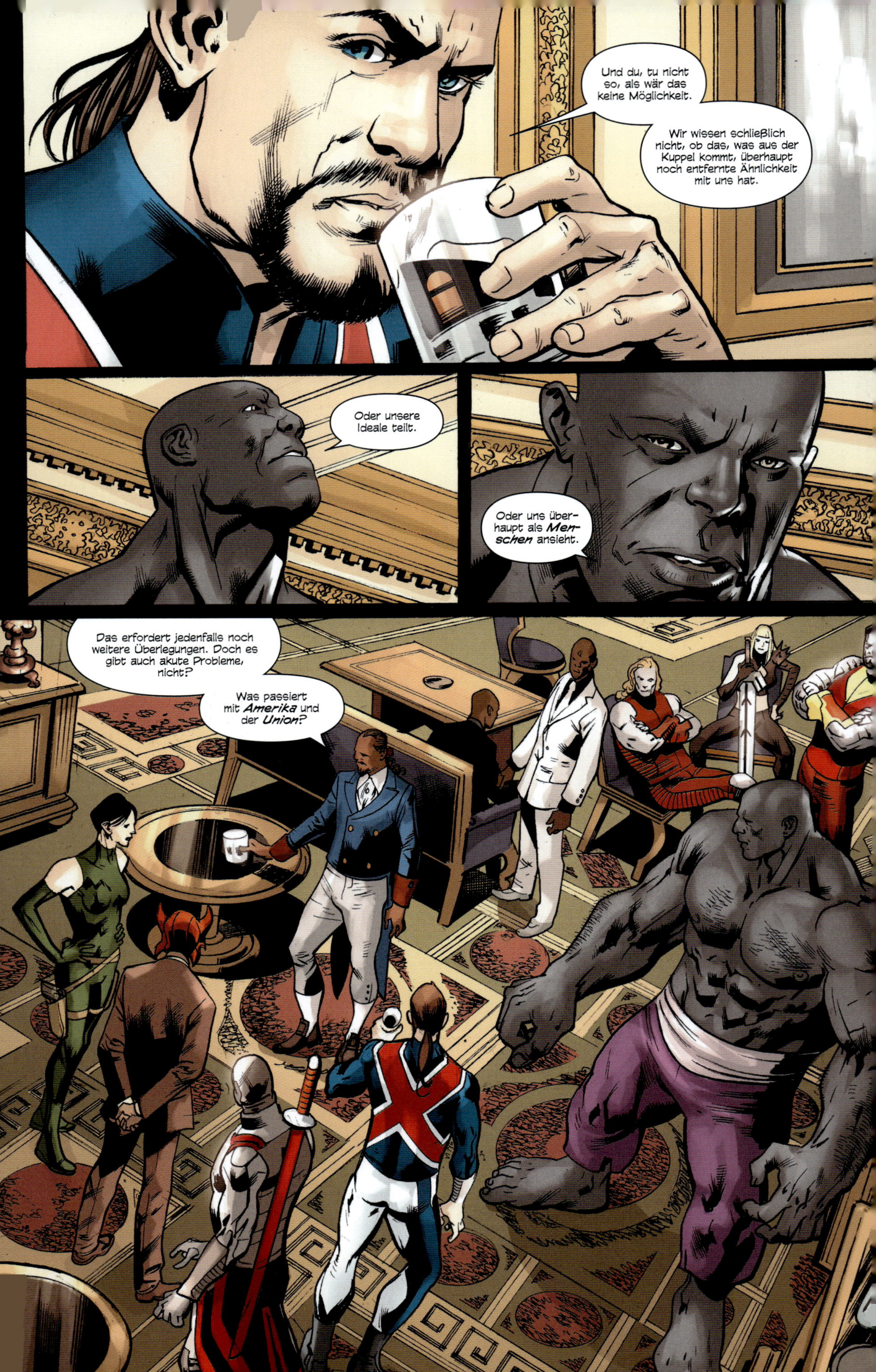
Und du, tu nicht so, als wär das keine Möglichkeit.
Wir wissen schließlich nicht, ob das, was aus der Kuppel kommt, überhaupt noch entfernte Ähnlichkeit mit uns hat.
Oder unsere Ideale teilt.
Oder uns überhaupt als *Menschen* ansieht.
Das erfordert jedenfalls noch weitere Überlegungen. Doch es gibt auch akute Probleme, nicht?
Was passiert mit *Amerika* und der *Union*?

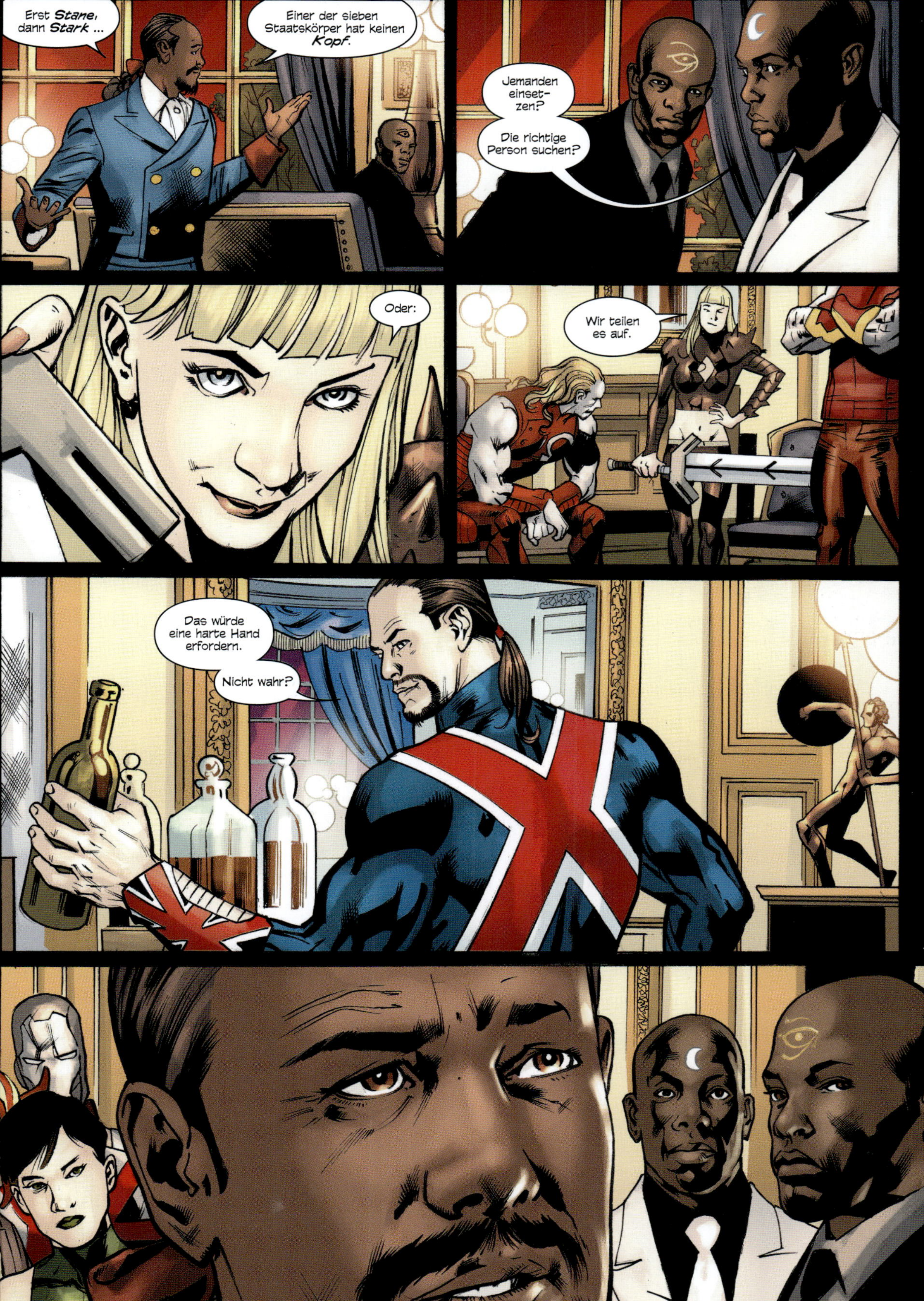
Erst Stane, dann Stark ...
Einer der sieben Staatskörper hat keinen Kopf.
Jemanden einset-zen?
Die richtige Person suchen?
Oder:
Wir teilen es auf.
Das würde eine harte Hand erfordern.
Nicht wahr?
Ja ...

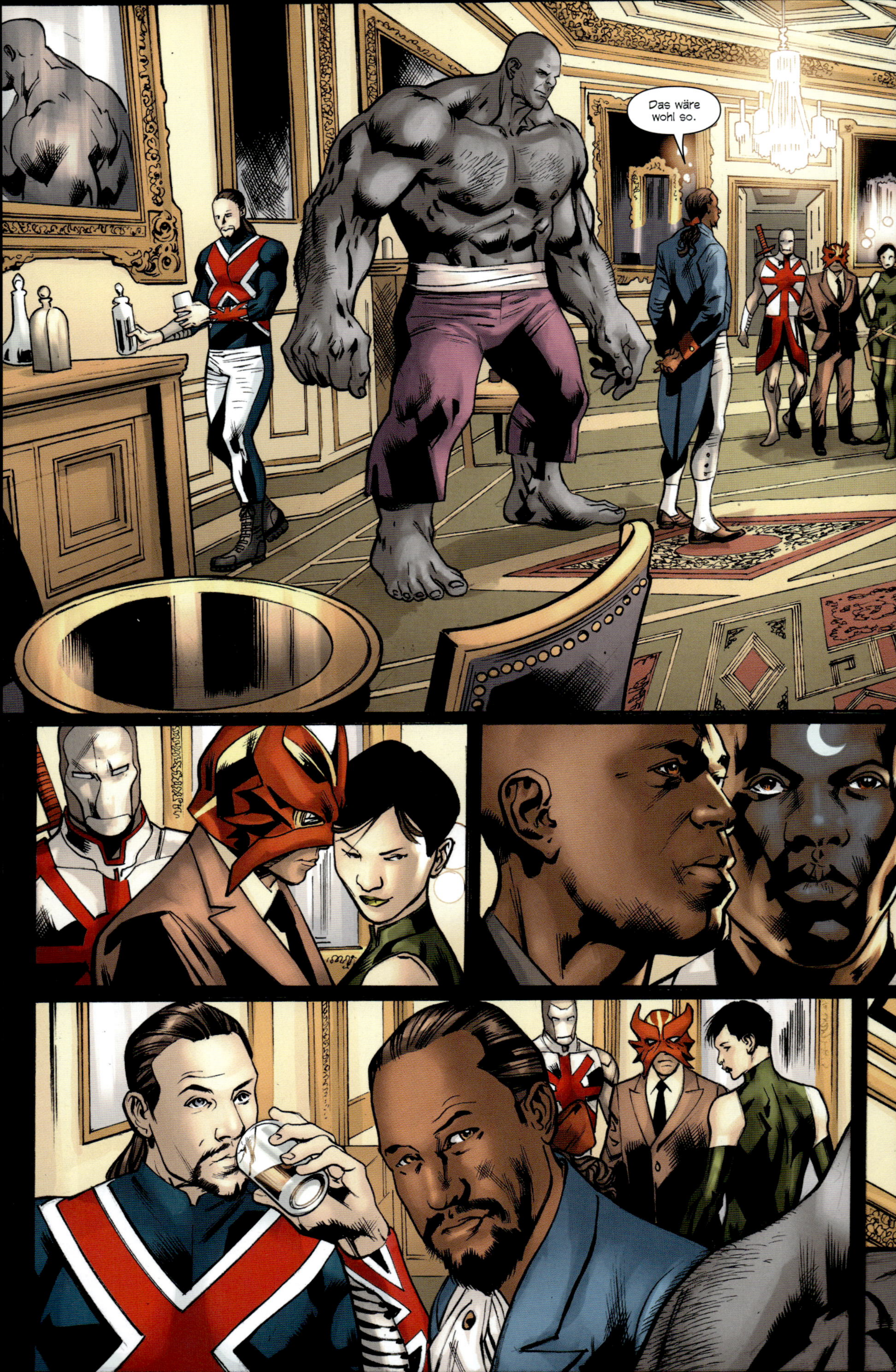
Das wäre
wohl so.

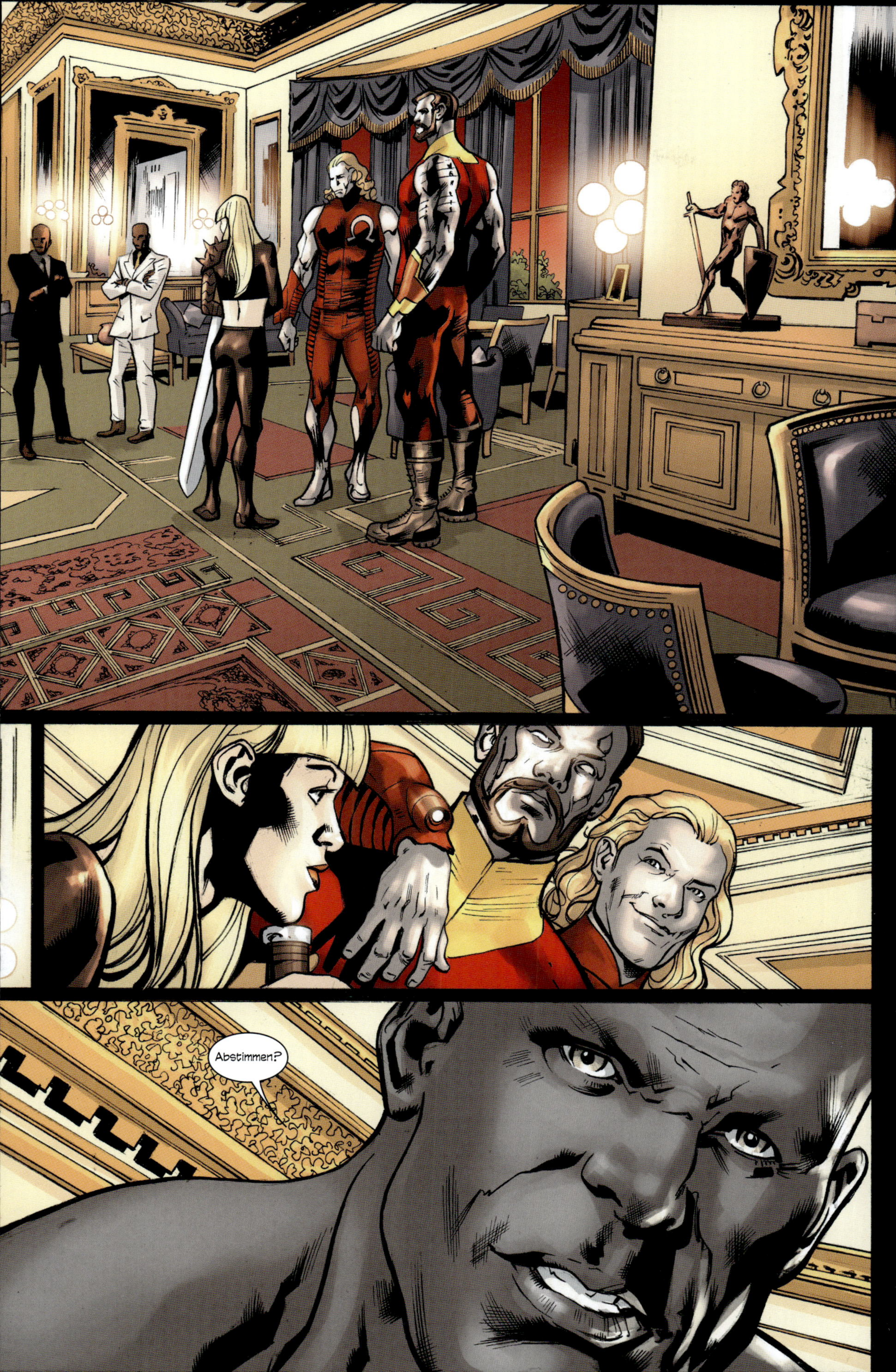
Abstimmen?

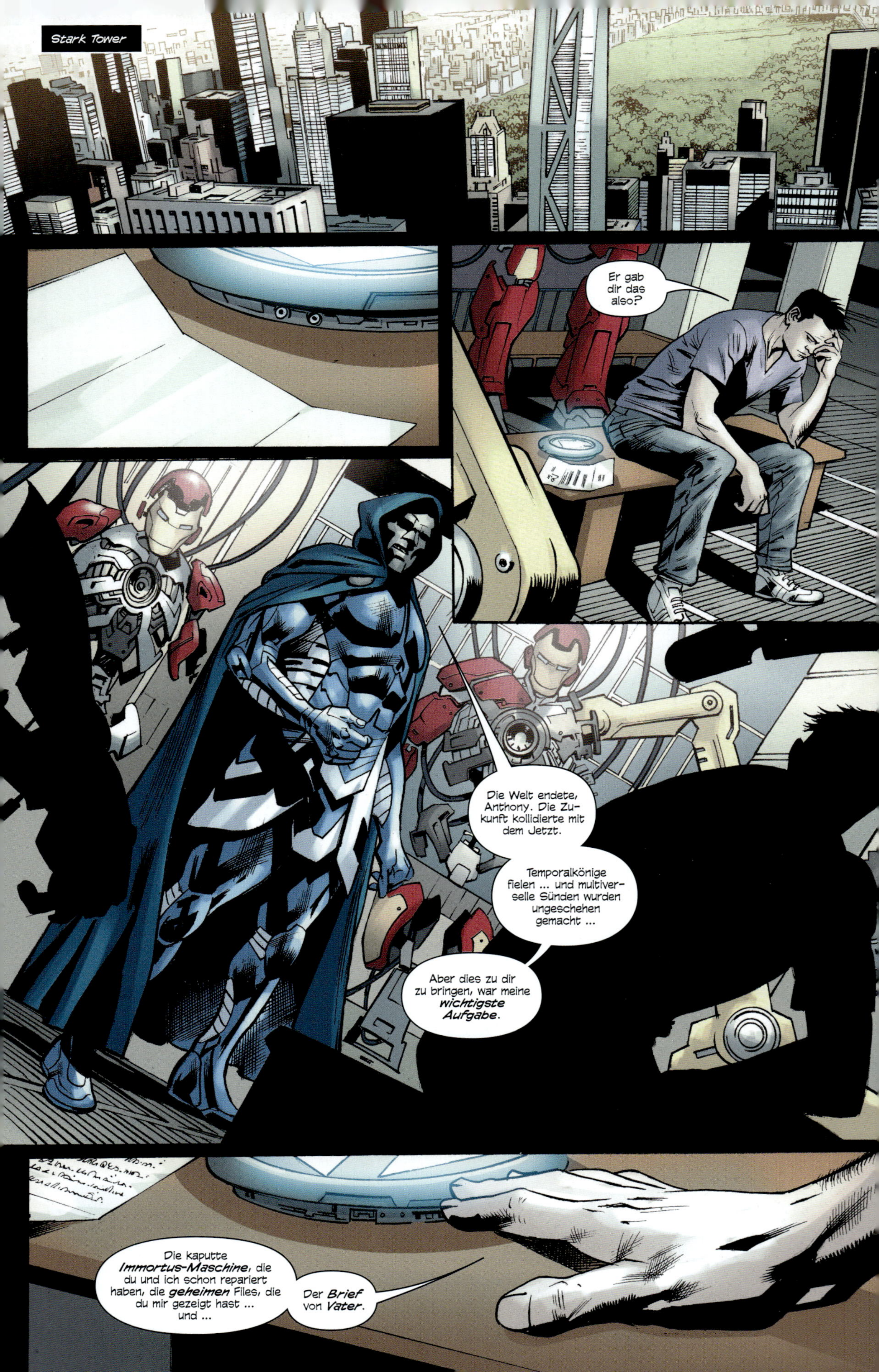

Stark Tower
Er gab dir das also?
Die Welt endete, Anthony. Die Zukunft kollidierte mit dem Jetzt.
Temporalkönige fielen ... und multiverselle Sünden wurden ungeschehen gemacht ...
Aber dies zu dir zu bringen, war meine wichtigste Aufgabe.
Die kaputte Immortus-Maschine, die du und ich schon repariert haben, die geheimen Files, die du mir gezeigt hast ... und ...
Der Brief von Vater.

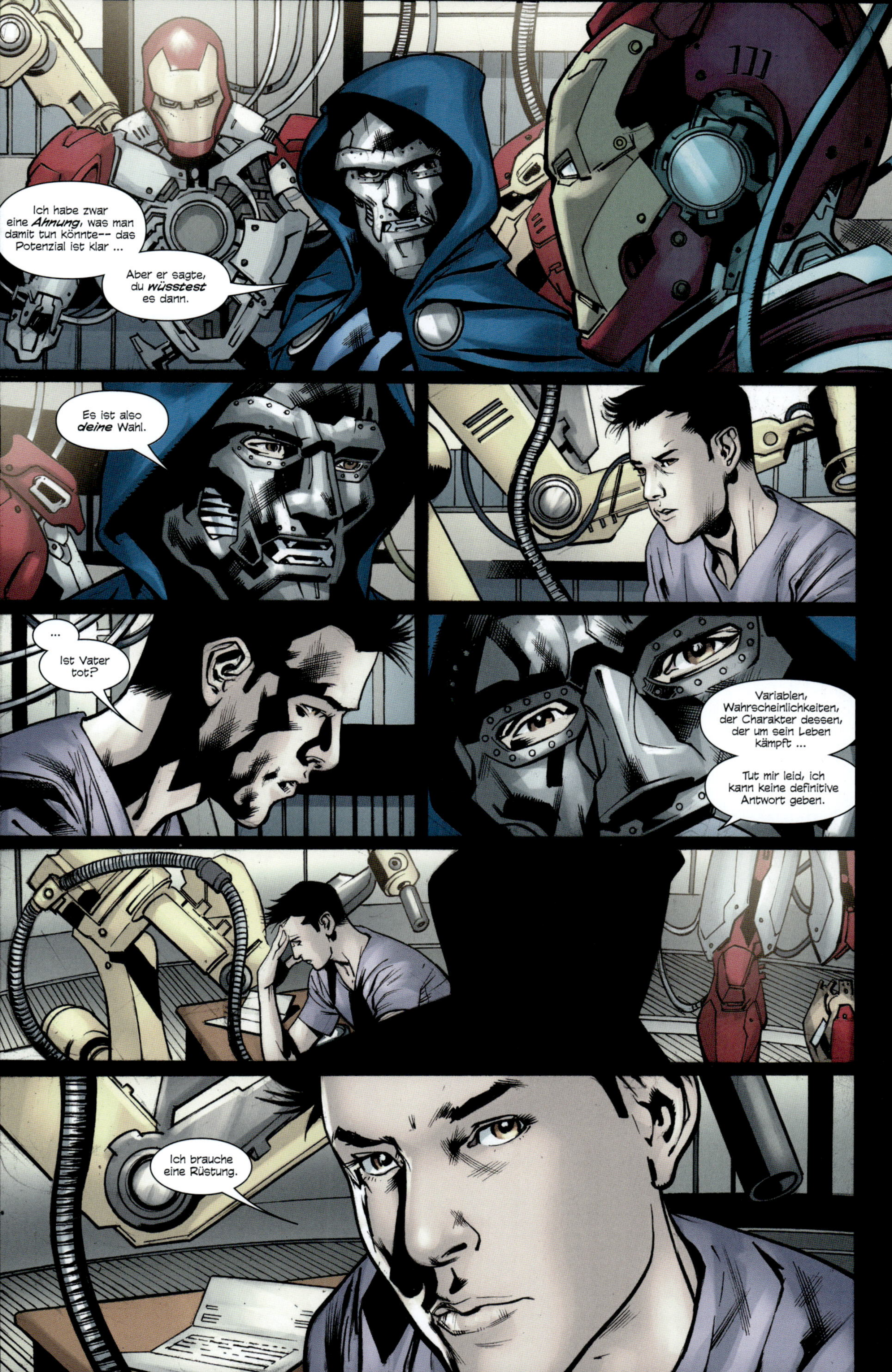
Ich habe zwar eine *Ahnung*, was man damit tun könnte-- das Potenzial ist klar ...
Aber er sagte, du *wüsstest* es dann.
Es ist also *deine* Wahl.
...
Ist Vater tot?
Variablen, Wahrscheinlichkeiten, der Charakter dessen, der um sein Leben kämpft ...
Tut mir leid, ich kann keine definitive Antwort geben.
Ich brauche eine Rüstung.

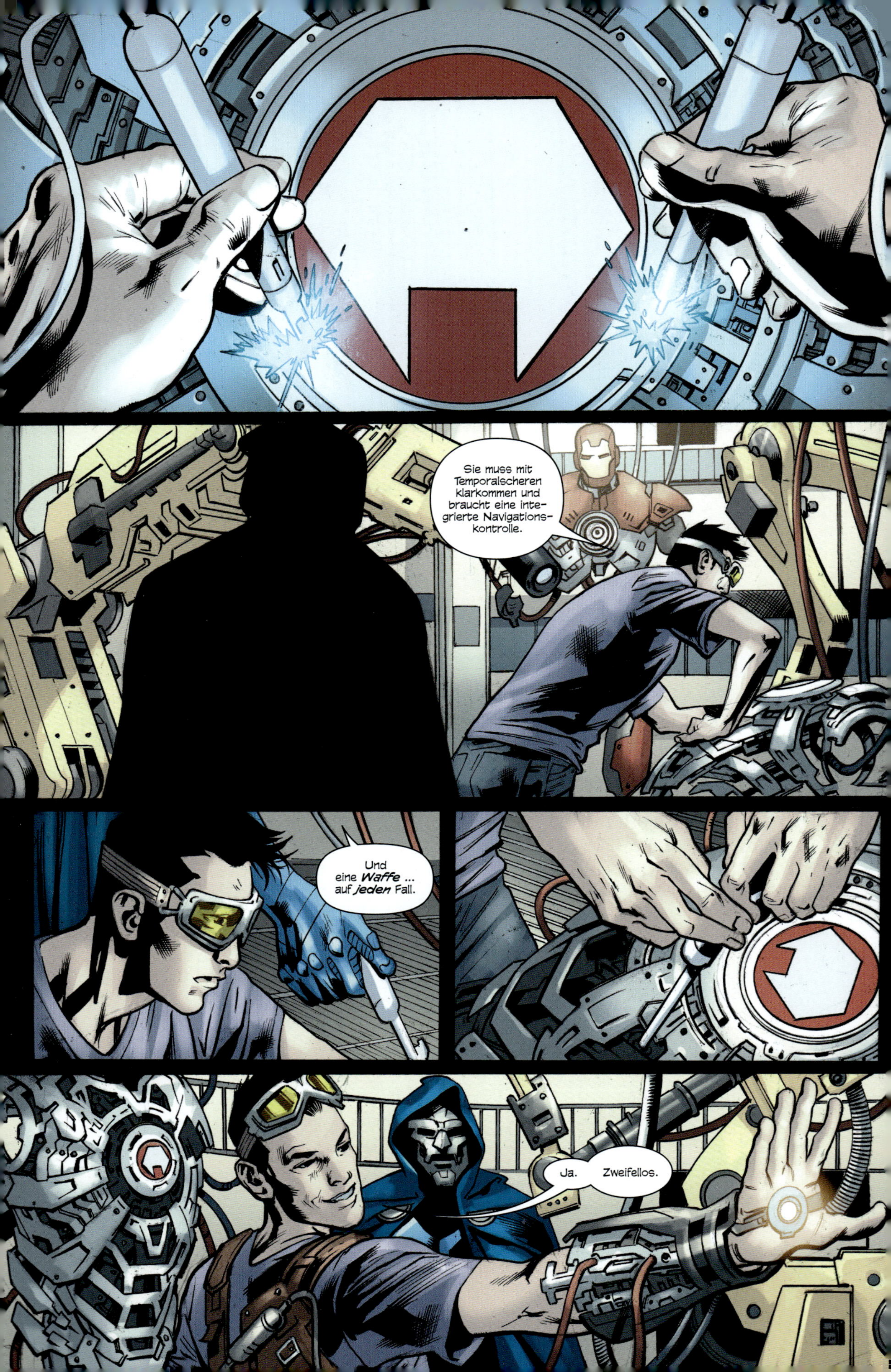
Sie muss mit Temporalscheren klarkommen und braucht eine integrierte Navigationskontrolle.
Und eine *Waffe* ... auf *jeden* Fall.
Ja.
Zweifellos.

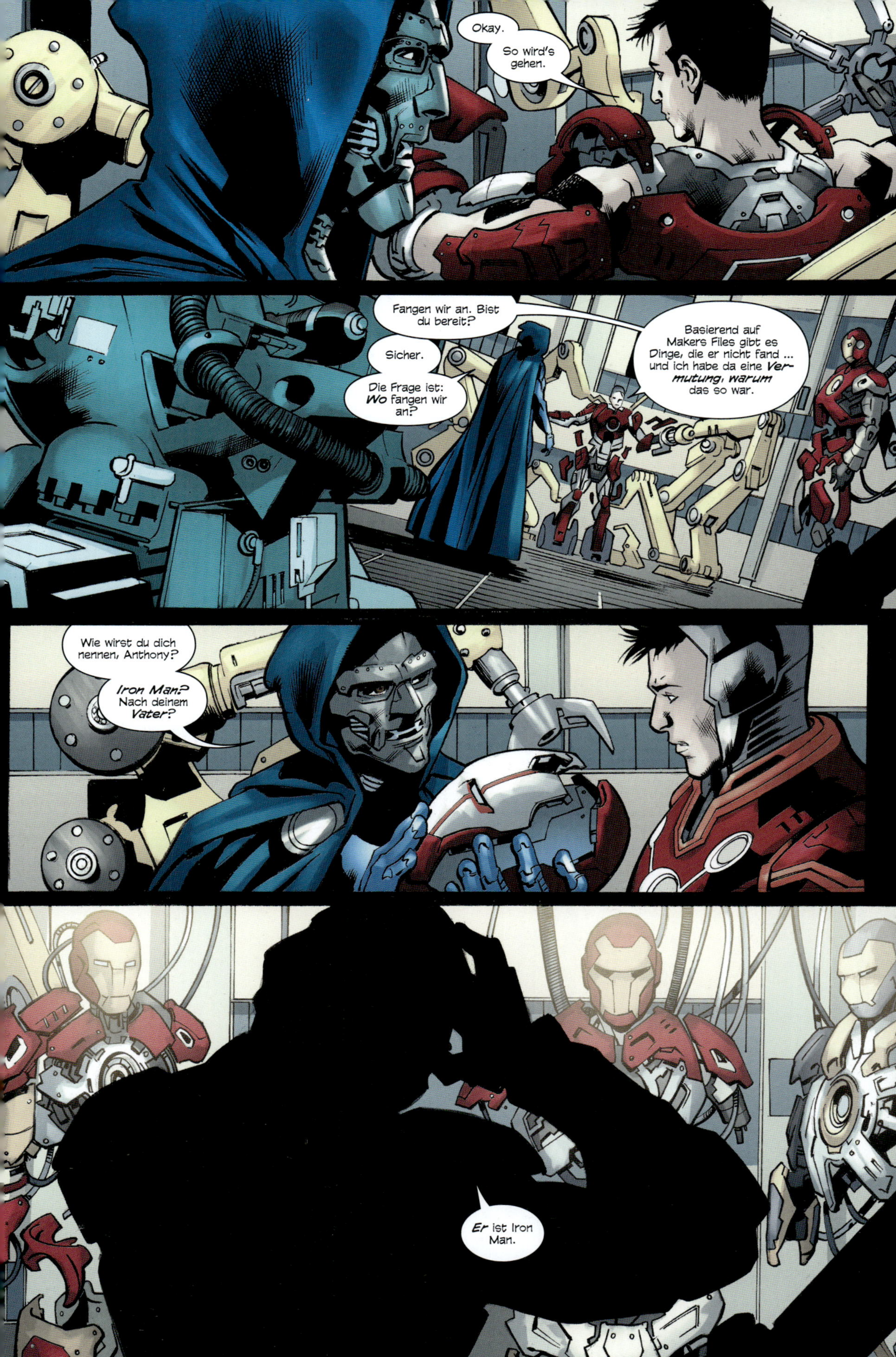
Okay.
So wird's gehen.
Fangen wir an. Bist du bereit?
Basierend auf Makers Files gibt es Dinge, die er nicht fand ... und ich habe da eine Vermutung, warum das so war.
Sicher.
Die Frage ist: Wo fangen wir an?
Wie wirst du dich nennen, Anthony?
Iron Man? Nach deinem Vater?
Er ist Iron Man.

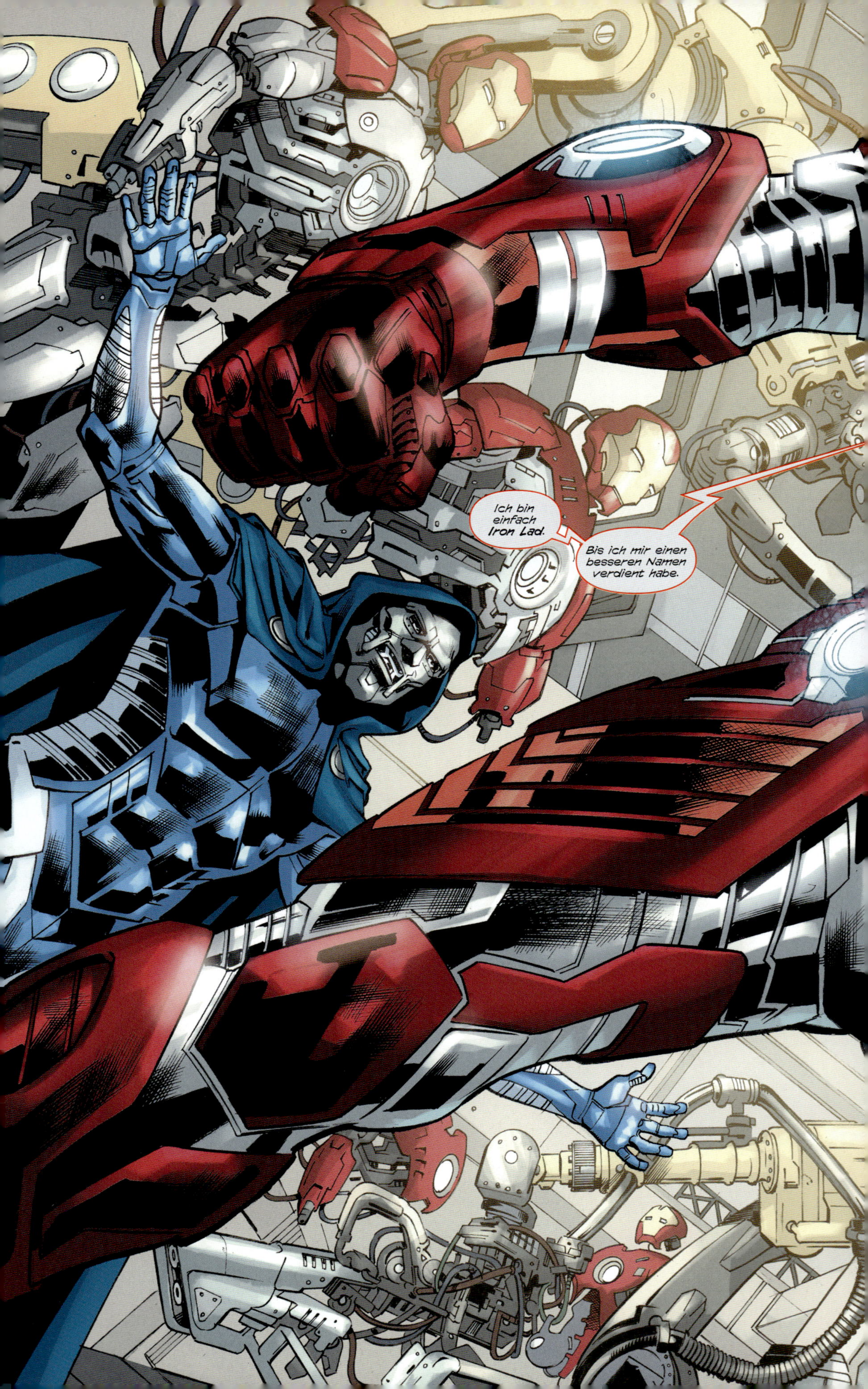
Ich bin einfach Iron Lad.
Bis ich mir einen besseren Namen verdient habe.

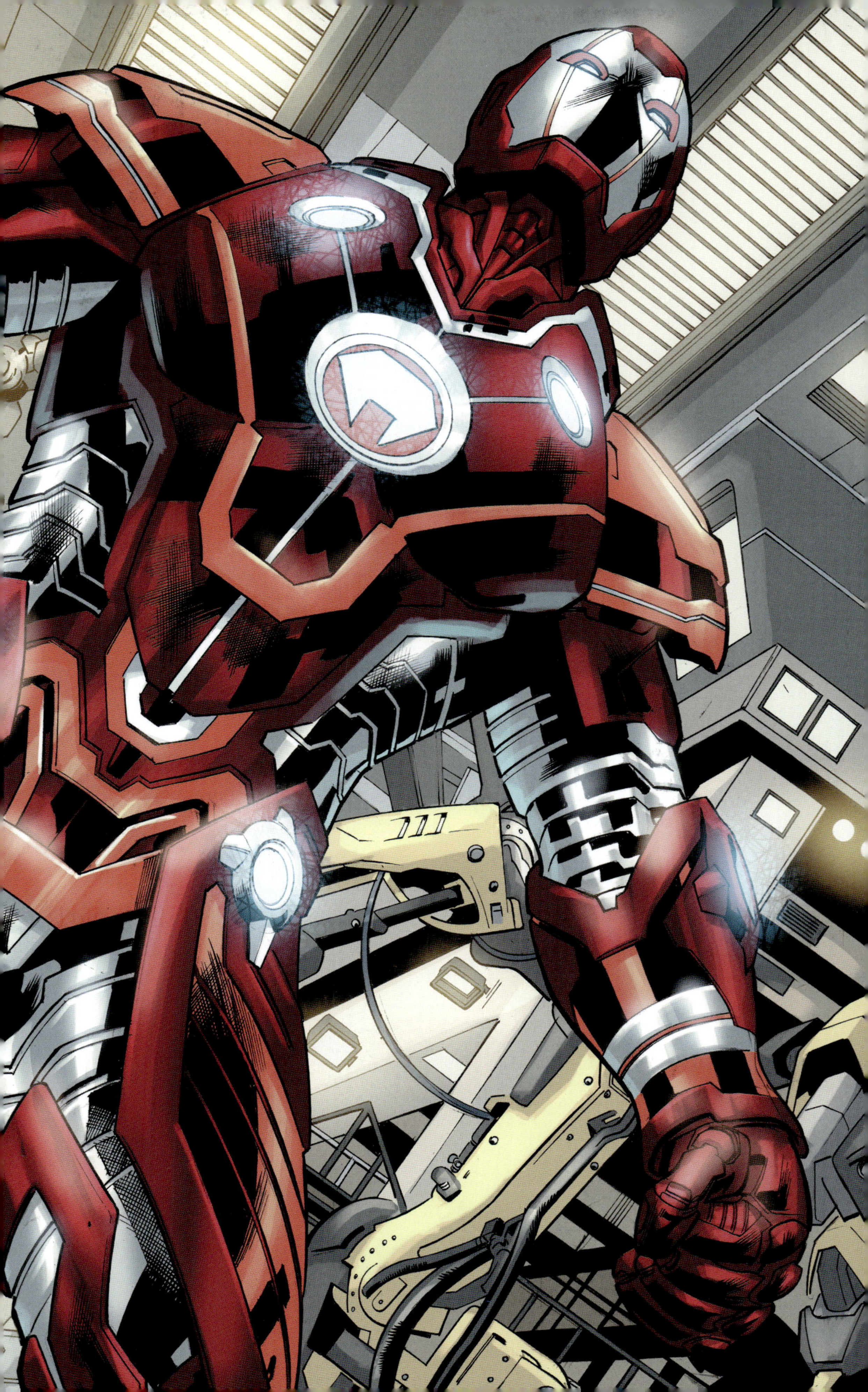

EPILOG:
„SIEG“

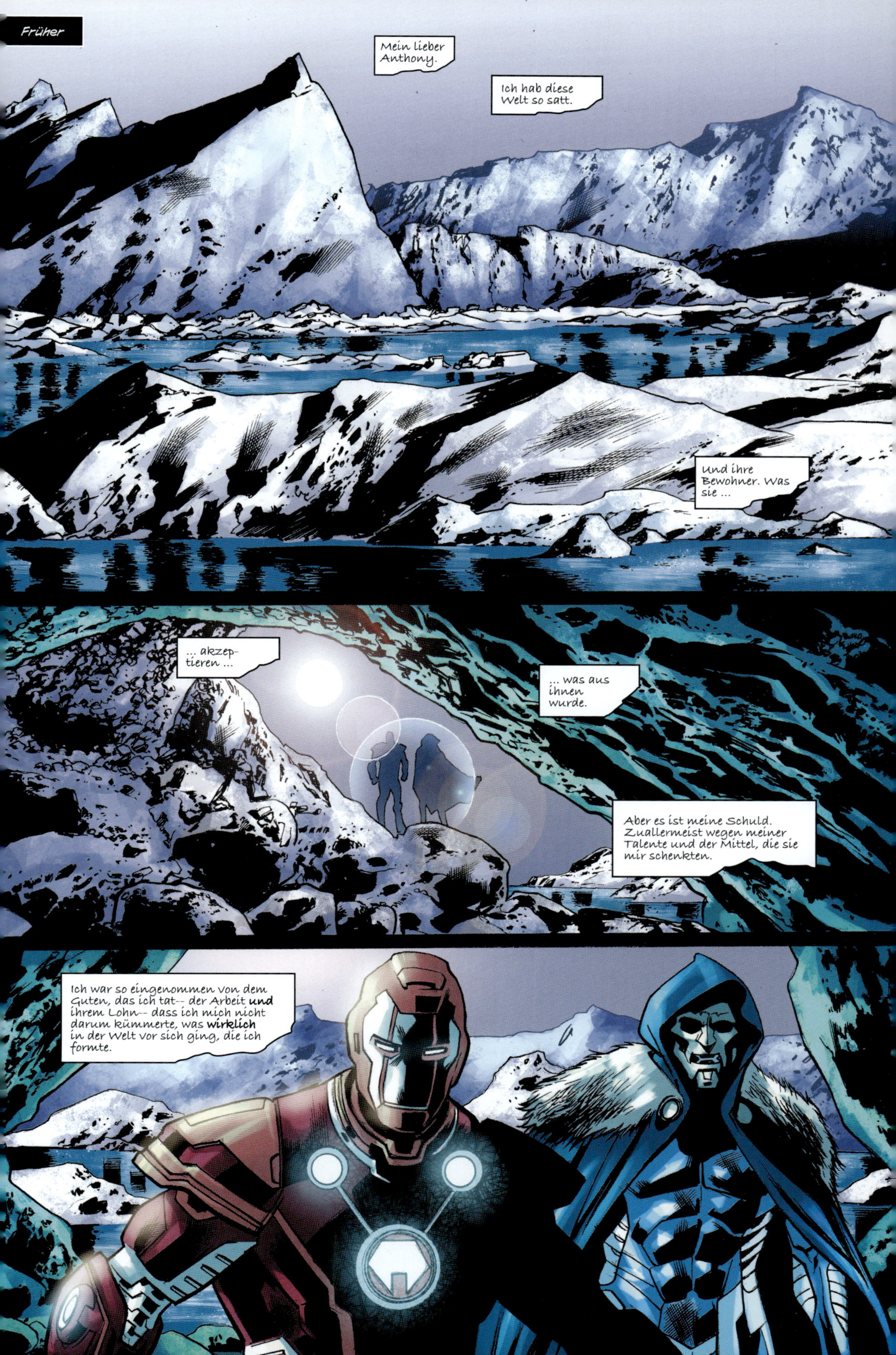
Früher
Mein lieber Anthony.
Ich hab diese Welt so satt.
Und ihre Bewohner. Was sie ...
... akzeptieren ...
... was aus ihnen wurde.
Aber es ist meine Schuld. Zuallermeist wegen meiner Talente und der Mittel, die sie mir schenkten.
Ich war so eingenommen von dem Guten, das ich tat-- der Arbeit **und** ihrem Lohn-- dass ich mich nicht darum kümmerte, was **wirklich** in der Welt vor sich ging, die ich formte.

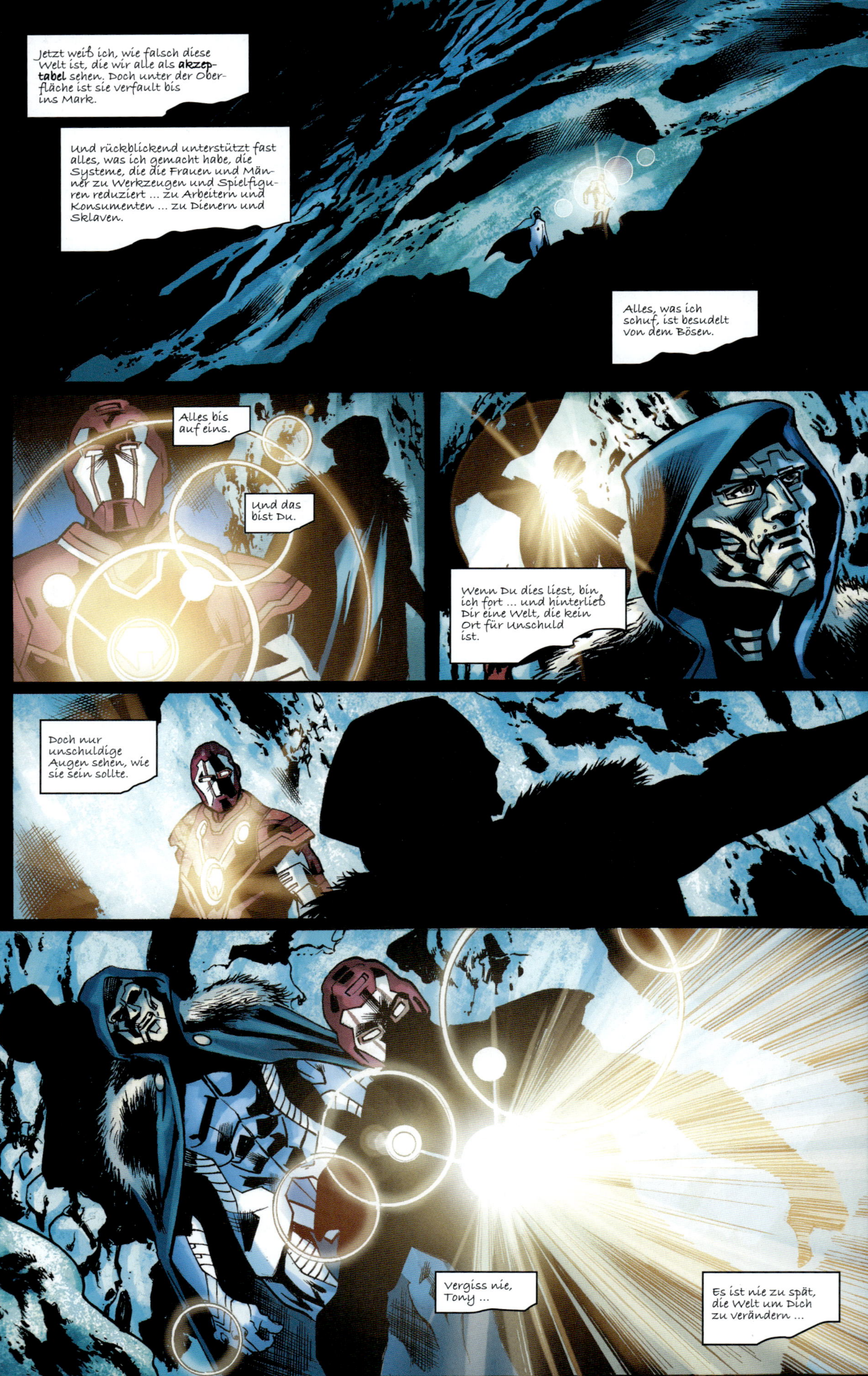
Jetzt weiß ich, wie falsch diese Welt ist, die wir alle als **akzeptabel** sehen. Doch unter der Oberfläche ist sie verfault bis ins Mark.
Und rückblickend unterstützt fast alles, was ich gemacht habe, die Systeme, die die Frauen und Männer zu Werkzeugen und Spielfiguren reduziert … zu Arbeitern und Konsumenten … zu Dienern und Sklaven.
Alles, was ich schuf, ist besudelt von dem Bösen.
Alles bis auf eins.
Und das bist Du.
Wenn Du dies liest, bin ich fort … und hinterließ Dir eine Welt, die kein Ort für Unschuld ist.
Doch nur unschuldige Augen sehen, wie sie sein sollte.
Vergiss nie, Tony …
Es ist nie zu spät, die Welt um Dich zu verändern …

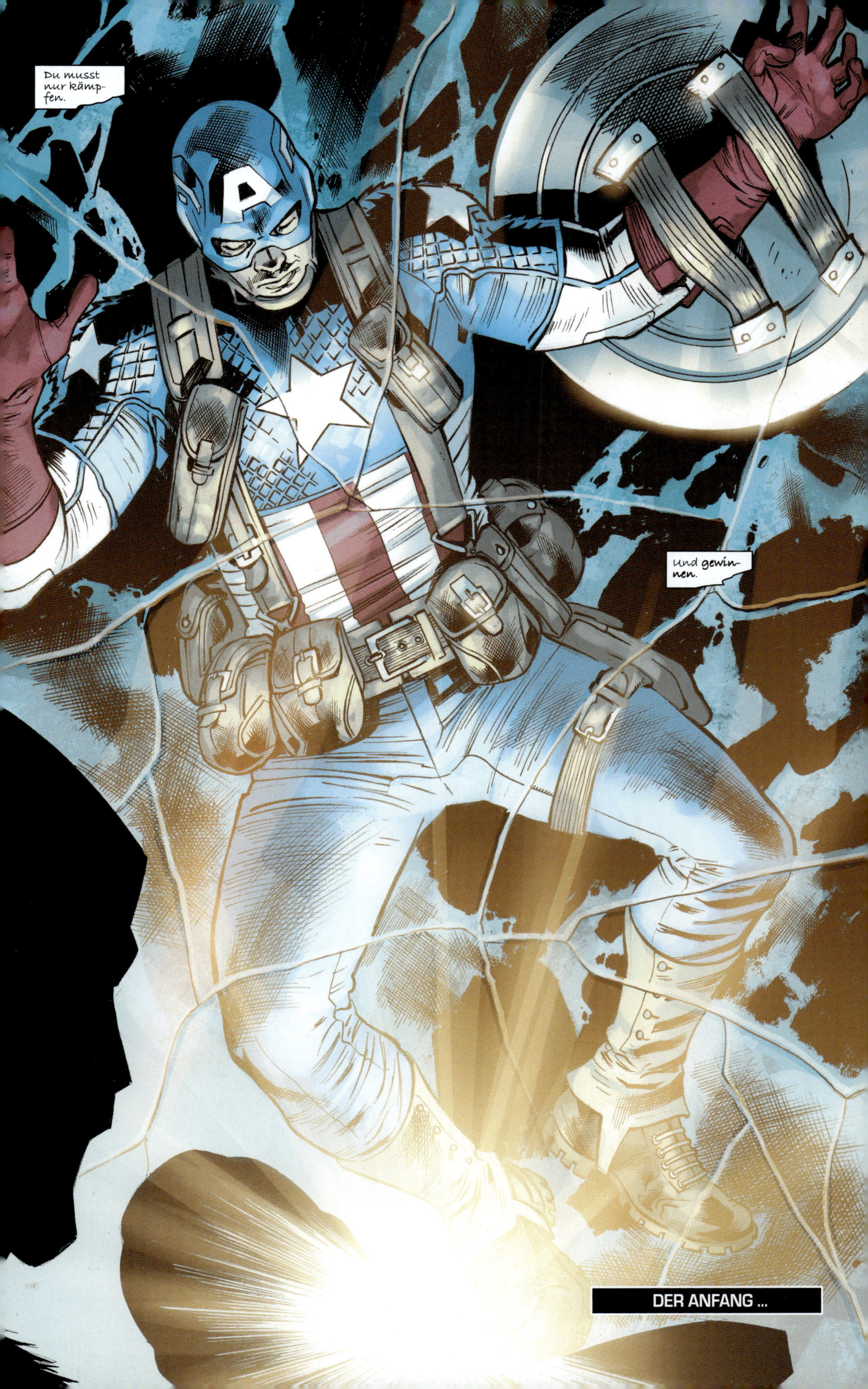
Du musst nur kämpfen.
Und gewinnen.
DER ANFANG ...

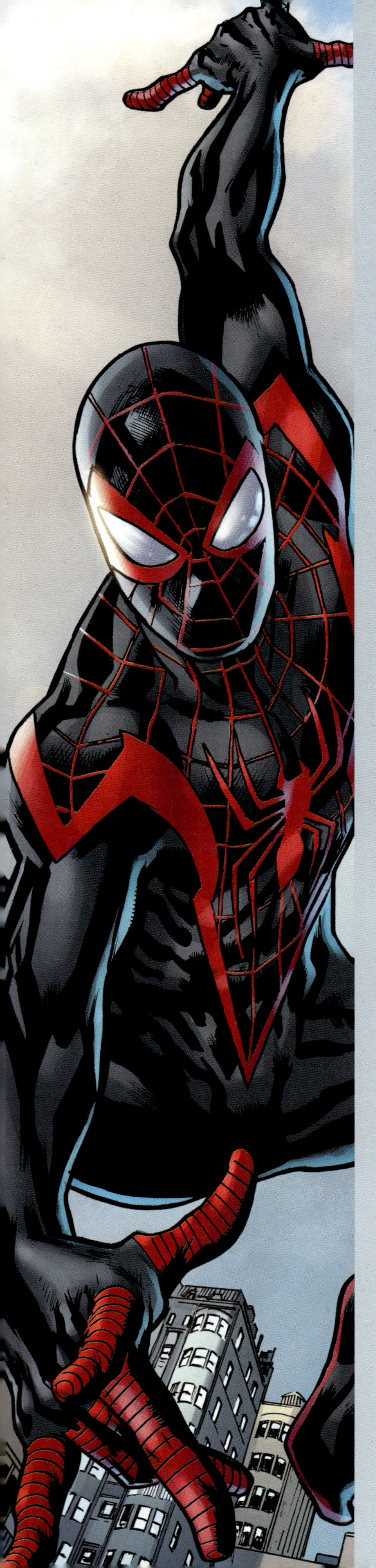

ULTIMATIVE FAKTEN

DIE MACHER

Der Amerikaner **Jonathan Hickman** ist einer der innovativsten Autoren der Comic-Moderne. Nach mehreren eigenständigen, teils von ihm selbst visualisierten Titeln sowie der Marvel-Serie *Secret Warriors* wurde der ehemalige Grafiker durch *FF – Fantastic Four* zum neuen Star. Es folgten die Serien *Avengers* und *New Avengers* der Ära **Marvel NOW!**, mehrere Titel über das **Ultimative Universum** und die Events **Infinity** und **Secret Wars**. Schließlich läutete Hickman für die **X-Men** eine neue Ära ein. Als Nächstes wird er seine Magie auf den kosmischen Marvel-Pantheon anwenden. **Bryan Hitch** ist ein englischer Zeichner, der für den britischen Markt Comics mit **Death's Head** und den **Transformers** zu Papier brachte. Durch den revolutionären DC-Titel *The Authority* wurde er zum internationalen Blockbuster-Künstler. Seitdem glänzte er als Zeichner von *Die Ultimativen*, *Avengers: Age of Ultron*, *Fantastic Four*, *Venom*, *Justice League*, *Batmans Grab* und einigen mehr.

MAKER

Der ultimative **Reed Richards**, der 2004 debütierte, war wesentlich jünger als sein klassisches Gegenstück. Zudem wurde aus dem smarten Helden, der in seinem Universum **Sue Storm** nie ganz für sich gewinnen konnte, irgendwann ein ruchloser Schurke. Er träumte stets davon, eine Welt nach seinen Vorstellungen zu erschaffen. Hickman machte ihn 2011 dann zu **Maker**, der 1000 Jahre in der fernen Zukunft gelebt hatte, seinen Kopf zugunsten von mehr Intellekt dehnte und die Gegenwart mit genetisch veränderten Superwesen (den **Children of Tomorrow**) angriff. Im Event *Secret Wars* arbeitete Maker 2015/16 kurzfristig mit dem Reed von Erde-616 zusammen, anschließend gelangte er in die Marvel-Hauptrealität. Hier versammelte er die **Revengers** (als Anti-Avengers). Später hatte er in **Venoms** Serien mehrfach mit **Eddie** und **Dylan Brock** zu tun – kurzzeitig verband Reed sich mit dem Venom-Symbionten von Erde-1610. Schon 2021, in einer Story von Autor **Donny Cates**, warnte Eddie die **Avengers** vor dem Maker und seinen Plänen. Pläne für mehr ultimative Comic-Action gibt es auch …

Christian Endres